清華行思與隨筆（下）

陳力俊 著

自序

　　本人於2010－2014年擔任清華大學校長，期間將在各種場合致詞或演講全文，載於清華官網，凡370餘篇。卸任後，逐步將其轉載於部落格中；其後在許多場合致詞也一併轉載於部落格，以與同儕友朋共享。2018年起，陸續將講稿整理出書，「一個校長的思考」（一）於同年9月出版，「一個校長的思考」（二）、（三）（全三冊）則分別於今年4月與5月出版。

　　在將致詞稿上載於「一個校長的思考」部落格的過程中，發現利用部落格是一個整理各種文稿有效率的方式，也逐步將歷年於不同場合及情境撰述的文稿上載於另闢「文章彙集」、「清華一百問」部落格，幾年陸續上載下來，「文章彙集」已有一百七十餘篇，約三十餘萬字。根據出版演講文集的經驗，最好的留存「紀念與紀錄」方式，就是整理集結出書，同時感謝協助編輯「一個校長的思考」系列的黃鈴棋小姐「輕車熟路」，在演講文集出版告一段落後，又再次投入本書的編輯工作。

　　本書內容包括歷年來因不同身分，如擔任清華大學材料系系主任、工學院院長、校長、國科會副主委等，應邀撰文，包括清華專書及清華出版傳記序言、清華材料系系刊及紀念專刊邀稿；「國科會」與「科學園區」專刊邀稿；「中國時報」《漫談清華故事》專欄，「工業材料雜誌」《煮字集》專欄；「科學月刊」邀稿；「清華百人會」簡訊邀稿；「中國材料科學學會」簡訊與專刊邀稿等。

　　另一類稿件為報告性質，如清華校長校務報告；「中國材料科學學會」《理事長報告》、《會員動態》；「台灣區電子顯微鏡使用情況報告」前言、美國與亞洲太平洋各國材料研究合作研討會報告等。

　　次一類則是專書推薦序言以及各項研討會論文集、活動與展覽手冊序言、紀念特刊序言。

再次是個人經驗與歷程，包括擔任「清華大學校長遴選委員會」副召集人後所撰「國立清華大學遴選校長經驗」，當選「中研院院士」後慶祝會所寫「我的學思歷程」，旅遊後所撰「寮國之旅」、「北京之旅」等。

　　比較特別的是，在養成撰寫致詞稿的習慣後，體會到利用撰文整理思緒及抒懷的優點，所以在碰到感受比較深的事件時，也盡量抽時間撰文以「紀念與紀錄」；這部分包括生命紀念與追思、讀書筆記以及偶思雜記，如「五四運動100周年」、「聯華電子公司捐贈清華大學整建『君山音樂廳』」、「寮國之旅」、「兩岸清華校長交流」等。

　　最後一類則為致詞稿；由於「一個校長的思考」系列收錄迄2018年底的文稿，而考量未來不大可能另外會有新文集以及二、三十萬字的新致詞稿集結出書，所以將2019年9月底前致詞稿納入，作為一個階段文稿的整理。同時也載入本人擔任「清華工學院院長」時，在「工學院產學研合作聯盟」研討會中致詞稿。

　　本書內容因幾乎全部於個人在清華任教時期所撰，且多與清華直接關連，故以「清華行思與隨筆」命名；值得一提的是，最早一篇是在大二暑假為「台大物理學系」系刊「時空」撰文「徐賢修教授訪談摘記」，訪談在「清華園」進行，對象剛好是後來擔任清華校長的徐賢修先生，是「無巧不成書」的寫照。

　　「清華國學院」四大導師之一的梁啟超先生，在論及歷史的目的時，認為可「供吾人活動之資鑑」，而歷史變遷即社會活動，尤重增益的活動：「全部文化才是人類活動的成績，好像一座高山，須得常常設法走上高山添上一把土」；此番將目前所能蒐集到的非理工專業文稿近四十萬言，鉅細靡遺編錄成書，雖不無「敝帚自珍」之心，尤冀有為全部文化添寸土之功。

　　本書順利出版要特別感謝黃鈴棋小姐的精心編輯與校對。「清華工學院」黃筱平先生協助尋找舊檔以及林靜宜助理謄打多篇文稿，在此一併致謝。同時在此為許多關心的友朋預告：拙作「清華的故事」也將於今年稍後出版。

目次
CONTENTS

閱讀筆記與專書推薦

個人經驗與歷程

活動與展覽手冊序言

　　編錄「鄭愁予教授八十壽誕詩樂禮讚」、「陳守信中子科技與應用榮譽講座」、「書法家羅際鴻先生個展」及「科學與藝術——傑出學人書法展」等四篇手冊序言，為文藝盛宴與知識講座導覽，亦從中激發清華師生創新的靈感以及對藝術、科技探索的興趣，體悟理性與感性交織的雋永意境。

「鄭愁予教授八十壽誕詩樂禮讚」手冊序

2013年4月10日　星期三

　　詩歌可謂是文學寶庫中的瑰寶，集語言的精華，也是智慧及思想的結晶。好的詩歌往往能超越民族、國界及時空，緊扣著一代又一代人的心靈。透過閱讀優美的詩歌，能豐富人生的內涵，拓寬自己的閱讀視野，而且還能獲得深刻的人生啟示和積極的人生借鑒。

　　鄭愁予教授河北人，出身於軍人家庭，抗日戰爭爆發，他隨著母親遷徙避難，在逃難途中走過大江南北，旅途中，喜歡文學的母親親自教授古典詩詞，讓他從古典詩詞中體會到文學之美，這些經驗也反應在鄭教授具濃厚而真誠的感性作品中。鄭教授曾自論述其作品表現的主題是來自平實的生活體驗，這確實與他多年來的寫作風格相呼應。

　　1948年，鄭教授15歲時所寫的第一首詩〈礦工〉發表在校刊上；16歲時，出第一本詩集《草鞋與筏子》。兩年後，創作〈老水手〉一詩，成為在台灣發表的第一首詩。從此他開始在新詩刊物上發表作品，名聲漸揚。而今經六十年的歷練，從為誰寫詩，到為靈性寫詩；從為藝術寫詩，到為國魂寫詩；從為中國寫詩，到為和平寫詩。一代詩人，作品總是引人入勝，讓人沉浸醞郁，含英咀華。

　　「鄭愁予教授八十壽誕詩樂禮讚」在清華舉行，意義非凡。清華人胡適先生是新詩先驅者，「新月雙璧」之一的聞一多先生以及梁實秋、朱自清先生、林徽因女士等都是清華人；今天的禮讚，是清華新詩傳統的華麗篇章。

　　清華向來重視博雅教育，兼顧理性思維和感性思維的均衡，強調清華人不僅應具備清晰的邏輯思考能力、條理分明、能思考判斷問題，也要具備情感體驗的感性，能更豐潤地去感知這個世界。透過美好的盛宴，除向我的高中學長鄭愁予教授致上無限祝福外，也期許在場的每一位觀眾都能細細體悟鄭教授詩歌中的雋永意境。

▲ 詩歌是文學寶庫中的瑰寶

▲ 今天的禮讚,是清華新詩傳統的華麗篇章

「陳守信中子科技與應用榮譽講座」
手冊序言

2013年5月22日　星期三

　　「陳守信中子科技與應用榮譽講座」（Sow-Hsin Chen Distinguished Lectureship on Neutron Science and Technology）是本校傑出校友陳守信院士為表彰清華大學在台復校以原子科學為先發領域的重要意義，並持續推動我國中子科學之尖端研究，為國家社會培育高科技人才，慷慨捐贈本校，共同協力設置；陳守信院士是清華大學在台復校後最先設立的「原子科學所」第一屆畢業校友，麻省理工學院應用輻射物理榮譽教授，中子散射及軟物質研究的世界權威之一，也是中央研究院院士；陳院士於1956-58在清華短暫的二年學習期間，由梅貽琦校長親自擔任班上15位同學的導師，在物質條件艱苦的當時，師生情感密切，同學相互砥礪，形成院士日後對母校的深厚感念並具體轉化為積極回饋母校的驅動力；本榮譽講座的設立，適逢梅貽琦校長逝世五十週年紀念，除能感念梅校長在對清華大學的貢獻外，更具有傳承的精神，讓原子科學在清華大學永續發展。

　　X光及中子為探測物質結構的兩大利器，近鄰清華的國家同步輻射研究中心擁有1.5 GeV的同步輻射X光源，及正在建造的3 GeV新一代的同步輻射光源，未來在物質結構的研究上將可達到前所未有的境界。但是許多含輕元素的物質或是磁性的研究仍必需要用到中子散射，因此發展中子束技術亦相當重要，甚至可將中子束應用到癌症的治療。清華無論在X光或中子技術的研究都有豐富的經驗，最適合推動此方面的發展。很高興陳院士費心力協助清華推動中子技術發展，並協助邀請到J. M. Carpenter教授擔任第一屆榮譽講座講員。

　　學術創新與人才培育是清華教育的首要使命，在高等教育經費日益縮減的當前，校友的具體行動支持絕對是清華學術列車持續前進的必要薪火。本校近

年來迭獲熱心校友或社會實業家捐贈款項，用於興建教學大樓、建置實驗室或獎助尖端科學研究計畫。我個人期望「陳守信中子科學與應用榮譽講座」的設置精神能發揮拋磚引玉的作用，吸引更多來自校友的資源挹注於各類尖端科學研究，幫助清華大步邁進，躍居我國科學發展的先行者。

▲ 慷慨捐贈本校，共同協力設置講座

▲ 期望「講座」設置能發揮拋磚引玉的作用

書法家羅際鴻先生個展手冊序

2013年11月5日　星期二

　　結識書法家羅際鴻先生廿餘年，一向對他的書法創作與推廣熱情有所了解。每次他有展出，我都儘量親至現場分享書法藝術之美。今年底，羅先生再度於國立彰化生活美學館舉辦個展，且是他個人創作風格一次比較全面的展示，將比過去豐富許多。

　　自1997年羅先生舉辦個展以來，欣見他的書法創作水準，一次比一次提高。約十年前，與羅先生同庚的知名藝術家楊子雲先生曾公開說過：「羅際鴻的書法水準，在國內算得上一號人物。」這不是過譽之辭。

　　肖馬的羅先生，今年底於彰化生活美學館跨年展出，將走進了耳順之齡。他從小學三年級開始學習書法，到今年剛好五十年整。在國內同年齡層的書法家而言，書齡超過他的人，應該很稀少。

　　尤其，他學習書法，在四十歲以前幾乎沒有人真正給過他明確指導。廿世紀八〇年代兩岸開放交流後，他終於眼界大開。於1990年首次去大陸參訪，看到很多高水準的書法真跡、碑帖和書論著作，開始收購各種書畫史、書畫美學理論與西方美學書刊，認真苦讀至今廿多年。重要的是，他能將這些理論與多年深刻的實務體驗互相印證，體會之深，當非功力泛泛者所能比擬。因此，在良好的理論知識引導下，他創作的觀念和方向，有著寬闊的思路和視野。

　　除了閱讀之外，他原來在媒體負責採訪寫作，結交許多兩岸傑出的書、畫藝術家。在切磋中，吸收很多新時代的藝術養分。他並沒有師承，所以他的創作之路，既能善於轉益多師，沿著傳統之路逐步成長，但是，又不會受到任何人的侷限性影響。從他的作品之中，很難找到固定的表現方式，卻又離不開深厚的碑帖傳統。在台灣，當今成名的青壯輩書法家，絕大多數是因師承、或因比賽而得名。羅先生卻根本脫離這種發展方式，完全自學而成。這是十分難得的。

聽聞羅先生近年的創作，除了從傳統而嚴謹的書風之中，尋找自精微而發的個人新意外，同時也嘗試大膽向前邁步，朝更抽象的純線條藝術進行探索。我相信這次展出的內容，值得大家拭目以待。

「科學與藝術——傑出學人書法展」展冊序文

2013年11月11日　星期一

　　科學是企圖找出決定宇宙萬物的單一原則，並建立理論來解釋；所以，科學是可以重複的、是可以被驗證的、是客觀的。藝術則是當事者融入其情感與主觀，嘗試用不同的手法呈現其眼中的世界，即便是同一人多次描述相同的主題，每次所呈現的結果未必都相同。概括來說，科學是理性的，藝術是感性的；科學與藝術看似是天平的兩端，實則不然，人類之所以為萬物之靈，在於兼具了理性與感性，不同在於比例的多少。

　　書法藝術兼具了文字的「實用」與「審美」兩個層面；毛筆是書寫的工具，書法則是毛筆所創造的線性藝術。書法藝術除可以表現出字的生動意態之外，並可進一步體會其神意，這形神俱妙的意境，正是「理性」與「感性」的表現。中國自古以來，菁英份子多以書法展現自我心性，藉由書法的豐富表情與書寫者的內在涵養，由指執筆，由腕運筆，一筆出之，字的點畫、線條、濃淡、強弱，就有了獨一無二的的藝術表現形式。

　　「科學與藝術——傑出學人書法展」，部分作品先前已於香港城市大學展出；感謝香港城市大學郭位校長之引介，清華始有機緣邀請兩岸三地七位傑出學人之書法作品在學習資源中心展覽廳展出。展出作品的學人，都是學有專精且有卓越學術成就的學者，並同時具備了優秀的中國文學底蘊與書法造詣，是博學多藝的複合型人才；他們的學術專業與書法作品說明了科學之真、人文之善、藝術之美是共容並存的，也見證了科學與藝術的相得益彰與交相輝映；期待這場藝術盛宴激發清華師生創新的靈感以及對藝術探索的興趣。

▲ 人類之所以為萬物之靈，在於兼具了理性與感性

▲ 書法藝術兼具了文字的「實用」與「審美」兩個層面

紀念特刊序言

　　匯集於「清華數學系五十周年慶」、「新竹中學90周年」與「國家同步輻射研究中心光源啟用二十週年」所撰寫之紀念特刊序言，回顧各教研機構的創辦宗旨、發展目標與特色成果，見證台灣教育學研界承先啟後，精益求精的成就。

「清華數學系五十周年慶特刊」序言

2014年10月1日　星期三

　　去年本人有幸在校長任內與數學系師生、同仁與校友一起歡慶數學系成立五十周年；當天很高興看到許多數學系元老功臣，共襄盛舉，如今則欣見數學系決定出版慶祝文集，永誌紀念。

　　在慶祝會上致詞時，我曾歷數數學研究所是本校成立的第二個研究所，數學系則為本校最先兩個學系之一，是本校元老系所，對清華的發展有重大的意義與貢獻；而清華大學在北京時期，早於1931年成立數學研究所，首屆碩士生包括陳省身、華羅庚等後來的數學大師；同時新竹清華徐賢修前校長可謂兩岸清華的橋樑；1945年政府選派六位青年科學家，到美國學習新興的原子能科技，徐賢修前校長在華羅庚先生推薦下是數學領域人選之一；徐賢修先生後在普渡大學應用數學系任教，屢次回校作短期講學，1970年被政府徵召擔任清華大學校長，在任內於1972年成立應用數學研究所，有相當的傳承意義。

　　數學對文明的貢獻，源遠流長，歷久彌新；今年暑期適有希臘一行，首站到雅典，正是柏拉圖（Plato）創立的「學院」（Academy）所在地；柏拉圖要求數學為「學院」先修學科，更曾說過「不懂幾何學者，不入我門。」而古希臘學者中，留名青史的數學家如群星璀璨，文藝復興大師拉斐爾在有名的「學院」（Academy）畫作中人物，即包括歐幾里得、畢達哥拉斯與芝諾

▲ 紮實的數學教育賦予學子發展彈性

（Euclid、Pythagoras and Zeno）等大數學家；希臘是西方文明的搖籃，西方世界在文藝復興，也就是對以希臘為代表的古典知識的重新學習以後，包括科技等文明才得以突飛猛進：社會學三大奠基人之一的Max Weber曾說：「西方科學是一個以數學為基礎的科學，它是由理性思維方式與技術實驗結合而成的合成物。」一般認為，物質科學的數學化，是科學史上最大的進步，對此有卓越貢獻的牛頓被認為千年來最偉大的天才，數學是「科學之母」，可謂已是常識。

　　數學的觸角則遍及各領域，有趣的是，清華大學數學系培育的孔祥重、梁賡義、蔡瑞胸三位中央研究院院士，目前都不是一般所謂的數學家；根據中研院院士資料，現在三位院士的專長領域分別為計算機科學、生物統計與流行病學、計量經濟與財務與統計學及風險管理，並且分屬數理、生物醫學以及人文社會組，充分顯現紮實的數學教育所賦予學子的發展彈性。

　　另一方面，台灣社會目前似存在著嚴重的數學落差：數學不好，自然影響邏輯思維，如果作跳躍式思考，完全不合邏輯，則無理性討論餘地；柏拉圖認為數學必須以客觀不計厲害的精神學習，他相信知識、邏輯以及論證技巧足以引導我們的世界；公職人員秉持客觀求真心態，進而成為有原則，理想、勇氣、熱誠的政治家，才有建立「理想國」的可能；在台灣民主化過程中，常見各種訴求，先假設己方意見代表公理正義，要求對方照單全收，否則抗爭到底，面對不同議題與對象，又常有「雙重標準」，難怪衝突不斷，而多數時候於解決問題無補；民主貴在「服從多數，尊重少數，」每個人都有權發表自己意見，但不能強求別人一定要同意自己意見，如果連「尊重多數」都做不到，有何民主可言？因此溯本清源，要能有基本的邏輯觀念，養成理性思維方式，這部分相信數學系的師生們可發揮很大的力量，不僅教育選民檢驗公職人員言行是否合於邏輯，也能讓政治人物有所警惕自重，影響將極為深遠。

　　清大數學系成立五十年來，培育了許多重量級學者以及各行各業傑出人士；數學系教師行列，素以陣容堅強著稱，中生代與年輕同仁有相當卓越的表現，可謂後勢強勁，在此預祝未來能在良好的基礎上，「精益求精，更上層樓。」

陳力俊於清華園

民國一〇三年九月三十日

「新竹中學90周年紀念特刊」感言

2013年2月17日　星期日

觀賢人之光耀　聞一言以自壯

　　大多數人的成長，都深受家庭、學校、社會甚至時代的影響，對我而言，高中時代是一個心智漸開，對知識學問探索以至世事人情充滿憧憬的時期，很幸運的，我是在辛志平校長一手擘建的新竹中學受教育，而且得以親炙一代教育家的風範。

　　我在民國九十五年七月當選中央研究院院士，九十九年二月接任清華大學的校長，在致詞時都特別感謝辛志平校長是我生平的貴人，做人處事的導師，尤其個人在關鍵時刻所做的決定，雖然事前並沒有想辛校長會怎麼做？事後分析應都是他會認可的；受到他的耳提面命、潛移默化，在我的認知中，成年以後，個人理念大致與辛校長一致，言行受他的影響是很深刻的。

　　辛校長常說「勿以善小而不為，勿以惡小而為之」，如果說，我在竹中時，印象最深刻的他，應是撿垃圾的身影；我在清華材料系辦公室，前有大廳與長廊，原來常見有樂利包上所附的小吸管等垃圾，感到很不舒服；常與人一起抱怨現今大學生甚至研究生，隨地丟垃圾，有一天，突然開悟，決定認養該區域為責任區，逢垃圾就撿，學生們知道後多幫忙撿，不久後，也很少有人再丟垃圾，二十多年來，變得幾無垃圾可撿；再則，我擔任校長後，覺得校園不夠乾淨，除以身作則，每天散步時順便撿垃圾外，並發動職工與學生「清親校園」運動，效果十分顯著，當年辛校長的身教，影響到約半世紀後的清華校園，身為教育界人士，能不凜然？

　　我在擔任清華大學工學院長時，院長室中掛了一位書法家朋友所題「誠慧

健毅」字幅，也曾為研究生聯合會寫了一篇「誠慧健毅」短文，以激勵研究所的同學，顯示辛校長最常闡釋的校訓是個人服膺的箴言；

誠代表誠信、誠實，面臨困難抉擇時，講誠信才能心安理得，一時得失在物換星移之後，是得是失，尚未可知，塞翁失馬，焉知非福；在我個人經驗中則常有一時不知得失，終究得有福報的經驗；誠實是上策，其理甚明。很多竹中校友都會模仿辛校長以廣東腔說「知之為知之，不知為不知，是知也」，研究教學貴在自知，是追求卓越的根本。

慧代表智慧，慧字一解是上面的兩個「丰」字分別代表國事和天下事，中間的「⺕」字代表家，心繫於事，思考規律、聯繫與作用，如《中庸》所云「博學之，審問之，慎思之，明辨之，篤行之」，則慧生焉。竹中辦學強調「德智體群美五育並重」，一直到五十年代中期，仍然堅持不分組教學。造就了樸實中不失活潑的學風。是智慧的表現。

竹中每年「陸上運動會」要求所有學生參加五千公尺或六千公尺越野賽跑，「水上運動會」則要能游過二十五公尺才能過關。加上每天早操以及兩運動會之前一兩個月的熱身運動，不僅讓學生在校時充分鍛鍊體魄，也常因此養成經常運動的習慣，我個人在不同階段均持續運動，數十年如一日，深得其益。

「士不可不弘毅，任重而道遠」，人生事豈能盡如人意，如一遇挫折，即心灰意冷，讓親者痛仇者快；行百里者半九十，不畏挫折，以恆心毅力，有所堅持，才能擔重任行遠路。辛校長在竹中用心辦學，長達三十年；在「升學主義」盛行時期堅持健全教育理念，建立竹中優良傳統，是眾多學子的表率。

在竹中時，因學科成績表現優異，有不少次受到辛校長在頒獎時的勉勵，私下接觸並不多；倒是在畢業後，由於主編當屆畢業班的紀念冊，與辛校長有幾次面對面的談話；有一次他告訴我說用字要避免佶屈聱牙，另一次則是勉勵我未來要發揮文理會通的能力；這兩點耳提面命，讓我終生受益，唐宋八大家之一的蘇轍有言「觀賢人之光耀，聞一言以自壯」，庶幾近之。

◀①士不可不弘毅，任重而
　道遠
　②生平的貴人，做人處事的
　　導師
③　③要發揮文理會通的能力

「國家同步輻射研究中心
光源啟用二十週年回顧」序文

2013年9月4日　星期三

　　「光」的科學與應用是近一百多年來科學研究的主流之一，多位科學家因此獲頒科學界的最高桂冠「諾貝爾獎」。十九世紀末，侖琴發現X光；進入二十世紀後，愛因斯坦開啟光電子發射研究，1950年代初期，華生與克里克兩人利用X光繞射發現DNA雙螺旋結構，促使生命科學蓬勃發展；到了二十一世紀，2003年與2009年各有科學家利用同步加速器X光揭開細胞與核醣體的奧秘而獲頒諾貝爾獎；「光」無疑在近代科學扮演關鍵的角色，而同步加速器光源是現今科技發展不可或缺的實驗利器。

　　台灣第一座同步加速器「台灣光源（Taiwan Light Source）」於1980年代初期開始籌建，緣起於海內外科學家看到同步加速器光源的優點與國際發展趨勢，遂積極向政府建議在國內建造同步加速器光源，以推動國家長期科學發展，讓科學在國內扎根並提升我國科學研究與工業技術的國際水準；當時行政院核准成立同步輻射研究中心，並成立「行政院同步輻射研究中心指導委員會」，由海內外科學家與政府前輩組成，聘請袁家騮院士擔任主任委員，在完全沒有興建大型實驗設施經驗的環境下，開始執行建造「台灣光源（Taiwan Light Source）」的艱困任務。

　　「台灣光源」自出光啟用迄今二十年間，國內外申請前來中心使用光源從事科學實驗的研究團隊大幅成長，並陸續有傑出的研究成果發表於世界頂尖科學期刊，涵蓋了材料、生物、醫藥、物理、化學、能源、電子、微機械、地質、考古等研究領域。然而這座設計於三十年前的加速器，囿於早期技術的限制而面臨發展瓶頸；六年前經過董事會同意後，中心向政府提送建造一座電子能量為30億電子伏特的同步加速器「台灣光子源（Taiwan Photon Source）」興

建計畫，經行政院同意後開始興建，未來將提供最先進的高亮度X光光源，期望帶動更多跨領域以及具有世界競爭力的科學研究。

　　國家同步輻射研究中心於2003年由「行政院同步輻射研究中心籌建處」改制為財團法人，決策單位由原指導委員會改為董事會，迄今已第四屆，無論指導委員會或董事會的成員，行政院均敦聘國內外科技界或政府菁英擔任，可見政府對發展同步加速器光源科技之重視，而從幾位自籌建時期即投入奉獻至今近三十載的董事們身上，感受到的濃厚情感與熱情，是一份對中心的肯定，也是一份期許。

　　值此承先啟後的時刻，感謝所有支持與投入台灣同步加速器光源科技發展的各界人士，也期盼中心在過去累積的豐碩成果上，繼續努力不懈，達成建構頂尖光源的目標，開創更多前瞻科學新契機，並點燃新一代年輕人投入科學研究的熱情，作出對台灣科技與人類文明影響深遠的發現。

國家同步輻射研究中心用戶年會暨光源啟用二十週年回顧
Annual Users' Meeting & 20th Anniversary of Operation, September 4-5, 2013, Hsinchu

▲ 同步加速器光源是現今科技發展不可或缺的實驗利器。

材料科學發展與見解

　　以宏觀角度介紹「材料科學學會」角色與定位，概述我國材料科技教育與研究狀況以及展望；「材料化學與物理」出版沿革與展望。並有「台灣區電子顯微鏡使用情況報告」；美國與亞洲太平洋各國材料研究合作、材料產業科技人才培育等研討會報告。紀錄我國材料科技各層面的發展過程，客觀反思，點出癥結，提出前瞻方向，企盼發揚光大。

專業學會的角色與定位
——「材料科學學會」八十五年年會致詞

1996年10月5日　星期六

　　首先本人謹代表「材料科學學會」歡迎各位光臨參加學會一年一度的盛會。過去一年多來學會的各項工作在本會會眾與熱心人士的共同努力下，大致能順利推動，本人也願藉此機會代表學會深致感謝之忱。

　　今年的年會較往年有兩項較大的改變。鑑於往年年會在四、五月份舉行，常與各研究所招生時間衝突，而且正逢各研究機構期末報告，研究生論文口試緊張之際，造成諸多不便，改在十月上旬舉行。同時年會論文發表以「主題研討會」與「一般研討會」並行方式進行。一方面希望加強會員參與，分擔推動會務工作，促進研討會出席率；一方面希望擴大研討交流成效，在各主辦人的努力下，大部分籌備的有聲有色，少部分限於國內相關研究人口太少，欠缺經驗，未能達到原來期望，當切實檢討改進。

　　「中國材料科學學會」成立的最主要的宗旨在提升我國材料科技水準。學會的工作自然以提升材料科技水準與服務會眾為首要目標。但限於人力物力，在工作內容上必須有所取捨。諸多事務除「應作」的例行業務、欲「推行」的工作則需審度時機以及人力、物力配合情況。為使有限資源發揮最大功效，實有賴建立良好的取捨標準，經過討論思考，確定應循整合性、前瞻性、適時性、需要性的方向原則下盡力進行。原則上不重複現有教育訓練機制工作，而能在充分發揮效率與彈性情況下，結合產官學研各界力量，釐定前瞻性的政策，採取開創性的作法，而積極配合國家整體科技與經濟發展。

　　在整合性工作方面，包括積極擔任產官學研的橋樑，主辦「產業材料科技人才培育研討會」，「材料相關期刊座談會」等各項研討會、座談會，推介材料科學、闡揚材料社群觀點，出版學術期刊、中文教材、材料手冊。

在前瞻性工作上，例如充分開發應用網際網路（Internet），由於資訊與通訊技術的飛速進步，網際網路已達無遠弗屆的境地。全球資訊網（World-Wide-Web, WWW）的發展，更融合了多媒體的威力，對未來科技發展、人類生活的影響有排山倒海之勢，將極為深遠。「材料科學學會」為因應新科技的衝擊，目前已建立「材料科學學會」全球資訊網路站首頁（Home Page）。希望對材料社群提供完整的資訊服務。同時推動課程教材上網路，加速資訊科技應用，發揮「平行處理」，「整合智慧」的效果。

在適時性工作方面，例如引介新興領域「具環保概念材料科技」，工業文明發展至今，造成環境污染已至必須正視的地步。材料科技為工業發展的基石，將環保概念融入材料研發、製造、保固、使用每一個環節中，當有「正本清源」之功。有鑑於此，本次年會特別邀請世界級專家日本東京大學山本良一教授主講「材料科技環保概念」，盼望能對國內該領域的發展有所啟發。

就需要性工作而言，例如開辦教育訓練課程，由於時代的劇變，活到老學到老不僅是理想，而漸成現代人在先進社會安身立命所必需。未來的競爭優勢是在於「不易學習」，「不易取代」。延伸、推廣教育的需求將逐漸趨於殷切。高度專業的技術有賴於加強專業知識養成及教育訓練，不斷提升人員素質及技能，才能發揮人力資源的優勢。本會「教育訓練與工業服務委員會」之目標為促進材料科學教育的推廣，協助公民營企業工程人員之訓練，專科及職業學校師資之在職訓練，接受委託辦理材料相關計技術之職業訓練等。

國內專業學會林立，但大多數「聊備一格」，效果不彰。「徒具形式」姑且不論，最「勞民傷財」的是「熱鬧有餘，精彩不足」。有道是「活動多並不代表成效大」（activity與productivity, achievement不同），「效率高並不表示效果好」（efficiency與effectiveness也不一樣）。例如每個學會都辦年會，使許多熱心人士忙得不可開交，但常見論文發表會「迭有冷場」，論文集為人「棄若敝屣」。又如許多學會也都出版學術期刊，聚集一群專業人士編輯、撰稿、審稿，花費許多時間、金錢，出版的學術期刊「乏人問津」，既未為國際索引機構所收錄，往往淪為「過眼雲煙」，發表論文也未能對個人升等、申請獎助有所助益。忙得大家團團轉，績效卻「乏善可陳」，徒具形式而發揮不出功能。實當為所有學會工作人員引以為戒。

「材料科學學會」成立二十八年來，對國內材料科技蓬勃發展，一直扮演

主動積極、舉足輕重的角色。學會努力的目標也應朝向珍惜義工時間精力與資源，尋求與相關學會的合作，「要求績效」而「擲地有聲」的方向。在國內近年來積極發展科技的諸般努力略見成效之際，要「更上層樓」，可能必需要揚棄「地攤文化」，力求「精緻」，才有機會共同經營「精品店」。

今年年會在各位支持下順利展開，籌備委員會在彭宗平主委精心擘劃下，自一月底開始運作，「不辭辛勞」、「殫思精慮」要籌辦一次成功的年會，在今天成果豐收日，本人要特別感謝各位的辛勞。同時也要藉此機會感謝各位會眾、贊助單位、參展以及刊登廣告單位的熱烈支持。明年年會預定在成功大學舉行，成功大學一向不容清華大學「專美於前」，相信明年年會一定更圓滿成功，在此要感謝明年年會主辦人士勇於「擔當重任」。最後祝大家健康快樂，希望明年大家在成功大學再共聚一堂，驗收慶祝「中國材料科學學會」為我國在材料科技發展努力的成果。

我國材料科技教育與研究現況與展望

1997年3月3日　星期一

（改寫自1996年IUMRS材料研究與教育政策國際論壇（IUMRS International Forum on Materials Research and Education Policy）講稿）

一、前言

　　在世界近兩百個國家中，台灣幅員不大，人口不多，天然資源極度貧乏，但近年來在高科技產業名列前茅，有全球性的地位。「何以致之？孰令致之？」相信是大家有興趣探討的問題。由於高科技產業與材料科技發展有密切依存關係，本文報告台灣材料科技教育與研究現況與展望。

　　由於資料蒐集完整性與篇幅的限制，本文主要的對象為國內大學院校材料系所。而由於材料科技的科技整合性（interdisciplinary）與多面性（multidisciplinary）特質，國內外大學院校材料科學學術研究與人才培育均不限於材料系所進行。涵蓋未盡周延之處，尚請識者明察。文中所引用之資料儘量講求時效性及準確性，期能反應現況。部分較早輯成資料，在不影響總結情況下仍予採用，但皆註明資料輯成時間。

二、我國材料科技發展里程碑

　　我國近三十年來材料科技發展之組織、政策發展及重大事件依年序有下列里程碑：

　　中國材料科學學會成立（民國五十七年）

第一個材料科學工程學系與研究所成立（民國六十一年）

材料系所第一屆碩士班學生畢業（民國六十三年）

行政院公佈材料科技為我國四大重點科技之一應加速發展（民國六十八年）

行政院科技顧問組舉辦全國材料會議（民國六十九年）

材料研究所開始招收博士班學生（民國七十年）

行政院科技顧問組成立材料指導小組（民國七十一年）

工研院成立工業材料研究所（民國七十一年）

中科院成立材料發展中心（民國七十二年）

清華大學材料科學中心成立（民國七十三年）

材料系所第一屆博士班學生畢業（民國七十四年）

行政院將材料列為我國策略性工業之一（民國七十六年）

教育部施行「發展材料科技教育」案（民國七十六年）

材料科學學會主編國際性學術期刊「材料化學與物理」出刊（民國八十一年）

三、教育現況

（一）材料系所

目前已設立的材料系所的十一個大學院校中，共有大學部、碩士班、博士班各六、十、八個單位。在已成立的材料科學工程系所中，除兩系所成立於一九七零年代。其餘系所皆成立於一九八零及九零年代。今後兩年內，預計會新成立兩個材料科學工程大學部與一個研究所。台北技術學院材料與資源工程學系新近自台北工專改制，暫未列入以下統計數字中。

（二）師資

七十九與八十五學年度材料系所師資及所獲得最高學位（幾乎全為博士）所在地之資料列於表一。由表一可見近年來國內材料系所教師約三分之二獲有美國博士學位，約五分之一由國內培育。以規模較大的清華大學材料科學工程學系為例，八十五學年度二十四位專任教師年齡平均約四十五歲。其中約有三分之二具有十年以上獨立研究經驗，但有工業界實務經歷者較少。

教師專長以材料研究領域可粗略區分專長屬於金屬材料、電子材料、陶瓷材料、複合材料四類。根據八十五學年度統計資料，各校分布有顯著不同。教師專長主要屬金屬、陶瓷、電子、複合材料領域者各六十六、二十四、三十八、十六人（表二）。教師專長主要屬金屬材料領域者約比總人數一半稍少。另外專長主要屬電子材料領域教師大都任教於新竹地區，顯然受到新竹地區為我國半導體產業中心影響。需要說明的是陶瓷材料領域涵蓋電子陶瓷，金屬、複合材料也有多應用於電子產品。清華大學材料科學工程學系八十五學年度碩士班招生，根據教師研究興趣分為機械應用與電子應用兩組，分別招收二十一與五十一人，也相當反應出電子產業的需求。

（三）學生

材料系所於七十九與八十五學年度在學學生人數統計列於表三。由於博士班普遍增設，博士班學生人數一度急遽增加。八十一年底臺灣大學、清華大學、成功大學及中山大學四校材料研究所博士班在學學生人數共兩百三十四人。八十二學年度六校材料研究所預計招收博士班新生達一百一十名，盛況空前。引發我國是否有能力吸納材料研究所培育出的博士人才的疑問。但近年來博士班在學學生人數增加已趨緩，反而是大學部與碩士班學生人數有較大幅度的增加。

（四）學制與學程

材料系所學制與我國一般系所學制一樣。修習時間一般大學四年，碩士班兩年並必須完成碩士論文。博士班修習時間則視論文進度而定，平均約為四年。各階段一般須經入學考試入學。各高中、大學資優學生合於規定且成績優異者得申請甄試入學，但總人數與招生名額有一定的限制。碩士班學生在校修習滿一年亦得跨系所申請直升博士班。申請直升博士班名額則限制為招生名額的五分之一。

目前材料系大學部必修課程由各校自訂函請教育部核備。在正規材料系教育外，另有雙主修、輔系及彈性學程辦法。

（五）畢業學生概況

　　材料系所大學部及碩士班畢業學生概況目前並沒有完整的全國性統計資料。但一般而言大學部畢業學生繼續升學的占多數。碩士班畢業生多直接就業且甚受研究機關及私人企業歡迎。值得一提的是早年大學部及碩士班畢業學生出國留學蔚然成風，近年來大學部畢業生多選擇在國內升學，碩士班畢業生則多直接就業。至於博士班畢業生幾乎百分之百留在國內服務。

　　行政院科技顧問組「材料科技人才培育專案」計畫於八十二年初曾針對國內材料研究所培育博士進用問題加以探討。發現自民國七十四年至八十一年底國內材料研究所培育博士共一百一十人。其中在大專教書、研究機關工作及私人企業服務各三十三、五十及九人，博士後研究四人，服役中及其他各十一及三人。[1]

　　最近資料顯示清華大學材料學系所民國七十九年至八十四年底培育博士共七十人。其中在大專教書、研究機關工作及私人企業服務各十、二十四及二十七人，服役中及其他各八及一人。如扣除研究機關在職進修學生與服役中畢業生，博士班畢業生在大專教書、研究機關工作所佔百分比各為14%與25%，而至私人企業服務所佔百分比高達61%。

四、學術研究現況

（一）研究領域

　　世界各國材料系所多由冶金系所改制而成立，而在成立初期師資、學程及設備常偏重金屬材料。民國七十四年美國麻省理工學院材料系柯亨教授應清華大學材料科學中心邀請來華，接受教育部委託考察我國大學材料系所教學研究狀況。柯亨教授建議各校材料系所除研究金屬材料外，為配合我國科技與產業發展，材料系所教學研究宜建立第二專長或特色。教育部非常重視此一建議，自七十六年度起施行「發展材料科技教育」案。第一期以協助四所國立大學材料系所建立金屬材料以外第二專長為發展目標。實施三年各校師資、學程及設備均有顯著改進。民國七十九年起施行「發展材料科技教育」案第二期計畫，以高性能材料開發及製程為主題。補助對象先是擴大至設有材料系所之私立大

學及專科學校。八十一年度起，更擴大至全國各大專院校理工學院相關系所。可惜經費仍維持每年四千萬元之額度，並未相對增加。「淡化」的結果使效果大打折扣。八十五年度起施行「發展材料科技教育」案第三期計畫，將補助對象加以分類，希望能兼顧重點與輔助新興系所。[2]

（二）研究人力

我國高等教育學府研究人力由教授、專任研究人員、研究生及技術人員組成。國內大學材料系所現有教師約一百五十人，博士班學生約兩百五十人，碩士班學生約六百人。專任研究人員及技術人員則為數甚少。

（三）儀器設備

國內學術研究大型儀器設備的特色是為系所或學校共有，極少見為某一研究組專用。另一特色為幾乎百分之百由美、日、歐先進國家製造。

從事材料學術研究必不可缺的是材料鑑定分析儀器設備，而材料鑑定分析儀器設備種類多而價格高。國內材料系所成立源起於一九七零年代初期，適逢我國學術研究開始脫離早期人才、經費兩缺之際。以清華大學材料系所為例，在校方擁有在當時尚稱可觀之清華基金支援下，到一九七零年代末期已擁有材料鑑定分析基本儀器設備。民國六十九年材料科技由行政院明定與能源、資訊、自動化科技共同列為重點科技，材料系所儀器設備經費獲得額外支援，得以購置較為精密儀器設備。教育部「發展材料科技教育」案施行前三年以每年四千萬元補助四所國立大學材料系所購置儀器設備，使各材料系所儀器設備得以大為補強。

國科會貴重分析儀器使用中心（貴儀中心）自民國七十年開始由化學分析儀器試辦，七十二年起部分材料系所購置儀器加入貴儀中心。設立貴重分析儀器使用中心的構想為藉各大學已有的基礎，加強儀器的使用、管理、維護，使各地區之研究機構能分享這些貴重儀器。納入中心的儀器，均有國科會聘用之操作員負責操作服務、維修。多數儀器亦提供給對儀器有相當認識，經儀器負責人認可者自行操作。國科會除提供儀器維修費用外，亦可能撥款協助汰舊換新。貴儀中心制度實施以來確能發揮預期的效益，也紓解中心所在地材料系所部分貴重儀器維修問題。

清華大學由教育部核定於民國七十三年成立材料科學中心。第一期五年計畫由工業技術研究院工業材料所向經濟部申請專案支援，第二期後則由教育部逐年編列經費。材料科學中心成立初期由於經費運用較為靈活，得以購置不少貴重儀器。

（四）研究經費

　　材料學術研究經費絕大多數由國科會工程處補助。國科會工程處核定之材料科技專題研究分屬微電子及光電材料、高分子材料、金屬及結構陶瓷材料三類，除金屬及結構陶瓷材料外，執行其他材料研究計畫之主持人多分布於非材料所系，如微電子及光電材料研究計畫多在電子、電機所系，高分子材料研究計畫多在化工所系執行。根據國科會工程處統計，八十四年度補助材料科技研究計畫經費約兩億五千萬元，平均補助每件計畫約四十三萬元。以往計畫通過率在85%以上，近年來已降至70%以下，每件計畫平均補助經費則多年來未見顯著增加。[3]行政院科技顧問組材料指導小組估計我國材料科技基礎與應用研究經費約美金一千萬元。

（五）學術著作

　　我國大學材料系所一般而言具有良好的研究風氣。一方面教師皆學有專長，約有一半以上教師蓄積了十年以上的獨立研究經驗，另一方面儀器設備達到相當水準而申請國科會專題研究補助通過率達八成以上，再加上研究生素質尚稱整齊，研究水準近年來有長足進步。博士班畢業通常均要在科學論文引用指標（SCI）列名期刊中發表不等篇數論文。

（六）國際期刊

　　中國材料科學學會國際期刊於一九九零年開始籌備。最後決定與全世界最大學術期刊出版公司荷蘭Elsevier公司合作，接辦其已出版十六年之期刊Materials Chemsitry and Physics（「材料化學與物理」），於八十一年七月正式出刊。目前已審理自約六十個國家投寄超過一千五百篇稿件，發行遍及全球各地，且列名於科學論文引用指標（SCI）。顯示我國材料學術研究實力，已受到國際學術界肯定。

五、教育與研究發展政策所形成的優勢

由材料科技教育與研究的發展很明顯的可看出政府的材料科技教育與研究政策扮演了關鍵的角色。其中重要的措施包括：

1. 廣設材料科學工程學系與研究所，由教育主管機關採取多項獎勵措施，如提供所有研究生獎助學金、研究生免學費、施行「發展材料科技教育」案等。國科會除補助研究相關經費外，並經由貴重分析儀器使用中心紓解部分貴重儀器使用、維修問題。
2. 成立工研院工業材料研究所、中科院材料發展中心等大型材料研究機構，從事產業與國防所需材料研究。
3. 成立國家級實驗室與研究中心，如毫微米元件實驗室、同步輻射研究中心、高速電腦中心、精密儀器發展中心，支援先進研究。
4. 推動高科技產業，創造產學互動，高級人力就業機會。

另外一項非常重要的因素為早年大量出國留學的人才，在學有專精之後，適時的在政府推動材料科技發展之際返國服務，使我國材料科技教育與研究得以在過去十餘年中迅速蓬勃發展。

六、面臨的挑戰

我國近年政經情勢變動劇烈，材料科技界面臨多項挑戰：

1. 由於政府近年來的財政緊縮政策，教育部給予公立大學的經費大幅度的縮水。科技研究經費成長趨緩甚至呈負成長。同時研究生開始需要繳學費，研究生獎助金也醞釀廢止，使我國較獨特而有效的讓研究生得以專心研究的「良法美意」有「毀於一旦」之虞，再加以國科會貴儀中心數年來屢次考慮改廢，這些可能會嚴重影響競爭優勢地位的趨勢必須加以正視。
2. 產業升級速度緩慢，產學互動仍有待加強。
3. 專任研究人員及技術人員一向短缺，對研究層次的提升形成了很大的障礙，亟待改進。

4. 國內現有材料系所師資特色為多數獲有美國博士學位，但有工業界實務經歷者較少。近年來國內教學研究環境大為改善，許多在國內外學業、事業有成的學者、專家有意到大學從事教育工作，正是各系所應極力延攬的對象。不巧各系所師資皆已趨滿額，將錯失改善師資之契機。

5. 國內學術研究大型儀器設備的兩大特色，即屬共用設備與多須自國外進口，可能正是阻礙以實驗科學為主的材料研究更上層樓的主要原因。精密儀器設備仰賴進口代表國內自製能力的不足，不易進行具有突破性的實驗。共用設備以服務為主，連帶的影響了前瞻性。

6. 近年來出國攻讀高等學位的留學生已少到讓人擔心的地步。由於我國人口資源的限制，不可能就所有重要或具潛力的研究方向「面面顧到」。目前因擁有龐大的「留外人才庫」，對新興材料科技尚能迅速掌握。長遠來看，這獨特的優勢將逐漸消失，未來可能影響新興材料科技的發展。

七、持續發展的關鍵

由於政府的財政情況，短期內不太可能在教育與研究經費上給予充沛的支援，但仍有許多具體可行措施，以釋放產業界日漸強大的能量來彌補，尤其是加強產學合作；由於國內現有材料系所於教師有工業界實務經驗者較少，而各系所師資皆已趨滿額，故從落實工程教育、協助產業升級觀點，加強產學研合作應為當務之急，如由主管機構修改教授休假辦法，鼓勵教授利用休假從事產業研發工作而增列適用公民營企業條款，放寬酬勞限制但可要求公民營企業負擔部分人事經費，鼓勵博士後研究及博士研究與產業研發密切結合，修改投資抵減辦法：放寬獎勵門檻、擴大獎助中小企業創新研究等。另一方面為因應我國留學生與留外人才減少的趨勢，可從推動國際合作著手，如鼓勵國內科研人才與先進國家研究團隊合作、「土產」高級人力到國外從事短、中期研究，以補未來留外人才之不足。

八、結語

　　我國材料科技教育與學術研究近年來在質與量上均有相當大幅度的提昇。由於多年蓄積的能量，具有相當發展的潛力。但目前面臨研究人力、設備、經費等結構、制度上的瓶頸。有師資延攬、產學合作的難題。由於材料科技的進展掌握了高科技工業發展成敗的關鍵。在我國即將邁入已開發國家之林，而國際間科技競爭加劇之際，亟應提高材料科學學術研究水準，以迎接新世紀的挑戰，而體認材料科技為新興科技，應有特別支援，方能充分發揮其引領與支援產業之功能。

誌謝

　　本文部分資料承蒙工研院材料所鮮祺振博士提供，特此誌謝。

參考資料

[1] 陳力俊，「我國科技產業發展之歷程研討會」，新竹：工業技術研究院（民國八十二年）第181頁。

[2] 吳泰伯，中國材料科學學會，「產業材料科技人才培育研討會」結論報告書，新竹：中國材料科學學會（民國八十五年）第79頁。

[3] 張立，中國材料科學學會，「產業材料科技人才培育研討會」結論報告書，新竹：中國材料科學學會（民國八十五年）第95頁。

表一　七十九與八十五學年度各大學材料系所教師所獲得最高學位所在地

	七十九學年度	八十五學年度
美國、加拿大	69	92
歐洲	11	12
日本	7	9
台灣	23	31
合計	110	144

表二　七十九與八十五學年度各大學材料系所教師專長

	七十九學年度	八十五學年度
金屬材料	57	66
電子材料	17	24
陶瓷材料	23	38
複合材料	13	16
合計	110	144

表三　七十九與八十五學年度各大學材料系所在學學生人數統計

	七十九學年度	八十五學年度
大學部	854	1169
碩士班	382	606
博士班	203	258
合計	1439	2033

「台灣區電子顯微鏡使用情況報告」前言

1980年1月1日　星期二

　　中國材料科學學會鑒於電子顯微鏡在科技研究發展上日趨重要，於民國六十八年三月十七日成立電子顯微鏡委員會，以推動國內電子顯微鏡研究與應用為主要任務。並將瞭解目前國內電子顯微鏡使用情況列為起步工作之一。經發出物理及生物科學方面問卷，陸續獲得二十九個單位，三十九部電子顯微鏡之資料，約佔國內現有此項儀器四分之三之數。現整理輯印，以供國內電子顯微鏡使用人士參考，尤盼能由瞭解而促進交流，增進使用效率。

　　根據問卷及向儀器代理廠商訪詢結果，目前國內各公私學校機關已裝有各式電子顯微鏡五十餘部，而且此數目有快速增加之勢。近年來主管推動國家科技發展大計的國科會，常有人以國內電子顯微鏡數目太多為例而備加責難。然而目前國內所有此類儀器僅及日本現有總數八十分之一，比例上型號亦較陳舊，數目及投資均不為多，自電子顯微鏡能顯微放大，作晶體結構，微細組織及化學成份分析等廣泛用途而言，幾乎所有單位都可找出適當理由申購，問題主要在使用效率上。無可諱言的，多年來，我們使用電子顯微鏡的成效不彰，目前仍常有不用及誤用的現象，究其原因主要為：

　　（一）受過適當訓練的研究及維護人員嚴重缺乏。

　　（二）製造廠商及其代理商售後服務不理想。

　　（三）一般研究環境不能配合；如研究人員不能專心工作，技術較精熟的技術員不得安其位。各位雖籌措鉅款購買昂貴儀器，但缺少常年維護預算等。

　　其他尚有許多相關問題，主要癥結仍在人才短缺。延攬及訓練人才，乃為當務之急。我們呼籲現有儀器單位，在人才缺乏的情況下，與現有適當人才之有關學校、機關，以合作研究方式，匡正誤用及不用的現象，並積極延攬人才

及給予現有人員適當訓練的機會。今後各單位在申購電子顯微鏡時，亦必順把握「先有人才，後買儀器」之原則，否則徒增數目，「暴殄天物」。一部老舊的電子顯微鏡有專人妥加利用要比空放著的最新式儀器有力的多。

在儀器保養及維護上，目前國內電子顯微鏡廠牌百分之八十以上屬日本電子及日立兩家。而此兩家廠商在歐美所以具有高度競爭性，主要是能在售後提供一流服務。但在省內服務的情況，則恐離「差強人意」尚有一段距離。以台、日毗鄰及此兩家在台所售出的儀器數目，每三、四個月派服務工程師來台巡迴服務一、二週，實不為過。另外各廠商在台總代理，在省內儀器型號紛雜情況下，專門負責修護服務人員的陣容，協助客戶迅速補充損換零件，採購消耗品等，均亟待加強。我們希望代理商能與有關單位積極合作，早日促成「契約維護」制度之建立。即由客戶與廠商簽約，仿歐、美、日現行制度，在簽約有效期間，以儀器售價一定百分數之價格，除定期（如每六個月）保養外，並負責檢修故障，人工、零件不另收費。如此使用單位可在一定預算範圍，確保儀器正常運作。廠家們亦因儀器保養維護得法，反而減少檢修次數，並能賺取合理利潤，造成「良性循環」。

在使用單位方面，為發揮儀器效力，合理的常年維護預算必不可缺。至於研究及技術人員的研究環境以及待遇、職等，升遷機會等，主管人員在職限範圍內有責任儘量改善。我們更深盼政府在積極發展科技政策下，能早日大刀闊斧突破人事瓶頸。不僅能延攬人才，而且要使人才安其位，才能真正發揮力量。

材料科學學會電子顯微鏡委員會成立之初，即以推動成立中華民國電子顯微鏡學會為主要任務。近年來國內在學術研討方面活動漸趨頻繁，尤其電子顯微鏡為物理及生物科學通用利器，在科際統合聲中，正為互通聲氣的大好場合。學會之成立，似有水到渠成之勢。然而環顧今日國內許多學會徒具形式，「外行領導內行」，反而阻礙應有的進步，則不免令人擔憂一個新學會的成立，是否會分散各學會原已嫌薄弱的人力、物力而又未能發揮學會的正常功用。這些都是值得熱心的從業人士好好商榷的。

本報告承蒙各單位人員費心填寫問卷，供給資料。台灣大學林良平教授，三光、永康、百通、益弘、洽泰各公司負責人校正國內電子顯微鏡裝設情況一覽表，清華大學講師吳才偉君協助編排及校對，一併在此致謝。

原載：中國材料科學學會電子顯微鏡委員會，
「台灣區電子顯微鏡使用情況報告」，pp.4-6

材料產業科技人才培育研討會報告

1995年11月14日　星期二

　　中國材料科學學會於民國八十一年二月，奉教育部委託舉辦「材料科技人才培育研討會」，邀請有關學者專家，共同研商材料科技人才培育大計方針，並落實教育部「材料科技教育」專案之推動。經過兩天的討論，除對第二期「材料科技教育」專案計畫建立共識，並提出許多寶貴意見，對第二期「材料科技教育」專案計畫目標的達成，有很實質的助益。

　　八十四年度為第二期「材料科技教育」專案五年計畫執行最後一年。自八十五年度起教育部將推動第三期「材料科技教育」專案計畫。同時為因應國內、外產業結構，教育研究資源的變遷，帶動經濟、社會環境的互動變化、中國材料科學學會認為應適時邀請有關學者專家就「材料科技人才培育」加以檢討、策勵。由於考量今後大專院校培育人才絕大多數將進入產業界工作，所以擬針對「產業材料科技人才培育」加以研討。經與教育部顧問室商議，乃於八十四年七月向教育部提出「產業材料科技人才培育研討會」工作計畫，獲得教育部迅速的正面回應。乃積極籌備研討會的召開。邀請產官學研有關學者專家，共商如何為產業界培訓人才，以作釐定未來教育政策之參考。

　　研討會分四部分進行。首先規劃了一系列專題演講。除邀請科技顧問組、國科會主管官員介紹我國材料科技、產業發展、學術研究概況及策略，教育部提出材料科技學程改進與人才培育的構想及措施，並邀請中科院與中鋼分別就「軍民通用材料科技發展」與「我國鋼鐵工業與中鋼多角化經營策略」作專題演講。希望適切的提供研討「產業材料科技人才」主題的背景資料，讓與會人士對我國材料科技、產業發展、學術研究概況及策略，人才培育的構想及措施以及研究單位、多角化材料產業有整體與較深入瞭解。

　　研討會第二部分依照出席人士專長，區分為金屬、電子及高分子與陶瓷材

料三組,分別討論。先由召集人引言,提供產業或科技相關資料,提示問題所在及解決問題之意見。討論分五大議題:包括研究所與大學人才培育與產業發展,職技教育,提升研究水準及促進產業研發,教育部「材料科技教育」專案檢討與建議,人才培訓之策略與分工。

研討會第三部分研討中國材料科學學會在材料科技發展之角色。中國材料科學學會於二十七年前在陸志鴻先生與許多材料界前輩積極推動之下成立。近年來國內材料科技蓬勃發展,材料科學學會一直扮演主動積極的角色,功不可沒。目前材料科學學會擁有經常保持聯繫會員一千兩百餘人,會聚產官學研各界菁英,具有相當可觀的整合力量。材料科學學會在未來我國材料科技發展上,應可扮演更主動積極的角色,因此也希望借重諸先進的智慧,協助學會在重點工作上達成共識。

研討會第四部分為分組結論與總結。由各分組召集人彙整意見,作成結論並提出報告。會後將研討結論連同背景資料彙整,作成結論報告書,呈送教育部以及、相關部會、產業、學術、研究單位參考。同時將成為學會在推動工作上的重要依據。

研討會的順利進行荷承諸先進熱烈參與,教育部、工研院材料所、中科院材發中心、中德電子公司、中國鋼鐵公司、台達電子公司、和喬科技公司、東和鋼鐵公司、華邦電子公司、漢光科技公司與應用材料公司給與經費補助,並蒙教育部顧問室陳文村主任、和喬科技公司吳秉天總經理蒞臨致詞,工研院材料所李立中所長、中科院材發中心汪鐵志主任、中國鋼鐵公司鄒若齊副總經理、國科會工程處張立副處長、教育部顧問室吳泰伯顧問光臨作專題演講,台灣大學許樹恩教授、吳錫侃教授,中國鋼鐵公司鄒若齊副總經理、工研院材料所李立中所長、汪建民副所長、劉仲明副所長、宋健民組長、鮮祺振博士、中科院材發中心陳文懿副主任、陳崇一副主任、成功大學洪敏雄教授、清華大學彭宗平教授主持討論,交通大學郭正次、馮明憲教授、清華大學吳信田、彭宗平、黃倉秀教授提出報告,在此深致謝忱。研討會的籌備與執行承蒙諸先進指導,本會馮明憲秘書長、范心梅顧問精心擘畫,本會與晶華顧問公司多位工作人員鼎力協助,功不可沒。謹在此一併致謝。

中國材料科學學會理事長　陳力俊

工研院二十周年
──我國材料科學學術研究與人才培育

1996年6月25日　星期二

摘　要

　　材料為工業產品的基石。材料科學與工程主要探討材料結構、性質、製程與功能的相互關係。一方面與基礎科學關係密切，一方面又與各類工程應用息息相關，具有高度科際整合性。近年來國內材料科技蓬勃發展。欣逢工研院二十週年慶舉辦「我國材料科技與工業材料產業之發展」研討會，特就國內大學院校材料系所師資、在學學生、學制、學程、畢業學生、研究領域、研究人力、儀器設備、研究經費、學術著作之綜覽、沿革、現況作一總結報告，並對未來發展提出個人看法及建議。

壹、前言

　　材料為工業產品的基石。材料科學與工程主要探討材料結構、性質、製程與功能的相互關係。一方面與基礎科學關係密切，一方面又與各類工程應用息息相關，具有高度科際整合性（interdisciplinary）。第二次世界大戰以後，各先進國家皆以材料科技為發展重點，促使材料科技快速進步。由於材料科技與高科技產業發展的密切依存關係，目前美、日、歐洲各先進國家亦莫不以材料科技為優先發展項目。

　　在一九六零年代以前材料科學學術研究與人才培育皆在其他理工系所如冶金、物理、化學、機械、化工、電機系所進行。一九六零年代初期材料科技成

為一獨立學門之時機已趨成熟。美國麻省理工學院成立了世界上第一個材料系所，至今各先進國家知名學府無不設有材料系所，而材料科技也飛速進步。國內第一個材料系所於民國六十一年在清華大學成立，到今年下半年將共有九所大學院校設有材料系所。民國六十八年行政院明定材料科技與能源、資訊、自動化並列為我國四大重點科技，促成近年來國內材料科技蓬勃發展。欣逢工研院二十週年慶舉辦「我國材料科技與工業材料產業之發展」研討會，特就國內大學院校材料系所學術研究與人才培育之沿革、現況作一總結報告，並對未來發展提出個人看法及建議。

由於資料蒐集完整性與篇幅的限制，本文主要的對象為國內大學院校材料系所。而由於材料科技的多面性（multidisciplinary）特質，國內外大學院校材料科學學術研究與人才培育均不限於材料系所進行。涵蓋未盡未周之處，尚請識者明察。文中所引用之資料儘量講求時效性及準確性，期能反應現況。部分較早輯成資料，在不影響總結情況下仍予採用，但皆註明資料輯成時間。

貳、我國材料科技發展里程碑

我國近二十五年來材料科技發展之組織、政策發展及重大事件依年序有下列里程碑：

中國材料科學學會成立（民國五十七年）
清華大學材料科學工程學系與研究所成立（民國六十一年）
成功大學冶金與材料工程學系成立（民國六十三年）
行政院公佈材料科技為我國四大重點科技之一應加速發展（民國六十八年）
行政院成立科技顧問組（民國六十九年）
行政院科技顧問組舉辦全國材料會議（民國六十九年）
清華大學與成功大學材料研究所開始招收博士班學生（民國七十年）
中山大學材料科學學系與研究所成立（民國七十年）
逢甲大學材料科學學系成立（民國七十年）
行政院科技顧問組成立材料指導小組（民國七十一年）
工研院成立工業材料研究所（民國七十一年）

臺灣大學材料工程研究所成立（民國七十一年）

中科院成立材料發展中心（民國七十二年）

大同工學院材料工程學系與研究所成立（民國七十二年）

清華大學材料科學中心成立（民國七十三年）

我國材料系所第一屆博士班學生畢業（民國七十四年）

行政院將材料列為我國策略性工業之一（民國七十六年）

教育部施行「發展材料科技教育」案（民國七十六年）

交通大學材料科學與工程研究所成立（民國七十八年）

材料科學學會主編國際性學術期刊「材料化學與物理」出刊（民國八十一年）

教育部委請中國材料科學學會舉辦「材料科技人才培育研討會」（民國八十一年）

行政院科技顧問組舉辦全國材料科技會議（民國八十一年）

海洋大學材料工程研究所成立（民國八十二年）

中興大學材料科學與工程研究所成立（民國八十二年）

參、人才培育

一、材料系所

目前大學院校中已設立的材料系所為：

臺灣大學材料科學及工程研究所（碩、博士班）

大同工學院材料工程學系與研究所（碩士班）

清華大學材料科學工程學系與研究所（碩、博士班）

交通大學材料科學與工程研究所（碩、博士班）

逢甲大學材料科學學系

成功大學材料科學與工程學系與研究所（碩、博士班）

中山大學材料科學研究所（碩、博士班）

八十二學年度已經教育部核定成立者有

海洋大學材料工程研究所碩士班

中興大學材料科學與工程研究所碩士班

大同工學院材料工程研究所博士班

在已成立的材料科學與工程系所中，除前述清華大學成立最早外，成功大學迭經改制、改名，於今年方正式改名為材料科學與工程系所。其餘系所皆成立於一九八零年代。

二、師資

七十九學年度國內材料系所教師約三分之二獲有美國博士學位，約五分之一由國內培育。以成立最早的清華大學材料科學與工程系所為例，八十二學年度二十四位專任教師年齡分布自三十五歲至五十餘歲，平均四十三歲。其中約有三分之二具有十年以上獨立研究經驗，但有工業界實務經歷者較少。

教師專長以材料研究領域可粗略區分專長屬於金屬材料、電子材料、陶瓷材料、複合材料四類。根據七十九學年度統計資料（表一），各校分布有顯著不同。教師專長主要屬金屬、電子、陶瓷、複合材料領域者各五十七、十七、二十三、十三人。教師專長主要屬金屬材料領域者約比總人數一半稍多。另外專長主要屬金屬材料領域教師有三分之二以上任教於新竹地區，顯然受到新竹地區為我國半導體產業中心影響。

三、學生

近兩年大學部與碩士班學生人數變動不大，但博士班學生人數急遽增加。八十一年底臺灣大學、清華大學、成功大學及中山大學四校材料研究所博士班在學學生人數共兩百三十四人。自博一至博六分別為六十、六十一、四十九、三十四、二十一及九人。而交通大學與大同工學院材料研究所博士班分別於八十一及八十二學年度招生。八十二學年度六校材料研究所預計招收博士班新生達一百一十名。

四、學制

材料系所學制與我國一般系所學制一樣。修習時間一般大學四年，碩士班兩年並必須完成碩士論文。博士班修習時間則視論文進度而定，平均約為四年。各階段一般須經入學考試入學。各大學資優學生合於規定且成績優異者得跨系所申請直升碩士班，但總人數不得超過該年碩士班招生名額之六分之一。

碩士班學生在校修習滿一年亦得跨系所申請直升博士班。申請直升博士班雖無名額限制，一般系所常另有規定以維持博士班學生水準。

五、學程

　　目前材料系大學部必修課程由各校自訂函請教育部核備。以清華大學材料系為例，畢業所須學分數為一百三十六個。必修課程除國、英文、通識課程外，包括普通化學兩學期六學分、普通化學實驗兩學期二學分、普通物理兩學期八學分、普通物理實驗兩學期二學分、微積分兩學期八學分、工廠實習一學期一學分、工程圖學一學期二學分、材料科學導論兩學期六學分、計算機概論一學期三學分、工程數學兩學期六學分、物理冶金兩學期六學分、冶金熱力學兩學期六學分、結晶繞射學一學期三學分、材料實驗三學期六學分、機械性質一學期三學分、材料之物理性質一學期三學分，另規定學生在金屬材料、電子材料、陶瓷材料與高分子材料四門各一學期三學分課中至少選修兩門。在此特別值得一提的是材料實驗課原為兩學期四學分，偏重冶金方面實驗，近年才擴充為三學期六學分，增加了電子元件與陶瓷製程方面實驗，以加強學生實作經驗。未來更有意將此課程擴充為四學期八學分。

　　在正規材料系教育外，另有雙主修、輔系及彈性學程辦法。以清華大學為例，修讀雙主修學位必須修完外系的全部必修課程，最少三十六學分。修輔系比修雙主修容易，但仍要修畢外系的二十學分。材料系目前設置的輔系包括化學工程、動力機械、工業工程、電機工程以及核子工程學系。而選定材料科學與工程系為輔系的其他學系有物理、化學、數學、化學工程、動力機械、電機工程以及核子工程學系。必修課程包括材料科學導論兩學期六學分、物理冶金兩學期六學分，選修課程包括結晶繞射學一學期三學分、材料實驗兩學期四學分、機械性質一學期三學分、材料之物理性質一學期三學分、腐蝕工程一學期三學分，另可在金屬材料、電子材料、陶瓷材料與高分子材料四門各一學期三學分課中至多選修兩門。

　　彈性學程則由各學系列出專為外系學生所設計的學程。如果學生修畢某一學程的十五學分，學校可給予「學程證明」。材料系設計的學程有金屬材料、電子材料與陶瓷材料三學程，並准許部分課程可由他系課程抵免。

六、畢業學生概況

　　材料系所大學部及碩士班畢業學生概況目前並沒有全國性的統計資料。但一般而言大學部畢業學生繼續升學的占多數。碩士班畢業生多直接就業且甚受研究機關工作及私人企業歡迎。

　　根據清華大學材料系所系友資料調查報告，在絕大多數由目前在國內的系友處回收的調查結果顯示約三分之二的大學部畢業學生繼續升學，但大多數的碩士班畢業生不再繼續攻讀博士。[1]以系友就業情形而言，從事學術研究與在工業界服務者約各占百分之四十，其他約各占百分之二十。以系友工作涉及主要材料性質分布來看，物化、機械及電子性質約各占百分之二十，結構分析、界面及表面分析、磁性、光性及其他各占百分之十五、十、六、六及四。另外發現超過百分之八十的系友工作需要材料專業知識程度相當高，顯示得以學以致用。同時發現系友工作需要材料專業以外工程知識程度也相當高，這也許可看成對材料系所師生建議輔修課程的重要性。這份系友資料調查報告係根據寄出的834份調查表中回收的近150份作成的。因為當初調查表寄送範圍僅限國內，因此回收的也是以目前在國內的系友佔絕大多數。另外值得一提的是早年大學部及碩士班畢業學生出國留學蔚然成風，近年來大學部畢業生多選擇在國內升學，碩士班畢業生則多直接就業。至於博士班畢業生幾乎百分之百留在國內服務。

　　行政院科技顧問組「材料科技人才培育專案」計畫於本年初曾針對國內材料研究所培育博士進用問題加以探討。發現自民國七十四年至八十一年底國內材料研究所培育博士共一百一十人。其中在大專教書、研究機關工作及私人企業服務各三十三、五十及九人，博士後研究四人，服役中及其他各十一及三人。

肆、學術研究

一、研究領域

　　材料系所為新興系所。在傳統系所中，冶金系所研究範疇大致落於現今材料系所研究範疇之中，因此世界各國材料系所多由冶金系所改制而成立，而在成立初期師資、學程及設備常偏重金屬材料。民國七十四年美國麻省理工

學院材料系柯亨教授應清華大學材料科學中心邀請來華，接受教育部委託考察我國大學材料系所教學研究狀況。柯亨教授建議各校材料系所除研究金屬材料外，為配合我國科技與產業發展，材料系所教學研究宜建立第二專長或特色。教育部非常重視此一建議，自七十六年度起施行「發展材料科技教育」案。第一期以協助四所國立大學材料系所建立金屬材料以外第二專長為發展目標。臺灣大學發展重點為介金屬化合物，清華大學為電子材料與表面調制，成功大學為陶瓷材料，中山大學為複合材料。實施三年各校師資、學程及設備均有顯著改進。民國七十九年起施行「發展材料科技教育」案第二期計畫，以高性能材料開發及製程為主題。補助對象先是擴大至設有材料系所之私立大學及專科學校。八十一年度起，更擴大至全國各大專院校理工學院相關系所。可惜經費仍維持每年四千萬元之額度，並未相對增加。「淡化」的結果使效果大打折扣。

二、研究人力

我國高等教育學府研究人力由教授、專任研究人員、研究生及技術人員組成。國內大學材料系所現有教師約一百一十人，博士班學生約兩百人，碩士班學生約四百人。專任研究人員及技術人員則為數甚少。

三、儀器設備

國內學術研究大型儀器設備的特色是為系所或學校共有，極少見為某一研究組專用。另一特色為幾乎百分之百由美、日、歐先進國家製造。

從事材料學術研究必不可缺的是材料鑑定分析儀器設備，而材料鑑定分析儀器設備種類多而價格高。國內第一個材料系所成立於一九七二年，適逢我國學術研究開始脫離早期人才、經費兩缺之際。清華大學材料系所在校方擁有當時尚稱可觀之清華基金支援下，到一九七零年代末期算是擁有材料鑑定分析最基本儀器設備。民國六十九年材料科技由行政院明定與能源、資訊、自動化科技共同列為重點科技，材料系所儀器設備經費獲得額外支援，得以購置較為精密儀器設備。教育部「發展材料科技教育」案施行前三年以每年四千萬元補助四所國立大學材料系所購置儀器設備，使各材料系所儀器設備得以大為補強。

國科會貴重分析儀器使用中心（貴儀中心）自民國七十年開始由化學分析

儀器試辦，七十二年起部分材料系所購置儀器加入貴儀中心。設立貴重分析儀器使用中心的構想為藉各大學已有的基礎，加強儀器的使用、管理、維護，使各地區之研究機構能分享這些貴重儀器。納入中心的儀器，均有國科會聘用之操作員負責操作服務、維修。多數儀器亦提供給對儀器有相當認識，經儀器負責人認可者自行操作。國科會除提供儀器維修費用外，亦可能撥款協助汰舊換新。貴儀中心制度實施以來確能發揮預期的效益，也紓解中心所在地材料系所部分貴重儀器維修問題。

清華大學由教育部核定於民國七十三年成立材料科學中心。第一期五年計畫由工業技術研究院工業材料所向經濟部申請專案支援，第二期後則由教育部逐年編列經費。材料科學中心成立初期由於經費運用較為靈活，得以購置不少貴重儀器。

四、研究經費[2-4]

材料學術研究經費絕大多數由國科會工程處補助。國科會工程處八十年度核定之材料科技專題研究分屬微電子及光電材料、高分子材料、金屬及結構陶瓷材料三類，總經費為三億兩千三百萬元。

在金屬及結構陶瓷材料方面，補助計畫一百三十五個，總經費為約九千一百萬元。參與計畫者有教授、副教授一百五十三人次，博士班研究生八十七人以及碩士班研究生兩百二十八人。

在高分子材料方面，補助專題計畫一百零七個，重點研究群兩個及合作開發研究一案，總經費約六千七百萬元。參與計畫者有教授、副教授一百一十一人次，博士班研究生六十五人以及碩士班研究生一百七十九人。

在微電子及光電材料方面，補助專題計畫一百三十個，總經費約一億兩千七百萬元。參與計畫者有教授、副教授兩百二十七人次，博士班研究生兩百五十三人以及碩士班研究生五百零六人。

在金屬及結構陶瓷材料方面，八十一年度補助計畫一百五十一個，總經費為約一億一千萬元。依學校分：計臺灣大學三十個，大同工學院十二個，清華大學二十五個，交通大學七個，成功大學三十九個，中山大學十二個，逢甲大學及其他院校各有一些計畫。依材料性質分，大致為高性能材料四十一個計畫，鋼鐵材料二十九個計畫，精密陶瓷材料三十三個計畫，表面技術二十九個

計畫，特殊製程十九個計畫等。

　　在解讀國科會工程處補助讀材料科技專題研究計畫時須注意參與計畫教授、副教授以人次計乃因教授、副教授可能參與一個以上計畫。同時除金屬及結構陶瓷材料外，執行其他材料研究計畫之主持人多分布於非材料所系，如微電子及光電材料研究計畫多在電子、電機所系，高分子材料研究計畫多在化工所系執行。

　　以材料系所而言，清華大學材料系所於八十年度執行研究計畫五十八個，其中國科會與非國科會補助計畫數目約為六與四之比。總經費約五千七百萬元，其中國科會補助經費約占三分之二。

五、學術著作

　　我國大學材料系所一般而言具有良好的研究風氣。一方面教師皆學有專長，約有一半以上教師蓄積了十年以上的獨立研究經驗，另一方面儀器設備達到相當水準而申請國科會專題研究補助通過率達八成以上，再加上研究生素質尚稱整齊，研究水準近年來有長足進步。以國科會傑出研究獎而言，民國七十四年第一屆材料系所僅有一人獲得。目前獲獎之材料系所得主則達八人。根據清華大學材料系所統計該系所教師於民國七十九及八十年在科學論文引用指標（SCI）列名期刊中分別發表八十五篇及一百篇論文。七十九年教師發表論文平均篇數與美國各大學材料系所相較，位居第四。值得注意的是這些論文大部分都在一流期刊上發表，更有四分之一以上發表於各材料研究領域公認最好的期刊上。[1]

六、國際期刊

　　中國材料科學學會國際期刊於七十九年間在材料界諸先進倡議之下籌備。創辦國際期刊的主要目的是在提升我國在國際上的學術地位，協助提高我國研究水準。最後決定與全世界最大學術期刊出版公司荷蘭Elsevier公司合作，接辦其已出版十六年之期刊Materials Chemsitry and Physics（「材料化學與物理」）。於八十二年九月正式出刊以來承蒙各界在人力、物力上鼎力支援，學術界同仁不吝惠賜佳作、協助編輯審稿，在近十五個月期間，已審理自四十個國家投寄超過四百篇稿件，發行遍及全球各地，且在科學論文引用指標

（SCI）排名榜中位居前列。顯示我國材料學術研究實力，已受到國際學術界肯定。

伍、檢討與建議

一、師資延攬

國內現有材料系所師資特色為多數獲有美國博士學位，屬青壯年，多有十年以上獨立研究經驗，但有工業界實務經歷者較少。近年來國內教學研究環境大為改善，許多在國內外學業、事業有成的學者、專家有意到大學從事教育工作，正是各系所應極力延攬的對象。不巧各系所師資皆已趨滿額，而教育部適於今年起停辦較有彈性的「科技研究所擴大延攬案」，無異雪上加霜。目前各校多以朝「一系多所」方向發展期能有所補救，還希望教育主管單位能夠正視，以免錯失改善師資之契機。

二、研究人力

近年國內大學研究所大幅擴充的結果，使大學材料系所研究基層人力，即研究生，甚為豐沛，加以國科會對一般認真作研究教授研頗能給予持續性的補助，造就了一個充滿機會的研究環境。但由於專任研究人員及技術人員的短缺，對研究層次的提升形成了很大的障礙，亟待改進。

三、儀器設備

國內學術研究大型儀器設備的兩大特色，即屬共用設備與多須自國外進口，可能正是阻礙以實驗科學為主的材料研究更上層樓的主要原因。精密儀器設備仰賴進口代表國內自製能力的不足，不易進行具有突破性的實驗。共用設備以服務為主，連帶的影響了前瞻性。希望教育與國科會能夠體認時勢遷移，作重點補助，以培養國際級的研究人員。

四、博士人才進用

我國近年來政經科技快速進步，鑒於進入開發國家之林所須大量高級科技人才必須及早培育，一方面由教育主管機關採取多項獎勵措施，一方面由國科

會設置博士班獎學金，施行多年以來，成績斐然，博士班學生人數急遽增加。預計再過一、兩年每年由材料研究所培育出的博士人才將達四、五十名。

由於以往國內材料研究所培育博士有四分之三以上在大專教書或研究機關工作，而近年大專院校或研究機關用人已趨飽和，必須仰賴原本雇用博士意願不高之私人企業吸納。且以目前我國產業規模及研發層次來看，短期內是否有能力吸納材料研究所培育出的四、五十位博士人才不無疑問。再加上近年留學生學成歸國人數日增，「土產」博士就業面臨競爭更為激烈。

雖然博士人才培育最終不得不由市場力量調節供需，基於建國以人才為本的理念，應結合產、官、學各界力量採取各種措施使國內培育出的博士人才得以學以致用。在中、長程措施方面，擴大產業規模，提升產業研發層次，改進博士學程，制定博士人才培育方案，包括設置論文博士制度。在近程措施方面，鼓勵教授利用休假從事產業研發工作，鼓勵博士及博士後研究與產業研發密切結合，修改投資抵減辦法，增列鼓勵進用博士條文，各大學加強就業輔導，對業者宣導，擴大國防役範圍，增列適用公民營企業條款，鼓勵國營企業及國防研發單位進用博士。

五、產學研合作

由於國內現有材料系所於教師有工業界實務經驗者較少，而各系所師資皆已趨滿額，故從落實工程教育、協助產業升級、輔導博士生就業觀點加強產學研合作應為當務之急。建議教育部修改教授休假辦法，鼓勵教授利用休假從事產業研發工作：增列適用公民營企業條款，放寬酬勞限制但可要求要求公民營企業負擔部分人事經費。在國科會方面則希望以具體措施鼓勵博士後研究及博士研究與產業研發密切結合、鼓勵教授利用休假從事產業研發工作。期望經濟部能修改投資抵減辦法：放寬獎勵門檻、擴大獎助中小企業創新研究、增列鼓勵進用博士條文、審核由新進博士提出研發計畫通過後，給與限額投資抵減，鼓勵博士後研究及博士研究與產業研發密切結合，鼓勵教授利用休假從事產業研發工作包括與公民營企業共同負擔部分人事經費，鼓勵產學研合作，鼓勵國營企業進用博士。在國防部方面則希望擴大國防役範圍，增列適用公民營企業條款，更進一步落實產學合作。

六、大專院校材料科技學程改進計畫[5]

　　教育部委請中國材料科學學會於八十一年二月舉辦「材料科技人才培育研討會」。會中決議為配合我國科技與產業發展，須全盤規劃材料科技教育，依各階層所需技術、工程及研究人力作計畫性培育，並提昇教學效果、建立易吸收之教材，以培養國家建設所須之中、高級材料科技人才。

　　行政院科技顧問組於八十一年七月舉辦全國材料科技會議。決議請教育部主辦「強化我國材料科技人才培育方案」。其中重點之一為配合我國科技與產業發展研定人才培育計畫，包括長期由大學院校培育研究發展人才，並重視延攬師資，充實教學設備，改善課程及教材。

　　教育部於八十一年底委託清華大學材料系所執行「大專院校材料科技學程改進先期計畫」。根據行政院科技顧問組規劃之六項材料科技發展推動領域——金屬材料、電子材料、陶瓷材料、複合材料、材料保固與材料加工，加上材料基礎學門，共七領域，分別邀請專家學者組成學程改進規劃小組，釐定可行方案，以提供教育部有關部門參考執行。該計畫已於八十二年四月完成。期末報告建議強化實驗與實習課程，未來向教育部提出學程改進計畫應以強化與改善既有之學程為目標，並以單一課程為對象。改進方向是在配合產業發展的需求。為落實學程改進教學成效，以三年為期完成中文教材編著。

陸、結語

　　我國天然資源極度貧乏，國家建設發展有賴高素質人才。材料科技的進展掌握了高科技工業發展成敗的關鍵。在我國即將邁入已開發國家之林，而國際間科技競爭加劇之際，提高材料科學學術研究水準，加強人才培育以迎接新世紀的挑戰應為謀國者的共識。

　　國內材料科學學術研究與人才培育近年來在質與量上均有相當大幅度的提昇。但正如所有值得追求的「大業」，「登堂入室」易，「窺其堂奧」難。在學術研究方面面臨研究人力、設備、經費等結構、制度上的瓶頸。在人才培育方面，則有師資延攬、博士人才進用等難題。與研究教育同時有密切關係的則有產學研合作的亟待落實。材料科技為新興科技，應有特別支援方能充分發揮

其引領與支援產業之功能。在在均須決策當局精心策劃，結合產官學研各界力量，釐定前瞻性的政策，採取突破性的作法，更進一步提昇學術研究與人才培育水準與層次，而積極配合國家整體科技與經濟發展。

誌謝

本文有關各校材料所系資料承蒙臺灣大學顧鈞豪、楊哲人教授，大同工學院李深智教授，清華大學黃倉秀教授，交通大學馮明憲教授，逢甲大學楊聰仁教授，成功大學林文台、黃肇瑞教授，中山大學盧宏陽、黃志青教授提供，特此誌謝。

參考文獻

[1] 國立清華大學材料科學工程系所創立二十週年紀念特刊，新竹：國立清華大學材料科學工程系所（民國八十一年）

[2] 中國材料科學學會，「材料科技人才培育研討會」結論報告書，新竹：中國材料科學學會（民國八十一年）

[3] 行政院科技顧問組民國八十一年全國材料科技會議「我國材料科技推動現況終合報告」，台北：行政院科技顧問組（民國八十一年）

[4] 洪敏雄，材料學門規劃，科學發展月刊，民國八十二年，三月：194-198。

[5] 國立清華大學材料科學工程系所，「大專院校材料科技學程改進先期計畫」期末報告，新竹：國立清華大學材料科學工程系所（民國八十二年）

表一　七十九學年度各大學材料系所教師專長

	金屬材料	電子材料	陶瓷材料	複合材料
臺灣大學	12	-	4	4
大同工學院	4	2	3	-
清華大學	9	7	6	1
交通大學	6	5	1	2
逢甲大學	6	-	-	1
成功大學	13	2	7	1
中山大學	7	1	2	4
合計	57	17	23	13

「材料科學學會」在人才培育方面的想法與做法

1996年6月28日　星期五

摘　要

　　材料為工業產品的基石。材料科學與工程主要探討材料結構、性質、製程與功能的相互關係。一方面與基礎科學關係密切，一方面又與各類工程應用息息相關，具有高度科際整合性。民國六十八年行政院明定材料科技與能源、資訊、自動化並列為我國四大重點科技，促成近年來國內材料科技蓬勃發展。我國天然資源極度貧乏，國家建設發展有賴高素質人才。欣逢「高雄工學院」舉辦「1996科技研討會」，特以「材料科學學會」在人才培育方面的想法與做法為題提出報告，就教於諸先進，以冀由交換心得集思廣益，作為往後推動工作的參考。

關鍵詞：人才培育，材料科學學會

一、前言

　　材料為工業產品的基石。材料科學與工程主要探討材料結構、性質、製程與功能的相互關係。一方面與基礎科學關係密切，一方面又與各類工程應用息息相關，具有高度科際整合性（Interdisciplinary）。第二次世界大戰以後，各先進國家皆以材料科技為發展重點，促使材料科技快速進步。由於材料科技與高科技產業發展的密切依存關係，目前美、日、歐洲各先進國家亦莫不以材料

科技為優先發展項目。

在一九六零年代以前材料科學學術研究與人才培育皆在其他理工系所如冶金、物理、化學、機械、化工、電機系所進行。一九六零年代初期材料科技成為一獨立學門之時機已趨成熟。美國麻省理工學院成立了世界上第一個材料系所，至今各先進國家知名學府無不設有材料系所，而材料科技也飛速進步。國內第一個材料系所於民國六十一年在成立，目前共有十一所大學院校設有材料系所，另有兩所專科學校設有材料科。民國六十八年行政院明定材料科技與能源、資訊、自動化並列為我國四大重點科技，促成近年來國內材料科技蓬勃發展。

我國天然資源極度貧乏，國家建設發展有賴高素質人才。材料科技的進展掌握了高科技工業發展成敗的關鍵。在我國即將邁入已開發國家之林，而國際間科技競爭加劇之際，提高材料科學學術研究水準，加強人才培育以迎接新世紀的挑戰實為當務之急。欣逢高雄工學院舉辦「1996科技研討會」，特就「材料科學學會」在人才培育方面的想法與做法提出報告。

從廣義的角度看，專業學會的主要工作莫不與人才培育有關。例如舉辦研討會，出版學術期刊都有提升人力素質包括研究能力，文字、語言表達能力等的功能；其他諸如引介新興領域、推介材料科學、闡揚材料社群觀點皆有助於人才培育。較狹義的看，則限於知識與資訊的傳授與推廣。本文僅就狹義的人才培育加以討論與闡述。

二、中國材料科學學會

「中國材料科學學會」於民國五十七年在陸志鴻先生與許多材料界前輩積極推動之下成立，一直有勇於任事的優良傳統。近年來國內材料科技蓬勃發展，「材料科學學會」一直扮演主動積極的角色。各項推展材料科技的重大工作，「材料科學學會」無役不興，功不可沒。目前「材料科學學會」擁有經常保持聯繫會員一千兩百餘人，會聚產官學研各界菁英，具有相當可觀的整合力量。

三、材料科學學會的定位與角色

「中國材料科學學會」成立的最主要的宗旨在提升我國材料科技研究水準。學會的工作自然以提升材料科技研究水準與服務會眾為首要目標。但限於人力物力，在工作內容上必須有所取捨。在人才培育方面考量以整合性、前瞻性、適時性、需要性為優先。原則上不重複現有教育訓練機制工作，而能在充分發揮效率與彈性情況下，結合產官學研各界力量，釐定前瞻性的政策，採取開創性的作法，更進一步提昇學術研究與人才培育水準與層次，而積極配合國家整體科技與經濟發展。

四、產業材料科技人才培育研討會

充當產官學研的橋樑，加強聯繫，匯聚社群心聲是專業學會的一項重要功能。「材料科學學會」於民國八十一年二月，奉「教育部」委託舉辦「材料科技人才培育研討會」，邀請有關學者專家，共同研商材料科技人才培育大計方針，並落實教育部「材料科技教育」專案之推動。經過兩天的討論，除對第二期「材料科技教育」專案計畫建立共識，並提出許多寶貴意見，對第二期「材料科技教育」專案計畫目標的達成，有很實質的助益。

八十四年度為第二期「材料科技教育」專案五年計畫執行最後一年。自八十五年度起教育部將推動第三期「材料科技教育」專案計畫。同時為因應國內、外產業結構，教育研究資源的變遷，帶動經濟、社會環境的互動變化、「中國材料科學學會」認為應適時邀請有關學者專家就「材料科技人才培育」加以檢討、策勵。由於考量今後大專院校培育人才絕大多數將進入產業界工作，所以擬針對「產業材料科技人才培育」加以研討。經與「教育部顧問室」商議，乃於八十四年七月向「教育部」提出「產業材料科技人才培育研討會」工作計畫，獲得教育部迅速的正面回應。乃積極籌備研討會的召開。邀請產官學研有關學者專家，共商如何為產業界培訓人才，以作釐定未來教育政策之參考。

研討會於八十四年十一月十三及十四日舉行。分四部分進行。首先規劃了一系列專題演講。除邀請「科技顧問組」、「國科會」主管官員介紹我國材料

科技、產業發展、學術研究概況及策略,「教育部」提出材料科技學程改進與人才培育的構想及措施,並邀請「中科院」與「中鋼」分別就「軍民通用材料科技發展」與「我國鋼鐵工業與中鋼多角化經營策略」作專題演講。希望適切的提供研討「產業材料科技人才」主題的背景資料,讓與會人士對我國材料科技、產業發展、學術研究概況及策略,人才培育的構想及措施以及研究單位、多角化材料產業有整體與較深入瞭解。

研討會第二部分依照出席人士專長,區分為金屬、電子及高分子與陶瓷材料三組,分別討論。先由召集人引言,提供產業或科技相關資料,提示問題所在及解決問題之意見。討論分五大議題:包括研究所與大學人才培育與產業發展,職技教育,提升研究水準及促進產業研發,教育部「材料科技教育」專案檢討與建議,人才培訓之策略與分工。

研討會第三部分研討「中國材料科學學會」在材料科技發展之角色。借重諸先進的智慧,協助學會在重點工作上達成共識。

研討會第四部分為分組結論與總結。由各分組召集人彙整意見,作成結論並提出報告。會後將研討結論連同背景資料彙整,作成結論報告書,已於八十五年二月呈送「教育部」以及、相關部會、產業、學術、研究單位作為政策釐定的依據或參考。同時成為學會在推動工作上的重要準則。

五、出版中文教材及手冊

教材中文化可能是我國近年來在發展科技諸般努力中最弱的一環,但也可能是使科技生根深化最重要的一環。適當的中文教材不僅能大幅提高學習效率,而且經由大家熟悉的文字更能傳遞學理的邏輯概念、關連脈絡以及深層意義,勾畫出思路發展,學習的效果更不可以道里計。

「材料科學學會」體認到教材中文化的重要性,落實及擴大教學成效,透過歷次科技會議、研討會、學程改進方案討論,在材料社群中凝聚共識,並於八十三年六月完成接受「教育部」委託「基礎課程」、「電子材料」系列編著教科書規劃。規劃工作邀請相關領域學者專家主持並成立規劃委員會,負責規劃系列教科書編著要點,包括教材的選定、編輯方針與策略、教材內容與大綱、可能召集與執筆人選等。在「基礎課程」系列方面,規劃了「材料科技

與社會」、「工程材料實驗」、「工程材料科技」、「材料分析」、「物理冶金」與「材料熱力學」六本教科書。在「電子材料」系列方面，則規劃了「電子材料」、「電子元件製程」、「光電半導體」、「半導體物理」、「電子構裝」、「電子材料分析」、「電子材料實驗手冊」、「薄膜製程」、「半導體材料電性量測」、「半導體晶體與磊晶成長」、「微影技術與蝕刻」與「離子佈植技術」十二本教科書。八十六年度起將由「教育部」補助每年出版兩本中文教科書。預計第一年完成「材料分析」與「電子材料」兩本書編印工作，而以五年為期至少出版十本觀念正確、內容豐富的中文教科書。

另外本會出版之「鋼鐵材料手冊」目前已在多位學者、專家合力執筆下完成更新改版作業，即將進入排印階段。因初版「鋼鐵材料手冊」甚獲材料社群人士好評而在多年前已售罄，新版預料亦將普受歡迎。

六、開辦教育訓練課程

由於時代的劇變，活到老學到老不僅是理想，而漸成現代人在先進社會安身立命所必需。延伸、推廣教育的需求將逐漸趨於殷切。本會「教育訓練與工業服務委員會」之目標為促進材料科學教育的推廣，協助公民營企業工程人員之訓練，專科及職業學校師資之在職訓練，接受委託辦理材料相關計技術之職業訓練等。初步規劃以「鋼鐵材料」、「電子材料」為主題開辦教育訓練課程。目前已獲「經濟部工業局」核定補助開辦「電子材料」系列教育訓練課程。預定於本年十月三日至四日年會期間首先開辦長達十六小時的「半導體製程材料技術」課程。

七、建立與維持全球資訊網路站

由於資訊與通訊技術的飛速進步，網際網路（Internet）已達無遠弗屆的境地。全球資訊網（World-Wide-Web, WWW）的發展，更融合了多媒體的威力，對未來科技發展的影響將極為深遠。「材料科學學會」為因應新科技的衝擊，已於八十四年十月建立全球資訊網路站首頁（Home Page）。目前站址為www.csms.nthu.edu.tw，內容包括學會簡介，會員資訊，會務報導，活動預

告，材料獎項，材料會議資訊，求才求職資訊，材料科技出版品目錄，會員名錄，大專院校材料系所名錄，其他學會資訊，全球材料相關資訊等，希望對材料社群提供完整的資訊服務。未來更希望推動課程教材上網路，互通有無，讓全國師生隨時隨地共享網路站上各種生動教材大綱、圖表，由雙向互動，發揮平行處理（Parallel Processing），集積智慧（Integrated Intelligence）的功能。可以想像一個教師花了很多時間準備的教材可輕易的由網路下載。一方面提高學習效率，一方面使教材日益精緻，優良的教材得以廣為流傳。目前計畫結合本會編印中文教材工作，首先將編排中的教材大綱、圖表逐步上網路，除了能讓有興趣的人士及早利用外，也希望在編排中即能廣泛獲得同儕的指正、建議與讀者的反應，能儘量避免初版書的誤漏。

八、結語

　　國內許多學會常遭批評流於「形式化」、「官僚化」。形式化意指無錢、無人、無理想、無目標，徒具形式而發揮不出功能。實當為所有學會工作人員引以為戒。但理想、目標的實現要靠會員大眾以及社群團體出錢出力。個人以為，人的因素又最為重要。雖說有錢固然好辦事，人多不一定辦得好，在目前國內時空環境中，「能人志士」的參與才真正為落實優良構想、理念的原動力。經驗顯示，許多事務的推動，只要請得動適當的負責人員，就等於成功了一大半。在討論人才培育時，除專業知識外，如何培育「有心人」也是值得大家深思的問題。

　　專業學會限於資源，諸多事務除「應作」的例行工作、「可作」的則需審度時機以及人力、物力配合情況。為使有限資源發揮最大功效，實有賴建立良好的取捨標準，在整合性、前瞻性、適時性、需要性考量下盡力進行。學會各項工作的有效推動，要靠會員熱心參與以及社群團體支持。本文特就「材料科學學會」在人才培育方面的想法與做法提出報告，就教於諸先進，以冀由交換心得集思廣益，作為往後推動工作的參考。並希望加強材料社群以及會員大眾對本會想法與做法之瞭解，得到的回應與支持，促進良性發展，使學會功能得以充分發揮。

發表於高雄工學院「1996科技研討會」論文（85年6月28日）

參考資料

[1] Bill Gates, Nathan Myhrvold, and Peter Rinearson,「擁抱未來」，王美音譯，台北：遠流出版社（民國八十五年）

[2] 中國材料科學學會，「產業材料科技人才培育研討會」結論報告書，新竹：中國材料科學學會（民國八十五年）

[3] 行政院科技顧問組，民國八十三年全國材料科技會議「邁向二十一世紀產業發展之材料科技策略」，台北：行政院科技顧問組（民國八十三年）

[4] 吳泰伯等，「大專院校材料科技核心課程教材編著規劃計畫－基礎學程教材」期末報告，新竹：中國材料科學學會（民國八十三年）

[5] 陳力俊等，「大專院校材料科技應用課程教材編著規劃計畫－電子材料教材」期末報告，新竹：中國材料科學學會（民國八十三年）

[6] 吳泰伯等，「大專院校材料科技學程改進先期計畫」期末報告，新竹：國立清華大學材料科學工程系所（民國八十二年）

[7] 陳力俊，「我國材料科學學術研究與人才培育」，錄於工業技術研究院二十週年院慶「我國材料科技與工業材料產業之發展研討會」論文集，新竹：工業技術研究院（民國八十二年）

[8] 中國材料科學學會，「材料科技人才培育研討會」結論報告書，新竹：中國材料科學學會（民國八十一年）

材料科學學會現階段的努力的方向
——「材料科學學會」八十六年年會致詞

1997年11月22日　星期六

首先本人謹代表「材料科學學會」歡迎各位光臨參加學會一年一度的盛會。今年「群賢畢至，少長咸集」，年會會場更是煥然一新，洋溢著喜氣洋洋的氣氛，象徵主辦單位與學會的朝氣、活力與無窮希望，誠屬可喜可賀。

過去一年多來學會的各項工作在本會會眾與熱心人士的共同努力下，大致能順利推動，本人也願藉此機會代表學會深致感謝之忱。

今年的年會沿襲去年的改變。年會論文發表以「主題研討會」與「一般研討會」並行方式進行。主要希望加強會員參與，分擔推動會務工作，促進研討會出席率，擴大研討交流成效，在各主辦人的努力下，大部分籌備的有聲有色，少部分限於國內相關研究人口太少，欠缺經驗，未能達到原來期望，當切實檢討改進。MRS、IEDMS的經驗，撰寫計畫書、研討會通告、規劃議題、邀請講員、提供可能參加者名單、編輯論文集、籌措經費。

專業學會工作可以發揮的地方很多。為使有限資源發揮最大功效，實有賴建立良好的取捨標準，經過討論思考，確定因循整合性、前瞻性、適時性、需要性的方向原則下盡力進行。特殊時空環境，國際合作。

在整合性工作方面，包括積極擔任產官學研的橋樑，主辦「產業材料科技人才培育研討會」，「材料相關期刊座談會」等各項研討會、座談會，推介材料科學、闡揚材料社群觀點，出版學術期刊、中文教材、材料手冊。

在前瞻性工作上，例如充分應用網際網路（Internet）。目前已建立「材料科學學會」全球資訊網路站首頁（Home Page）。希望對材料社群提供完整的資訊服務。同時推動課程教材上網路，加速資訊科技應用，發揮「平行處理」，「集聚智慧」的效果。

在適時性工作方面，例如引介新興領域「具環保概念材料科技」。就需要性工作而言，例如開辦教育訓練課程。本會「教育訓練與工業服務委員會」在年會期間舉辦的「半導體製程材料科技」反應極為熱烈，可見頗能順應學術、研究界的需求，學會當在這一方面繼續努力。

「材料科學學會」成立明年即將屆滿三十年，對國內材料科技蓬勃發展，一直扮演主動積極、舉足輕重的角色。學會擬擴大慶祝，共襄盛舉，螞蟻雄兵。

今年年會在各位支持下順利展開，籌備委員會在主委黃文星教授、總幹事黃肇瑞主任精心擘劃下，自五月份開始運作，「不辭辛勞」、「殫思精慮」要籌辦一次成功的年會，在今天成果豐收日，本人要特別感謝各位的辛勞。同時也要藉此機會感謝各位會眾、贊助單位、參展以及刊登廣告單位的熱烈支持。最後祝大家健康快樂，希望明年大家再共聚一堂，驗收慶祝「中國材料科學學會」為我國在材料科技發展努力的成果。

「材料科學學會」三十而立（代序）

1998年12月1日　星期二

　　「中國材料科學學會」於三十年前在陸志鴻、唐君鉑、李振民先生等許多材料界前輩積極推動之下成立。近年來國內材料科技蓬勃發展，「材料科學學會」功不可沒。個人多年來有幸與材料科學學會和材料科技一起進步，分享成長的喜悅，如今更於三十周年慶之時，因緣隨遇，擔任學會理事長重職，謹向諸先進將學會歷年重要工作與現況作一簡略報告。

一、推介材料科學、闡揚材料社群觀點

　　材料科學在三十年前為新興科學，材料科學的「科際整合性」、「跨領域性」以及對科技發展的關鍵樞紐地位有待宣導。「材料科學學會」適時的不遺餘力推介材料科學、闡揚材料社群觀點。民國六十八年政府訂頒「科學技術發展方案」，特別選列能源、材料、資訊、自動化等四項，為重點科技。「材料科學學會」在當時理事長兼行政院科技顧問組執行秘書吳伯楨先生領導下，延請國外材料專家為顧問，先後舉行多次會議，檢討工業化過程全面有關材料問題，使政府早在二十年前即體認到材料科技推動後，可促進、帶動相關科技的成長，發揮了很大的作用。嗣後多次透過「全國材料會議」，整合產官學研力量。目前國內材料科技蓬勃發展，學會的積極推動，功不可沒。

二、舉辦學術論文發表會與研討會

　　學會於每年年會期間舉辦學術論文發表會。近年來並與國科會研究計畫成果論文發表會同時舉行。民國五十八年舉行第一次學術論文發表會，僅有三篇

論文發表，論文篇數至民國七十六年方首度超過一百篇。自此以後直線上升，最近幾年則維持每年發表論文約四百篇左右。由論文篇數變化可看出學會創辦期間之篳路藍縷，以及目前之勃興狀況。

自八十五年年會起，論文發表改以「主題研討會」與「一般研討會」並行方式進行。一方面希望加強會員參與，分擔推動會務工作，促進研討會出席率，一方面希望擴大研討交流成效，在各主辦人的努力下，已漸見成效。

本會「破壞科學委員會」多年來積極推動破壞科學研究發展，每兩年成功的舉辦一系列「破壞科學研討會」，聚集有關學者專家，共同研商破壞科學重要課題。活動除專題演講、論文發表外，更包括技術討論。今年三月舉辦「第五屆破壞科學研討會」，與會人士逾三百五十人，盛況超過許多學會的年會，已成為學會光輝傳統之一。

充當產官學研的橋樑，加強聯繫，匯聚社群心聲是專業學會的一項重要功能。學會於八十一年二月與八十五年十一月分別接受「教育部」委託舉辦「材料科技人才培育研討會」與「產業材料科技人才培育研討會」。邀請產官學研有關學者專家，共商如何培訓人才，以作釐定教育政策之參考。

三、定期出版定期刊物

學會目前定期出版之刊物有國際期刊「材料化學與物理」，學術期刊「材料科學」與「材料會訊」。

「材料化學與物理」：材料科學學會國際期刊於民國七十九年在吳秉天理事長與前任理事長林垂宙先生、許樹恩先生及許多材料界先進倡議之下籌備，於民國八十一年七月正式出刊。本人受命負責籌備以及創辦初期編輯工作。經過冗長的聯繫接洽過程，終於與世界最大學術期刊出版公司荷蘭Elsevier公司於民國八十年十一月十九日簽訂一長達六年合約，合作出版國際期刊"Materials Chemistry and Physics"（材料化學與物理，MCP）。創辦國際期刊的主要目的是在提升我國在國際上的學術地位，協助提高我國研究水準。自接辦「材料化學與物理」以來承蒙各界在人力、物力上鼎力支援，學術界同仁不吝惠賜佳作、協助編輯審稿，在六年期間，已審理自五十九個國家投寄約兩千篇稿件，發行遍及全球各地，為國內工程與應用科學領域唯一列入「科學引

用索引」（Science Citation Index, SCI）期刊。獲國科會1994、1995、1996、1997，1998年連續五次傑出期刊獎。去年學會與Elsevier續約五年，合作出版MCP至民國九十二年。

「材料科學」季刊：於民國五十八年三月正式問世，當時內容分五大類：（1）論著、（2）技術資料、（3）國外論文摘譯及書評、（4）問題解答、（5）國內材料方面消息。近年來則只刊載學術論文，且以中文為主。曾獲教育部評選為八十一年度優良刊物。

「材料會訊」季刊：於民國八十二年十月創刊，內容包括專論、產業專訪、專題報導、要聞集粹、會議預告、會務報導、會員動態、求才求職等，可讀性甚高。一方面適時提供會員材料科技與產業資訊，一方面充當學會與會員間聯繫互動的橋樑，成為學會服務會員工作中重要一環，甚獲好評。

四、出版中文教材及手冊

教材中文化可能是我國近年來在發展科技諸般努力中最弱的一環，但也可能是使科技生根深化最重要的一環。適當的中文教材及手冊不僅能大幅提高學習效率，而且經由大家熟悉的文字更能傳遞學理的邏輯概念、關連脈絡以及深層意義，勾畫出思路發展，學習的效果更不可以道里計。

「材料科學學會」體認到教材中文化的重要性，落實及擴大教學成效，透過歷次科技會議、研討會、學程改進方案討論，在材料社群中凝聚共識，並於八十三年六月完成接受「教育部」委託「基礎課程」、「電子材料」系列編著教科書規劃。規劃工作邀請相關領域學者專家主持並成立規劃委員會，負責規劃系列教科書編著要點，包括教材的選定、編輯方針與策略、教材內容與大綱、可能召集與執筆人選等。目前「材料分析」、「工程材料實驗I」、「微電子材料與製程」即將出版，「材料科技與社會」、「工程材料實驗II」、「電子材料」、「薄膜工程」等書在積極撰寫中。預計以五年為期至少出版十本觀念正確、內容豐富的中文教科書。

「材料科學學會」早於民國七十二年一月出版「材料手冊一：鋼鐵材料」，並於同年九月，出版「材料手冊二：非鐵金屬材料」，希能對材料專業與相關人士提供完整的資訊，作為工作與學習時的參考。出版以後，甚受各界

歡迎。由於材料科技的日新月異，本會於民國八十二年七月成立修編「材料手冊」委員會，由黃振賢教授主持。在黃教授精心策劃之下，秉持主編內容周詳、規格齊全而又深入淺出的材料參考手冊目標，邀集多位專家學者，在繁忙的專業工作時間以外，推陳出新，完成更新改版作業，即將出版。因初版「鋼鐵材料手冊」甚獲材料社群人士好評而在多年前已售罄，新版預料亦將普受歡迎。

五、建立與維持全球資訊網路站

由於資訊與通訊技術的飛速進步，網際網路（Internet）已達無遠弗屆的境地。全球資訊網（World-Wide-Web, WWW）的發展，更融合了多媒體的威力，對未來科技發展的影響將極為深遠。「材料科學學會」為因應新科技的衝擊，於八十四年十月建立全球資訊網路站首頁（Home Page）。目前站址為www.csms.nthu.edu.tw，內容包括學會簡介，會員資訊，會務報導，活動預告，材料獎項，材料會議資訊，求才求職資訊，材料科技出版品目錄，會員名錄，大專院校材料系所名錄，其他學會資訊，全球材料相關資訊等，希望對材料社群提供完整的資訊服務。值得一提的是在學會推出全球資訊網站時，在網路上還看不到國內其他學會的網站，目前則比比皆是，本會可謂「開風氣之先」。

六、推動課程教材上網路

課程教材上網路，有互通有無，讓全國師生隨時隨地共享網路站上各種生動教材大綱、圖表，由雙向互動，發揮平行處理（Parallel Processing），集積智慧（Integrated Intelligence）的功能。本會在教育部補助下已有「材料電子顯微鏡學」、「電子材料」、「微電子材料與製程」、「冶金熱力學」、「材料科學導論」、「結晶學與晶體繞射」六門網路輔助教學課程上網。由於網路輔助教學為時勢所趨，本會將繼續推動。新年度已規劃「材料科技與日常生活」、「固態物理」、「材料分析」三門課程上網。

七、開辦教育訓練課程

　　由於時代的劇變，活到老學到老不僅是理想，而漸成現代人在先進社會安身立命所必需。延伸、推廣教育的需求將逐漸趨於殷切。本會「教育訓練與工業服務委員會」之目標為促進材料科學教育的推廣，協助公民營企業工程人員之訓練，專科及職業學校師資之在職訓練，接受委託辦理材料相關計技術之職業訓練等。自八十五年起陸續開辦的課程有：「半導體製程材料技術」（八十五年十月十一日至十二日）、「跨世紀半導體製程、構裝與材料」（八十六年四月二十一日至二十四日）、「微電子元件之先端薄膜技術（八十六年）」（八十六年五月五日至八日）、「電子材料技術」（八十六年十二月二十二日至三十日）、「微電子元件之先端薄膜技術（八十七年）」（八十七年五月四日至八日）、「鋁合金與半固態製程」（八十七年九月一日至二日）、「液晶與高分子光電材料技術」（八十七年九月八日至九日）、「微機電系統材料技術」（八十七年九月十五日至十六日）、「超微結構材料」（八十七年九月二十二日至二十三日）。

八、推動成立「材料科技聯合會」

　　「材料科技聯合會」經本會倡議，邀集國內十五個與材料科技相關專業學會、協會負責人為共同發起人，於今年五月正式成立。定位為非營利聯誼團體，並以人員、刊物、出版品與活動資訊交流，及學術活動合作為主。由參加專業學、協會負責人組成「委員會」，為最高權力機關。成立會中推選本人擔任第一任會長，負責聯繫事誼、建立聯合網頁、發佈訊息、召集會議及報告推動成果。目前已建立聯合網頁，定期發行「聯合會」專頁，與粉末冶金、鑄造學會於年會期間合辦學術論文發表會，將協助「國家高速電腦中心」推動材料資料庫整合應用並商議合作出版學術刊物之可能性。

九、積極參與國際學術活動

　　本會為國際材料研究學會聯合會（IUMRS）創始會員。該會會員包括美、日、韓、中國大陸、我國、印度、歐盟二十五國、俄國、墨西哥、阿根廷、澳洲等材料研究學會組成之全球性學術團體。學會除曾於八十三年十二月主辦IUMRS系列國際電子材料會議（ICEM）與亞洲區國際會議（ICA），並積極參與歷年之IUMRS系列國際會議，包括ICEM，ICAM以及ICA。本會李立中與紀國鐘兩位先生曾分別擔任IUMRS財務長與秘書長。李立中先生頃又當選為IUMRS秘書長，將於明年就任，任期兩年。值得一提的是學會另曾先後於民國七十二年六月主辦第三屆亞太地區防蝕會議、民國七十五年五月主辦1986國際高級複合材料與結構研討會。

　　美國國家科學基金會（National Science Foundation, NSF）擬議召開美國與亞洲各國材料研究合作工作會議（US-Asia Materials Workshop），其目的為邀請亞洲各國代表共同討論美國與亞洲各國在跨領域材料研究的可能方案。Workshop的具體結果將為對美國與亞洲各國政府主管補助材料研究機構提出資助美國與亞洲各國合作研究的具體建議。本會與國科會代表於本年2月17及18日在美國夏威夷州檀香山市舉行規劃會議（planning meeting），並參與籌備於本年11月2至4日在同地舉行之討論會。

十、表揚優秀材料科技人士

　　本會為獎勵優秀材料科技從業人員，特設置「材料科技傑出成就獎」。目前傑出成就獎分下列五種：「陸志鴻先生紀念獎」（六十九年起）獎勵從事材料科技工作有傑出成就者，為本會最高榮譽，「材料科技傑出貢獻獎」（八十五年起）獎勵從事材料科技工作，對材料產業或本會有卓越貢獻者，「傑出服務獎」（七十年起）獎勵熱心推展本會各項會務，或對產業服務績效卓著，或執行本會重大任務成果優異者，「材料科學論文獎」（六十九年起）獎勵在本會發行刊物發表傑出論文者，「學生論文獎」（六十九年起）在本會舉辦之學生論文競賽中，發表優秀論文者。歷年來達到獎勵賢能、提升績效、凝聚向心力的功能。

十一、結語

「中國材料科學學會」成立的最主要的宗旨在提升我國材料科技研究水準。學會的工作自然以提升材料科技研究水準與服務會眾為首要目標。專業學會工作可以發揮的地方很多。為使有限資源發揮最大功效，實有賴建立良好的取捨標準，經過討論思考，確定應循整合性、前瞻性、適時性、需要性的方向原則下盡力進行，在充分發揮效率與彈性情況下，結合產官學研各界力量，釐定前瞻性的政策，採取開創性的作法，更進一步提昇學術研究與人才培育水準與層次，而積極配合國家整體科技與經濟發展。相對於科技先進國家有規模與歷史的學術團體，我國專業學術團體有許多成長進步的空間。目前材料科學學會擁有經常保持聯繫會員一千六百餘人，包羅產官學研各界菁英，具有相當可觀的整合力量。在未來我國材料科技發展上，應可扮演更積極主動的角色，願與我學會諸先進與同仁共勉之。

十二、誌謝

「中國材料科學學會」在我材料界人士悉心經營之下，三十年來斐然有成，儼然成為目前國內最有活力與績效之學術團體之一。學會多年來承蒙材料界諸先進無私奉獻，全體會員鼎力支持，均在此一併致謝。

今年年會在各位支持下順利展開，籌備委員會在林鴻明主委精心擘劃，台灣大學王文雄與吳錫侃教授負責論文組工作，自半年以前開始運作，「處處皆見用心」籌辦一次成功的年會，在今天成果豐收日，本人要特別感謝各位的辛勞。同時也要藉此機會感謝各位會眾、贊助單位、參展以及刊登廣告單位的熱烈支持。明年年會預定在工研院材料所舉行，工研院材料所素有材料科技大本營美譽，相信明年年會一定更圓滿成功，在此要感謝明年年會主辦人士勇於「擔當重任」。最後祝大家健康快樂，希望明年大家在成功大學再共聚一堂，驗收慶祝「中國材料科學學會」為我國在材料科技發展努力的成果。

原載「材料學會三十週年慶特刊」，

1-4，中國材料科學學會（1998年12月）

▼①材料學會三十而立
　②1995年第三屆IUMRS-ICA會
　　議，Seoul，Korea
　③1996年材料產業科技人才培育
　　研討會
　④1998年第五屆IUMRS-ICA會
　　議，Bangalore，India

078　清華行思與隨筆（下）

美國與亞洲太平洋各國材料研究合作研討會報告

1998年12月10日　星期四

一、緣起與由來

　　美國國家科學基金會（National Science Foundation, NSF）擬議召開美國與亞洲各國材料研究合作研討會（US-Asia Materials Workshop），其目的為邀請亞洲各國代表共同討論美國與亞洲各國在跨領域材料研究的可能方案。Workshop的具體結果將對美國與亞洲各國政府主管補助材料研究機構提出資助美國與亞洲各國合作研究的具體建議。首先於87年2月17及18日在美國夏威夷州檀香山市舉行規劃會議（planning meeting），Workshop則於87年11月1至4日在同地舉行。

　　Workshop之緣起為86年9月16日國際材料研究學會聯合會（International Union of Materials Research Societies, IUMRS）亞洲區國際會議（International Conference in Asia, ICA）在日本Makahari市舉行期間，美國國家科學基金會代表二人（Thomas A. Weber and Adriaan de Graaf）邀請IUMRS各國材料研究學會代表商議召開Workshop的可行性，獲得與會之美國、日本、韓國、中國大陸、印度與我國正面回應，決議籌劃規劃會議與Workshop.

　　由美國國家科學基金會禮聘的規劃會議主辦人，美國西北大學材料研究中心主任兼IUMRS執行秘書R.P.H. Chang教授於86年11月13日來函邀請本人與國科會代表一人參加於87年2月17及18日在美國夏威夷州檀香山市舉行規劃會議。邀請函中說明規劃會議中將討論與Workshop相關議題，包括：

1. Workshop主題（themes）；

2. 目標（goals）；

3. 形式（format）；

4. 主辦人（organizers and their responsibilities）；

5. 政府機構的支持（government agency support）。

經與國科會討論申請後，國科會決定補助本人與工程處材料工程學門阮昌榮研究員參加規劃會議。

由國科會工程處材料工程學門與中國材料科學學會共同於87年1月15日召開規劃會議之預備會議。除由材料工程學門召集人台灣大學材料所吳錫侃教授與本人主持外，出席人員包括阮昌榮研究員、各材料所系主管或代表、工研院材料所企劃組鮮棋振組長、中科院材發中心張忠柄副主任、中鋼公司柯允超博士。

會中說明與討論與Workshop相關議題：包括主題（themes）；目標（goals）；形式（format）；主辦人（organizers and their responsibilities）；政府機構的支持（government agency support）。

規劃會議決議：

會議名稱為為二十一世紀材料研究與技術：促進美國與亞洲太平洋各國夥伴關係工作會議（Materials Research and Technology for the 21st Century: Workshop to Advance US-Asian-Pacific Partnerships）

主題為通訊／資訊（communication/information）材料、能源／運輸（energy/transportation）材料、生物材料（biomaterials），環保材料（environmental materials）、設施材料（infrastructural materials），材料教育／政策／資訊網路（education/policy/information network），材料資源管理（materials resource management）。

目標為確認可能互利的材料科技合作領域。達成廣泛利用電子通訊、資訊交流以及建立資料庫以推動促進合作研究與教育活動的協議。最終目標為建立全球性電子聯繫網路，藉以促進國際合作。

二、籌備經過

經R.P.H. Chang教授協調，組成研討會主辦委員會，成員包括美國R.P.H. Chang教授、日本堂山昌男（Masao Doyama）教授、韓國金亨俊（Hyeong Joon Kim）教授，中國大陸蔣民華（Minhua Jiang）教授，澳洲James S. Williams教授，蘇俄Zinfer R. Ismagilov博士，與本人共七人。

各主辦委員主要工作為推薦主題演講人，協調各國代表的產生，擔任提供資訊與聯繫工作。我國代表在多方考量，幾經波折，終於敲定為：

主題演講講員：工研院光電所林耕華所長

通訊／資訊材料：清華大學材料所陳力俊教授、工研院光電所林耕華所長

能源／運輸材料：中原大學熊慎幹教授、工研院材料所劉仲明副所長

生物材料：成功大學材料所洪敏雄教授、工研院材料所栗愛綱副所長

環保材料：台灣大學材料所林金福教授、中科院材發中心陳文懿副主任、工研院材料所鮮祺振組長

材料鑑定與設施材料：大同工學院材料所林鴻明教授

材料教育／政策／資訊網路：清華大學材料所吳泰伯教授

材料資源管理：交通大學應用化學系張豐志教授、工研院材料所李立中所長、工程處材料工程學門阮昌榮研究員

共十四人。

在籌備期間，主辦單位美國國家科學基金會材料部門負責人Adriaan de Graaf博士訪台。大多數我國代表於10月1日（四）與de Graaf博士聚會，討論Workshop相關問題。

三、研討會時程

研討會時程

11月1（第一天）：註冊，開幕式，歡迎會

11月2日（第二天）：全體參加之主題演講（plenary talks）

11月3日（第三天）：分組發表論文與討論（working session）

11月4日（第四天）：總結與提出建議（summary and recommendation）

四、主題演講（plenary talks）

各主題之主題演講人以五十分鐘時間對各該領域作一綜觀性的報告。依序為：

- 能源／運輸（energy/transportation）材料：澳洲陶瓷燃料電池公司Bruce Godfrey博士
- 通訊／資訊（communication/information）材料：我國工研院光電所林耕華所長
- 生物材料（biomaterials）：中國大陸山東大學蔣民華（Minhua Jiang）教授
- 環保材料（environmental materials）：日本東京大學山本良一（R. Yamamoto）教授
- 材料鑑定（materials characterization）：韓國釜山大學金友三（You Song Kim）教授

內容包括討論整個領域關鍵研究與技術問題，提出對未來發展方向之看法，強調該領域科際整合面向以及國際間資源整合之可能性。建議適切之美國與亞洲太平洋各國合作夥伴關係機會。林耕華所長對世界與我國光電產業有精闢而深入的闡述，給所有與會者深刻的印象。

在主題演講後，另安排了各約一小時的材料教育與材料網路的專家引言討論（panel discussion），我國分由吳泰伯教授與本人代表作5-10分鐘引言，介紹我國材料教育與材料網路。在材料教育方面，由於產業的需求，電子材料教育的提供與改進很明顯的已成為各國現今與可見未來的重點。在材料網路方面，與會各國均已建立基本架構，如何整合聯結將是未來的挑戰。特別值得一提的是亞太經合會（Asia-Pacific Economic Cooperation）之科技工作小組（Science and Technology Working Group）網站ASTWeb（www.apecst.org）中，在與會之澳洲工業、科學與旅遊局Ms. Dian Jones努力下已在討論論壇

（discussion forum）中建立材料科學網路（Materials Science Networking）。另一方面工研院材料所李立中所長表示願意促成國內材料網路的建構，令人在期待之餘也非常振奮。

五、分組討論與建議

11月3日（第三天）全天為分組討論，共分能源／運輸（energy/transportation）材料、通訊／資訊（communication/information）材料I與II、材料資源與管理（materials resources/management）、設施與材料鑑定（infrastructure/materials characterization）、生物材料（biomaterials）、環保材料（environmental materials），材料教育／政策（education/policy）八組討論。

11月4日（第四天）：總結與提出建議（summary and recommendation）

分組討論議題選擇探討涵蓋廣泛的材料問題，尋求未來工作的可能方向。分組討論探討各組需求與機會。推薦的研究課題應以尋求共同主題與需求並以能有效整合為目標。

生物材料分組討論生物增益（bio-improvements）、生物分子與生物啟發（bio-inspired）材料方面研究與合作機會。尋求對生物材料研究所有面向共通的技術需求。包括發展新儀器鑑定生物材料以增進預測模式以及加強系統整合。特別重視探討如何利用自行聚合生物材料研究修復人體。另一方面也討論能源、環保與人口控制、生物分岐性（biodiversity）問題。

資訊與通訊材料分兩組討論。其中一組認為目前最關鍵研究領域為符合環保理念電子材料製程以及資訊科技基本設施。另外討論原子尺寸材料性質、分子與奈米材料、介尺寸材料、界面與缺陷、複雜材料（如鐵電、壓電與超導材料）以及具極端特性材料（如高或低介電常數材料）。

能源與交通材料分組範圍廣泛而與其他分組有很大的重疊。由於範圍廣泛，重點應在鼓勵已成熟領域以外新奇研究。研究課題包括溫室效應氣體（CO_2）控制、氫氣生產與儲存、核能廢料處理、超導材料以及多地不同機構共同測試新奇材料。

環保材料分組認為廢物處理與管理、代用材料（如塑膠）開發與建立材料生命周期評估資料庫為最重要而迫切工作。資料庫應為跨國性而參與各國

得以比較庫存資料以及材料生命周期評估。研究課題包括材料物流分析、生命周期分析、新材料。在設計與製造方面，研究課題包括為環保設計（Design for environment, DFE）、潔淨製程（Clean processing, CT）以及創造資源（"Creation" of resources）。在基礎材料研究方面，重要課題包括再生材料、生物分解（bio-degradation）材料、維修功能材料、以及能源功能材料。

材料鑑定與設施亦分兩組討論。材料鑑定不僅分析已知材料，而且能促成新材料之發現與開發。材料鑑定為所有材料科技領域與全球經濟發展所必需。第一分組建議設立國際性「材料鑑定中心」，採用戶付費以及／或合作方式。「材料鑑定中心」包括相關儀器、必要試片製備設備、資料分析能力與專業人員。另一分組討論參與各國材料鑑定之專長，結論為日本在鋼鐵、中國大陸在混凝土、韓國在表面／界面，台灣在感測器、美國在模式建立、澳洲在材料製程方面各有所專精。並指出未來如沒有全球性的特殊努力來重視結構材料研究，將很難吸引學生進入此領域。

材料教育與政策分組強調教育增益人力資源並提供科技進步與經濟成長的基礎。建議重點在建立共享現有課程資訊，而不在建立統合之國際性課程。討論交流計畫、獎學金與獎勵、對高中生宣導以及經由國際網路舉辦材料教育研討會。

材料資源與管理分組討論出環保、保健與關鍵性資源為各國共通、公益性與聯合研究特別有效的三個研究領域。環保與保健部分與環保及生物材料分組討論有重複之處，關鍵性資源部分探討有關a）有效應用現存材料以及b）以儲備較豐富或較節約能源材料取代關鍵性或能源密集材料。

六、研討會結論建議

研討會討論出許多在跨領域材料研究與教育方面合作的可能項目。主要著重涵蓋面廣而符合長期社會需求的問題。所有分組均考慮有效合作的可能遭遇的障礙與助力。同時也特別注意到智慧財產權阻礙跨國合作問題。許多分組建議經由網際網路設立虛擬中心或資料中心分享資訊與專業知識。除了電子網路聯繫外，也應鼓勵國際學生交流。有幾個分組建議製作高中以及大學材料科學課程教材以宣揚材料科技在日常生活、技術與經濟成長重要性。結論建議為：

教育與訓練

● 建立增進與整合各級教育，包括高中、大學、研究所、博士後研究員、技術人員教育，之機制。

● 開辦終生學習之「動手作」材料鑑定等短期課程。經由網路建立遠距教學之「虛擬大學」。

● 跨國性的招考「虛擬大學」學生。

● 在高中課程中利用材料教導物理、化學、生物基本觀念。

● 增進學生對材料與環境以及自然資源管理之認知。

● 強調材料工程之環保面向。

● 整合物理、化學、化工與應用物理有關材料教育。

● 研討界定大學部材料科學課程方向。

I.研究人員間聯絡

● 建立可收尋包括材料性質、文獻、儀器、人才專長資料庫。

● 經由網際網路舉行會議（如美、加、墨西哥各國間已經由網際網路舉行會議）

● 增進社會人士知曉區域性材料相關活動之管道。

● 在網際網路建立生物材料中心。

II.使用儀器設備

● 選擇適當儀器設備所在地

● 決定收取使用費用與時機

● 時程安排

III.經由網際網路監控儀器使用

● 集中管理資料庫以維持水準及品質控制

IV.教育

● 利用網際網路宣告與經營短期課程。

● 利用網際網路創立與經營「虛擬大學」。

● 設立加強一般大眾對材料科技認知之網際網路站。

執行方式

● 組織由各國領導人物組成之執行小組。
● 必須於近期內取得績效以獲得後續支持。

選定適當現有專業中心連線

● 材料鑑定中心
● 材料教育
● 針對有全球衝擊性的全球性問題，如環境衝擊與材料研究。例如正國際化之Sematech已選定電子材料對環境衝擊為研究重點。

智慧財產權

● 選定智慧財產權協定模式並訂定標準程序。

以環保為統合研究目標

● 教育
● 設立研究中心探討主要問題
● 自然資源取代

七、感想與建議

　　本次會議雖於二月初即進行規劃，由於主辦單位事務繁忙，籌備時程到九月中才真正到緊鑼密鼓階段，因此對國內選定主題演講人與參與專家學者也造成相當的困擾。幸虧國科會、工研院與中科院材發中心均能體認研討會的重要意義，全力配合，在倉促中仍能排出堅強陣容，使我國代表得以合力完成了一次「漂亮的」學術外交工作。

　　加強國際學術合作交流是我國現階段提升科技水準之策略重點。由於材料科學具有跨領域及科際整合的特性，而且為高新科技發展的關鍵，為美國、日本、韓國、中國大陸與我國均列為重點發展項目。此次參加Workshop，從美

國國家科學基金會參與人員層次與主動精神可看出美方重視程度，加上科技強國澳洲之參與，實為我國加強國際學術合作交流、提升科技水準的良機。

　　很明顯的Workshop的舉行對我國材料科技發展有相當正面意義。我國應積極參與Workshop後續工作，落實會議結論。跨國合作牽涉到使用語文、語言表達、參與態度、各國經濟實力與物價水準差異等，但均是可以克服的問題。如積極參與，預期成果為：

　　1. 促成我國與美國以及亞太各國材料研究領域交流與合作；

　　2. 藉由跨國合作研究進一步提升我國材料科技研究水準；

　　3. 利用會議目標建立全球性材料科技電子聯繫網路機會，整合建構我國材料科技資訊網，廣泛利用電子通訊、資訊交流以及建立材料科技資料庫以推動促進合作研究與教育活動。

　　同時「因勢利導」，先初步建立我國材料科技電子聯繫網路，以及建立材料科技資料庫以推動促進合作研究與教育活動。許多分組會議建議以亞太經合會科技委員會為跨國合作執行機構，應是非常恰當的。

附錄

附錄一：通訊／資訊材料分組報告（清華大學材料所陳力俊教授）

附錄二：能源／運輸材料分組報告（中原大學熊慎幹教授）

附錄三：生物材料分組報告（成功大學材料所洪敏雄教授）

附錄四：環保材料分組報告（台灣大學材料所林金福教授）

附錄五：材料鑑定與設施材料分組報告（大同工學院材料所林鴻明教授）

附錄六：材料教育／政策／資訊網路分組報告（清華大學材料所吳泰伯教授）

附錄七：材料資源管理分組報告（交通大學應用化學系張豐志教授）

「材料化學與物理」出版沿革與展望

2003年5月28日　星期三

一、緣由

　　「中國材料科學學會」為提升我國在國際上的學術地位，協助提高我國研究水準，自民國五十七年成立以來，即在創辦國際期刊方面多方努力，但由於客觀情勢的限制，多年來一直未能實現。民國七十九年學會理監事會在當時理事長吳秉天先生與前任許樹恩、林垂宙理事長等材料界先進倡議下，研議出版國際期刊可行性，並於當年七月21至22日邀集學術研究界領導人士80位，假桃園中正國際機場旅館，舉行研議出版國際期刊會議，會中達成創辦具有高水準之國際化期刊共識，並成立「國際期刊籌備小組」，積極展開籌備工作。

二、籌備出版

　　籌備小組首先致函全球約十家出版公司，探詢與學會合作出版的可能性。同時邀請國外三十九位知名學者為顧問委員，國內三十三位傑出學者為學術委員，參與編審工作。經過冗長的聯繫接洽過程，終於與世界最大學術期刊出版公司荷蘭Elsevier公司於民國八十年十一月十九日簽訂一長達六年合約，合作出版國際期刊 "Materials Chemistry and Physics"（材料化學與物理，MCP），預定以民國八十一年七月一日為合作出版基準日。

三、接辦「材料化學與物理」

　　MCP原為一以義大利為基地，在民國八十一年時已有十六年歷史之國際期刊。「中國材料科學學會」與Elsevier公司合作出版MCP最大優點為Elsevier擁有全球發行網，同時該刊已列名於「科學引用索引」（Science Citation Index, SCI）。所簽訂合約中，明訂在約期中，雙方共同擁有MCP，期刊主編由雙方協議聘請之，負責審稿作業，所接受之論文則寄交Elsevier公司印製，Elsevier並負責發行。原則上由學會負擔所有編輯費用，而Elsevier分擔印製、發行費用，台灣區以外期刊訂閱及其他收入歸Elsevier所有外，學會須以「特價」訂購一定數目期刊以為「補貼」。雖然以民國八十一年七月一日為合作出版基準日，事實上自訂約次月，即民國八十年十二月起，投稿論文即開始從原任主編，義大利熱內亞大學V. Lorenzelli教授轉來，正式開始編輯作業。八十一年七月一日以新設計MCP的封面、版面（從B5改為A4大小）嶄新風貌面世。

四、主編人選

　　在籌備接辦MCP初期，學會即與Elsevier建立共識，在國際化的考量下，設國內主編一人，並延聘美國與歐洲籍主編各一人。除決定由本人擔任主編外，並展開物色外籍主編工作。在吳秉天理事長等先進積極遊說下，幾經折衝，終於徵得時任IBM研究中心資深經理杜經寧博士同意擔任在美主編。杜博士在國際上學術地位甚為崇隆，加入主編陣容，不啻為MCP出版打了一劑強心針。而歐洲主編經過長期延攬，最後商得在德國Halle之Max Planck研究所所長Ulrich Goesele博士同意於八十三年三月就任。至此主編團隊的組成才告一段落。

　　杜經寧博士於八十二年轉赴美國加州大學洛杉磯分校材料科學工程系任教，在新環境中，感覺能為MCP盡力的時間較少，無法繼續擔任主編而懇辭。本會在極力挽留無效後，決定尊重杜教授意願，開始積極尋覓接任人選。經專案小組委員多次討論，決定邀請美國伊利諾大學材料科學工程學系程海東

教授繼任。經徵求程教授同意，獲得Elsevier公司支持，並由本會理監事聯席會通過，於八十六年七月正式出任新職。杜經寧教授自本會接辦「材料化學與物理」之初即擔任在美主編迄卸任，在職剛滿五年，對期刊之建立與維持國際聲譽居功厥偉。杜教授並以顧問委員的身分繼續為「材料化學與物理」盡力。程海東教授為美國金屬學會傑出會員（fellow），在多項材料研究上具有很高的國際聲譽。

五、經費籌措

在接辦MCP之初，財務估計每年學會應分攤的經費約三百萬元。初期在吳秉天理事長等先進籌措下，陸續獲得工研院、李國鼎基金會、華新麗華公司、立青基金會、台達電子基金會、中技社資助，財務問題暫獲解決。尤其李國鼎基金會自創刊之始，分兩期共六年持續支助，以及自八十三年起，MCP連續五年獲得國科會「傑出期刊獎」及相當實質的經費獎助，最初六年財務問題才較穩定。去年學會與Elsevier續約五年，合作出版MCP至民國九十二年，所需經費目前正在積極籌措中。

六、現況

本刊每年出版12-16期，退稿率為40%，稿源來自全球59個國家，每年處理約300篇論文，其中80%來自國外。截至本年八月底，前十名投稿國家與篇數、佔總數百分比分別為我國（395，20%）、印度（331，17%）、中國大陸（179，9%）、美國（174，9%）、埃及（126，6%）、日本（105，5%）、法國（70，4%）、阿爾及利亞（65，3%）、義大利（56，3%）、韓國（53，3%），約佔總數百分之七十九。前十一至二十名，投稿篇數約佔總數百分之一以上國家依序為波蘭、西班牙、阿根廷、德國、墨西哥、南斯拉夫、新加坡、保加利亞、加拿大、俄國，共佔總數百分之十二。在接辦MCP前兩年，印度來稿一直獨佔鰲頭。也許是因為其退稿率較高，也可能是MCP在國內漸打開知名度，自八十三年起，國內投稿論文總數高居第一。八十四年年底，前十名投稿國家分別為我國、印度、美國、中國大陸、埃及、阿爾及利亞、法

國、日本、義大利、波蘭、西班牙，與今年八月底比較排序變化不大。國內目前收錄於SCI中的期刊共有七種，但長期以來國外稿源佔一半以上的僅有本刊。以此國際化尺度而言，本刊也是亞太地區唯一真正國際化的材料科學工程學術期刊。

　　國內稿源來自清華大學等三十八個單位。截至本年八月底，前十名投稿單位與篇數、佔總數百分比分別為清華大學（83，21%）、成功大學（66，17%）、工所院材料所（42，11%）、台灣大學（36，9%）、交通大學（32，8%）、大同工學院（15，4%）、中山大學（14，3%）、逢甲大學（13，3%）、中科院材發中心（10，3%）、虎尾技術學院（8，2%），約佔總數百分之八十一，大致涵蓋國內材料研究十強。而此排名順序也約略與八十四年年底時情況相同。

　　「材料化學與物理」目前仍為國內工程與應用科學領域唯一列入SCI期刊。自學會接辦以來，在SCI材料科學類期刊排名，大致維持中上水準。因此在吸引美、日先進國家高水準論文方面，必須下額外的工夫。截至本年八月底美、日投稿論文所以分居所有投稿國家第四、六名，與本刊歷年來規劃了各種以美、日論文為主的專輯有直接的關係。

　　在此期間「材料化學與物理」連續五年榮獲國科會傑出期刊獎，Elsevier出版公司在第一期合作出版六年期滿前，主動提出續約五年（至民國九十二年），都代表象當程度的肯定。一位知名美國學者最近稱讚本刊為近年來綜合性材料科學學術期刊少見之成功範例，也許並無過譽。

七、心得與感想

　　個人從籌備、創刊到擔任編輯「無役不與」，迄今最大的感想是「創業唯艱，守成不易」。在籌備、創刊初期，學會方面其實對出版國際期刊相關問題並沒有很好的概念，因此在發行與財務的執行上均證明與當初的預測有很大的出入。

　　在發行方面，因為本刊自創刊迄今一直為亞太地區唯一真正國際化的材料科學工程學術期刊。創刊初期適值亞太地區「經濟起飛」時期，區域科技受到國際的重視，因此學會與Elsevier初期努力目標之一為透過學會為創始會員之

國際材料研究學會聯合會（IUMRS），促成日、韓等科技較先進國家材料研究學會積極參與，增強實力，擴大競爭優勢，最後也不是太意外的沒有成功。近兩年日、韓材料研究學會分別出版了各自的學術期刊，均以國際化、進入SCI為目標。主要還是亞洲人傳統「當家做主」觀念牢不可破。

在財務方面，當初打的如意算盤是數年後得以「自給自足」，到接手後才親身體驗到國際學術期刊出版大勢，亦即世界各國圖書館訂購學術期刊經費不是逐漸縮水即是漲幅遠小於學術期刊訂價漲幅，因此圖書館通常都在減少訂購期刊。所以如MCP一般在SCI期刊排名中上之期刊要靠大幅增加訂戶事實上是難以達成，而必須「慘澹經營」。由於學會並無其他財源，出版費用只有靠「捐助」與「獎助」，而籌辦當初並未考慮到予本刊出版前六年在經費上資助最多的國科會與李國鼎基金會的支援，回想起來，還不免捏一把冷汗。而近一年來由於台幣對美金匯率大幅度的貶值，對支出大部分以美金支付的本刊，也突增不少負擔。

與國外一流出版公司Elsevier合作出版的優點是能維持一定的編印水準，不僅印製精美、有相當高水準論文英文編修，而且具有全球發行網，提供網際網路線上檢索、電子期刊服務。缺點則是跨國大型出版公司人事更迭頻仍，六年以來，與主編來往最密切的出版編輯（publishing editor）與專案編輯（desk editor），均已三易其人，也就是在本人與Elsevier接觸中，迄今需要作七度的調適。同時由於學會無法對在國內的助理編輯提供優渥的待遇與長期工作的保障，因此現任助理編輯也是第四位任職的助理，人事的不穩定自然帶來相當的困擾，消耗不少時間精力。另一方面由於合作雙方均對主編人選得行使同意權，民國八十五年本人任滿四年之時曾正式請辭，「慘遭」Elsevier否決，再加上其間國外主編易人，「套牢」至今，正思選擇適當時機「解套」中。

在創辦初期，四處籌募經費時，有人質疑國內高水準的論文自然可投稿國際一流期刊，何必自己辦刊物。在國內辦科技性國際期刊的意義可能有多重：

一是提升學術地位與研究水準。

二是展現我國科技實力，吸收國內優良稿源，作為我國科技成果櫥窗。

三是促成國際合作，打破孤立，增進我國與國際學術界之互動。

四是祛除學術邊緣心態，爭取從事學術主流事業地位。

五是回饋國際學術界：國內學者習於投稿科技先進國家期刊，少數也偶而

為國際期刊審稿，從某方面來看，主要是接受先進國家學術界的服務。在我國科技實力達到一定水準之際，有所回饋，亦屬合理。

「材料科學學會」出版國際期刊的時機是否適當，今天不做，是否明天就會後悔，這可能是個見仁見智的問題。從主、客觀條件，考慮人才、財力、腹地因素，當時評估應屬可以一搏（marginal），亦即勉力行之，或有可為。另一方面從通訊科技進展對經營國際期刊影響的技術觀點來看，對切入點是否恰當疑問的答案應是肯定的。因為本刊主編分居亞、美、歐三地，出版編輯與專案編輯分駐英國與瑞士，而印製地則在荷蘭，相互之間密切而迅速的聯繫是必要的。在創刊初期，彼此聯繫幾乎全靠傳真，近年來電子郵件的盛行，更增加了「即時反應」不少方便。反過來看，如果聯繫全靠傳統郵遞，如此跨國多地運作是不可想像的。

擔任主編最主要的工作是尋找優良稿源與處理審稿工作。MCP雖維持每年約三百篇投稿論文，但多來自第三世界國家，因此為提升品質，必須主動出擊。一方面與國內外高水準國際會議聯繫，徵得主辦單位同意，將論文集以專輯方式出版，如本年七月所出版第53卷1-3期，即為「國際材料研究聯合會」（IUMRS）1997年在日本千葉縣亞洲區國際會議專題研討會H《離子與雷射束合成與調制材料》（Materials Synthesis and Modification by Ion and/or Laser Beams）研討會論文集，或致函論文發表者鼓勵其投稿本刊，如學會主辦IUMRS系列1994年國際電子材料會議（ICEM）與亞洲區國際會議（ICA），1994與1996年國際電子元件與材料會議（IEDMS）之論文發表者。另一方面邀請知名學者擔任特輯客座編輯，如美國S.P. Murarka教授主編之「銅金屬化」（Copper Metallization）專輯，或藉資深傑出學者退休或滿壽出紀念論文集專輯，包括美國A. Clearfield教授（Thirty Years of Layered Compounds）、J.W. Mayer教授滿六十五歲、日本堂山昌男（M. Doyama）教授滿七十歲與日本宗宮重行（S. Somiya）教授滿七十歲專輯，均為本刊帶來了許多世界一流學者的稿件。另外儘量每期刊登資深知名學者特邀回顧性論文（Invited Review），甚受重視與好評。

在審稿方面，由於絕大多數的稿件還是直接投到國內來，為爭取時效，大部分稿件都是請國內專家學者擔任。以一篇論文兩位評審計，每年需要動員的學者專家達四、五百人次。由於MCP為一綜合性材料科學學術期刊，涵蓋甚

廣，來稿所以大多可請國內專家學者審查，反應出國內材料科學界有一定的實力，另一方面則因人才庫並未達到豐沛的地步，雖有八位國內傑出學者擔任編輯顧問委員協助「網羅」，仍不可能「面面顧到」，有時不免「捉襟見肘」。同時偶然碰到少數審查委員在三請四催之後仍然不能完成審稿工作，而作者又催促甚急時，增加不少緊張氣氛。

八、展望

　　從企業經營觀點，有一說是「不為數一數二（No. 1 or No. 2），不為也」，從「材料科學學會」出版國際期刊觀點，目標是一流，而非數一數二。這主要與「實力與腹地邊界條件」有關。我國在科技方面起步較晚，人才與財力資源有限，「致勝之道」之一即是借重旅居海外華人學者專家。因此在創刊之際，費了相當大的力量說服了Elsevier的反對意見，網羅了遠超過研究人口比例的華人學者為顧問委員會的成員。這些學者均為一時之選，對本刊聲譽的建立與高水準論文稿源發揮了相當大的功效。但其年齡分布也正反應出我國旅美學者年齡結構的改變，也就是多年來出國攻讀高等學位的留學生已少到讓人擔心的地步，而且多以技術掛帥，在學術界發展的一流學者大都在六十歲以上，因此以長久計，這獨特的優勢將逐漸消失，有需要突破之處。另一王牌為結合日、韓科技界力量。雖如前述在爭取日、韓材料研究學會合作方面遭遇困難，但因本刊為亞太地區唯一列入SCI之材料科學工程學術期刊，多年的互動在日、韓學界漸打開知名度，日、韓投稿論文近年來很明顯的有增加的趨勢，因此仍然是可以努力的目標。而我國普遍較高之英文語文能力將是與日、韓各國競爭之優勢之一。

　　由於本刊在封面內頁即載明為「中國材料科學學會國際期刊」，在封面內頁與封底內頁多處皆出現「中華民國（ROC）」字樣，因此在兩岸關係上多年來採取低調作法，因而也未遭到大陸官方杯葛。目前大陸學者來稿約佔總數10%，遍及各主要學術與研究機構，且有明顯逐年增加驅勢。假如未來兩岸關係得以改善，以本刊身居亞太地區唯一真正國際化材料學術期刊地位，經過積極經營，吸引大陸地區高水準稿源，成為世界「舉足輕重」之學術期刊是非常有希望的。

「材料化學與物理」為學會刊物，而且顧名思義為一綜合性材料科學學術期刊。由於材料科學涵蓋甚廣，綜合性學術期刊一般較不易成為學者必讀的刊物。而且限於「實力與腹地」，並無轉型為較專門領域刊物的客觀條件，這可能是考慮期刊未來走向必須思考的邊界條件。

九、誌謝

　　本刊自創刊迄今，承蒙材料科學學會全體會員鼎力支持，多位先進極力倡導支持，編輯顧問委員會以及由國內傑出學者組成的學術委員會各委員諸多協助，超過三千人次的審稿委員細心審查，作者踴躍賜稿，都是應該致謝的對象。國科會長期獎助，李國鼎基金會等長期支助，均在此一併致謝。

「中國材料科學學會」四十而不惑

2008年11月21日　星期五

　　「中國材料科學學會」於四十年前在許多材料界前輩積極推動之下成立。近年來國內材料科技蓬勃發展，「材料科學學會」功不可沒，學會在八十七年慶祝成立三十周年時，本人適任理事長，曾以，「中國材料科學學會三十而立」為題將學會歷年重要工作與現況作──簡略報告。如今忝任學會榮譽理事，雖已淡出日常事務，但仍以學會為心靈故鄉，謹在此略抒對學會未來的期望。

　　在「材料科學學會」三十周年慶時，整理出歷年重要工作包括：

　　一、推介材料科學、闡揚材料社群觀點

　　二、舉辦學術論文發表會與研討會

　　三、定期出版刊物

　　四、出版中文教材及手冊

　　五、建立與維持全球資訊網路站

　　六、推動課程教材上網路

　　七、開辦教育訓練課程

　　八、推動成立「材料科技聯合會」

　　九、積極參與國際學術活動

　　十、表揚優秀材料科技人士

　　由於時空變遷，學會資源有限，學會重要工作優先順序自然應有相當的調整，僅擇其中幾項建言以為未來努力之參考或思考的方向：

一、年會論文發表會

　　在本人所見世界各國學會年會中，最成功的論文發表會應屬以美國材料研

究學會（Materials Research Society）以「主題研討會」（theme symposium）模式舉辦的各種會會議。特色是各「主題研討會」以當前受人矚目的主題，由三至五位專家學者擔任籌辦人（organizers）。籌辦人負責所有與學術相關事務，包括邀稿（call for papers），次主題擬定，邀請特邀演講人（invited speakers），安排議程，編輯論文集等。學會以往亦曾嘗試引入「主題研討會」與「一般研討會」並行方式進行，有部分成效，但整體而言並不成功，「聊備一格」的癥結應與籌辦人的熱心程度有關。如何提供平台與誘因，尋覓適當籌辦人，將是學會未來的挑戰。

二、全球資訊網路站

在Web2.0時代，主動（proactive）與互動（interactive）網路，以極少管理人員，動員熱心公益之志工大軍，有潛力提供便捷與正確的資訊。高度成功的維基百科（Wikipedia）模式，很值得學會取法。

三、辦理材料專業認證事宜

近年來喜見材料科技在國內成為「顯學」，在大學入學成績已直逼電機電子系所。據統計年前國內大學與技術學院系所冠有材料名稱者超過五十系所，目前有「高等教育評鑑中心」與「中華工程教育協會」辦理系所評鑑與認證事宜。對眾多系所畢業生未來就業問題學會應未雨綢繆，著手評估辦理畢業生專業認證的必要性與可行性。

「材料科學學會」會員包羅產官學研各界菁英，具有相當可觀的整合力量。期盼學會在未來我國材料科技發展，肩負領航之重要使命，承先啟後，發揚光大。

原載：「材料學會四十週年慶特刊」，
頁18，中國材料科學學會（2008年11月）

▲ ①2000年第六屆IUMRS-ICA會議，Hongkong
　②2001年第七屆IUMRS-ICAM會議，Caccun, Mexico
　③IUMRS-ICA 會議，韓國濟州島
　④2006年頒發材料桂冠獎

「材料化學與物理」初期出版沿革

2008年12月2日　星期二

　　美國杜魯門總統時代國務卿Dean Acheson自傳以「躬逢首創」Present at Creation為名，對「材料化學與物理」而言，本人自草創以迄擔任主編十一年，堪稱present at creation。學會在八十七年慶祝成立三十周年時，本人適在主編任內，曾以〈「材料化學與物理」出版沿革與展望〉為題略敘出版沿革與展望。如今「時過境遷」，在學會邀稿之際，再就初期出版經過作一報告，內容大致為十年前文章之精簡版，以為歷史見證。

一、緣由

　　「中國材料科學學會」自民國五十七年成立以來，即在創辦國際期刊方面多方努力，但由於客觀情勢的限制，多年來一直未能實現。民國七十九年學會理監事會在當時理事長吳秉天先生與前任許樹恩、林垂宙理事長等材料界先進倡議下，研議出版國際期刊可行性，並於當年七月21至22日邀集學術研究界領導人士80位，假桃園中正國際機場旅館，舉行研議出版國際期刊會議，會中達成創辦具有高水準之國際化期刊共識，並成立「國際期刊籌備小組」，由本人擔任召集人，積極展開籌備工作。

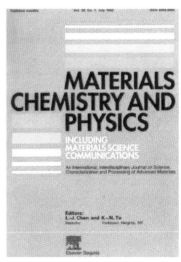

▲「躬逢首創」

二、籌備出版

籌備小組首先致函全球約十家出版公司，探詢與學會合作出版的可能性。經過冗長的聯繫接洽過程，終於與世界最大學術期刊出版公司荷蘭Elsevier公司於民國八十年十一月十九日簽訂一長達六年合約，合作出版國際期刊"Materials Chemistry and Physics"（材料化學與物理，MCP），預定以民國八十一年七月一日為合作出版基準日。

三、接辦「材料化學與物理」

MCP原為一以義大利為基地，在民國八十一年時已有十六年歷史之國際期刊。「中國材料科學學會」與Elsevier公司合作出版MCP最大優點為Elsevier擁有全球發行網，同時該刊已列名於「科學引用索引」（Science Citation Index, SCI）。所簽訂合約中，明訂在約期中，雙方共同擁有MCP，期刊主編由雙方協議聘請之，負責審稿作業，所接受之論文則寄交Elsevier公司印製，Elsevier並負責發行。原則上由學會負擔所有編輯費用，而Elsevier分擔印製、發行費用，台灣區以外期刊訂閱及其他收入歸Elsevier所有外，學會須以「特價」訂購一定數目期刊以為「補貼」。雖然以民國八十一年七月一日為合作出版基準日，事實上自訂約次月，即民國八十年十二月起，投稿論文即開始從原任主編，義大利熱內亞大學V. Lorenzelli教授轉來，正式開始編輯作業。八十一年七月一日以新設計MCP的封面、版面（從B5改為A4大小）嶄新風貌面世。

四、主編人選

在籌備接辦MCP初期，學會即與Elsevier建立共識，在國際化的考量下，設國內主編一人，並延聘美國與歐洲籍主編各一人。除決定由本人擔任主編外，由時任IBM研究中心資深經理杜經寧博士、德國Halle之Max Planck研究所所長Ulrich Goesele博士擔任共同主編團隊。杜博士與Goesele博士在服務數年後分別請辭，由時任美國伊利諾大學材料科學工程學系程海東教授與

University of Stuggart之Wolfgang West教授繼任。本人於九十二年辭卸編務，由成功大學林光隆教授接任。後程海東教授與Wolfgang West教授分別辭任，目前林光隆教授為唯一主編。

五、經費籌措

在接辦MCP之初，財務估計每年學會應分攤的經費約三百萬元。初期在吳秉天理事長等先進籌措下，陸續獲得工研院、李國鼎基金會、華新麗華公司、立青基金會、台達電子基金會、中技社資助，財務問題暫獲解決。自八十三年起，MCP連續十四年獲得國科會「傑出期刊獎」及相當實質的經費獎助，財務問題才較穩定。以後學會與Elsevier續約三次各五年，合作出版MCP至民國一百零二年。

六、初期出版情況現況

每年出版12-16期，退稿率為40%，稿源來自全球59個國家，每年處理約300篇論文，其中80%來自國外。截至八十七年八月底，前十名投稿國家與篇數、佔總數百分比分別為我國（395，20%）、印度（331，17%）、中國大陸（179，9%）、美國（174，9%）、埃及（126，6%）、日本（105，5%）、法國（70，4%）、阿爾及利亞（65，3%）、義大利（56，3%）、韓國（53，3%），約佔總數百分之七十九。在接辦MCP前兩年，印度來稿一直獨佔鰲頭。也許是因為其退稿率較高，也可能是MCP在國內漸打開知名度，自八十三年起，國內投稿論文總數高居第一。國內當時收錄於SCI中的期刊共有七種，但長期以來國外稿源佔一半以上的僅有本刊。以此國際化尺度而言，本刊也是亞太地區唯一真正國際化的材料科學工程學術期刊。

「材料化學與物理」自學會接辦以來，在SCI材料科學類期刊排名，大致維持中上水準。因此在吸引美、日先進國家高水準論文方面，必須下額外的工夫。截至八十七年八月底美、日投稿論文所以分居所有投稿國家第四、六名，與本刊歷年來規劃了各種以美、日論文為主的專輯有直接的關係。

在此期間「材料化學與物理」連續五年榮獲國科會傑出期刊獎，Elsevier

出版公司在第一期合作出版六年期滿前，主動提出續約五年（至民國九十二年），都代表象當程度的肯定。一位知名美國學者最近稱讚本刊為近年來綜合性材料科學學術期刊少見之成功範例，也許並無過譽。

七、心得與感想

「材料化學與物理」自學會接辦，可謂「創業唯艱，守成不易」。在籌備、創刊初期，學會方面其實對出版國際期刊相關問題並沒有很好的概念，因此在發行與財務的執行上均證明與當初的預測有很大的出入。

在發行方面，因為本刊自創刊迄今一直為亞太地區唯一真正國際化的材料科學工程學術期刊。創刊初期適值亞太地區「經濟起飛」時期，區域科技受到國際的重視，因此學會與Elsevier初期努力目標之一為透過學會為創始會員之國際材料研究學會聯合會（IUMRS），促成日、韓等科技較先進國家材料研究學會積極參與，增強實力，擴大競爭優勢，最後也不是太意外的沒有成功。近兩年日、韓材料研究學會分別出版了各自的學術期刊，均以國際化、進入SCI為目標。主要還是亞洲人傳統「當家做主」觀念牢不可破。

在財務方面，當初打的如意算盤是數年後得以「自給自足」，到接手後才親身體驗到國際學術期刊出版大勢，亦即世界各國圖書館訂購學術期刊經費不是逐漸縮水即是漲幅遠小於學術期刊訂價漲幅，因此圖書館通常都在減少訂購期刊。所以如MCP一般在SCI期刊排名中上之期刊要靠大幅增加訂戶事實上是難以達成，而必須「慘澹經營」。由於學會並無其他財源，出版費用只有靠「捐助」與「獎助」，而籌辦當初並未考慮到予本刊出版前六年在經費上資助最多的國科會與李國鼎基金會的支援，回想起來，還不免捏一把冷汗。

與國外一流出版公司Elsevier合作出版的優點是能維持一定的編印水準，不僅印製精美、有相當高水準論文英文編修，而且具有全球發行網，提供網際網路線上檢索、電子期刊服務。缺點則是跨國大型出版公司人事更迭頻仍，六年以來，與主編來往最密切的出版編輯（publishing editor）與專案編輯（desk editor），均已三易其人，也就是在本人與Elsevier接觸中，迄今需要作七度的調適。同時由於學會無法對在國內的助理編輯提供優渥的待遇與長期工作的保障，因此現任助理編輯也是第四位任職的助理，人事的不穩定自然帶來相當的

困擾，消耗不少時間精力。

在創辦初期，四處籌募經費時，有人質疑國內高水準的論文自然可在國際一流期刊發表，何必自己辦刊物。在國內辦科技性國際期刊的意義可能有多重：

一是提升我國學術地位與研究水準。

二是展現我國科技實力，吸收國內優良稿源，作為我國科技成果櫥窗。

三是促成國際合作，打破孤立，增進我國與國際學術界之互動。

四是祛除學術邊緣心態，爭取從事學術主流事業地位。

五是回饋國際學術界：國內學者習於投稿科技先進國家期刊，少數也偶而為國際期刊審稿，從某方面來看，主要是接受先進國家學術界的服務。在我國科技實力達到一定水準之際，有所回饋，亦屬合理。

「材料科學學會」出版國際期刊的時機是否適當，今天不做，是否明天就會後悔，這可能是個見仁見智的問題。從主、客觀條件，考慮人才、財力、腹地因素，當時評估應屬可以一搏（marginal），亦即勉力行之，或有可為。另一方面從通訊科技進展對經營國際期刊影響的技術觀點來看，對切入點是否恰當疑問的答案應是肯定的。因為本刊初期主編分居亞、美、歐三地，出版編輯與專案編輯分駐英國與瑞士，而印製地則在荷蘭，相互之間密切而迅速的聯繫是必要的。在創刊初期，彼此聯繫幾乎全靠傳真，近年來電子郵件的盛行，更增加了「即時反應」不少方便。反過來看，如果聯繫全靠傳統郵遞，如此跨國多地運作是不可想像的。

擔任主編最主要的工作是尋找優良稿源與處理審稿工作。MCP雖維持每年約三百篇投稿論文，但多來自第三世界國家，因此為提升品質，必須主動出擊。一方面與國內外高水準國際會議聯繫，徵得主辦單位同意，將論文集以專輯方式出版，另一方面邀請知名學者擔任特輯客座編輯，或藉資深傑出學者退休或滿壽出紀念論文集專輯，均為本刊帶來了許多世界一流學者的稿件。另外儘量每期刊登資深知名學者特邀回顧性論文（Invited Review），甚受重視與好評。

在審稿方面，由於絕大多數的稿件還是直接投到國內來，為爭取時效，大部分稿件都是請國內專家學者擔任。以一篇論文兩位評審計，每年需要動員的學者專家達四、五百人次。由於MCP為一綜合性材料科學學術期刊，涵蓋甚廣，來稿所以大多可請國內專家學者審查，反應出國內材料科學界有一定的實力，另一方面則因人才庫並未達到豐沛的地步，雖有八位國內傑出學者擔任編

輯顧問委員協助「網羅」，仍不可能「面面顧到」，有時不免「捉襟見肘」。同時偶然碰到少數審查委員在三請四催之後仍然不能完成審稿工作，而作者又催促甚急時，增加不少緊張氣氛。

八、結語

從企業經營觀點，有一說是「不為數一數二（No.1 or No.2），不為也」，從「材料科學學會」出版國際期刊觀點，目標是一流，而非數一數二。這主要與「實力與腹地邊界條件」有關。我國在科技方面起步較晚，人才與財力資源有限，「致勝之道」之一即是借重旅居海外華人學者專家。因此在創刊之際，費了相當大的力量說服了Elsevier的反對意見，網羅了遠超過研究人口比例的華裔學者為顧問委員會的成員。這些學者均為一時之選，對本刊聲譽的建立與高水準論文稿源發揮了相當大的功效。另一王牌為結合日、韓科技界力量。雖如前述在爭取日、韓材料研究學會合作方面遭遇困難，但因本刊為亞太地區唯一列入SCI之材料科學工程學術期刊，多年的互動在日、韓學界漸打開知名度，日、韓投稿論文近年來很明顯的有增加的趨勢，因此仍然是可以努力的目標。而我國普遍較高之英文語文能力將是與日、韓各國競爭之優勢之一。

由於本刊在封面內頁即載明為「中國材料科學學會國際期刊」，在封面內頁與封底內頁多處皆出現「中華民國（ROC）」字樣，因此在兩岸關係上多年來採取低調作法，因而也未遭到大陸官方杯葛。目前大陸學者來稿約佔總數10%，遍及各主要學術與研究機構，且有明顯逐年增加驅勢。假如未來兩岸關係得以改善，以本刊身居亞太地區唯一真正國際化材料學術期刊地位，經過積極經營，吸引大陸地區高水準稿源，成為世界「舉足輕重」之學術期刊是非常有希望的。

「材料化學與物理」為學會刊物，而且顧名思義為一綜合性材料科學學術期刊。由於材料科學涵蓋甚廣，綜合性學術期刊一般較不易成為學者必讀的刊物。而且限於「實力與腹地」，並無轉型為較專門領域刊物的客觀條件，這可能是考慮期刊未來走向必須思考的邊界條件。

本人於八十一年「材料化學與物理」創刊初期，在無意願之情況下，因先進們敦促「盛情難卻」勉任主編，九十二年終得如願辭卸編務，當時感覺以

「如釋重負」形容應甚為貼切。近年來喜見本刊亦推行網路投稿，除電子期刊發行網大增外，去年SCI Impact Factor已高達1.871，後勢更為看好。在此應特別感謝接任之林光隆教授，據林教授告知現今所收稿件數目更達數倍於往昔，尤其久無共同編輯之協助，其繁忙與付出的程度，對一個研究仍處高峰期的學者真是「不可承受之重」。期盼學會在「可喜可賀」之餘，應竭力協助早日解決本刊之編務問題。

原載：「材料學會三十週年慶特刊」，頁85-89，
中國材料科學學會（2008年12月）

閱讀筆記與專書推薦

　　從人文歷史、國際政治、決策管理到科普知識，藉廣泛閱讀厚積學問；以札記書寫深度閱讀。其中含有個人心得簡評，運用文字與書籍浸漬交流；同時推廣及提升閱讀風氣，在樂讀中涵養智慧、永續知識。

推薦「科學人」短文

2010年10月5日　星期二

　　Scientific American是世界最受歡迎的科普雜誌，其中文章之文字深入淺出，同時附圖精美，引人入勝，是我1970年代初期在美國唸書開始即非常喜愛閱讀的科普雜誌，1970年代末期回台後也是其常年訂戶。八年前遠流出版公司獲得獨家授權在台發行中文版，本人也自然成為「科學人」創刊開始長期訂戶迄今。難得的是，「科學人」目前平均每期有四成以上的自製內容，而華人科學家專欄更是我每期必讀最愛。

　　科普雜誌的主要目的之一應是提高知識份子對正確科學新知的認知，在適當時機發揮意見領袖功能。這股理性聲音在現今台灣以至所有華人社會仍很有成長壯大空間，代表挑戰與機會。希望「科學人」能繼續為民前鋒，為科技與社會提升發揮領導力量。

「快思慢想」筆記

　　人是理性動物嗎？2002年諾貝爾經濟獎得主康納曼在近作《快思慢想》（Thinking, Fast and Slow）[1]中告訴我們，由於人的思維方式，常不自覺的產生許多謬誤，許多決策被「衝動和直覺」所主導！直接影響我們思考與決策的優劣；康納曼讓我們明白，我們並沒有自己想像中那麼理性，是「人類自我認識的轉捩點」，發人深省，而值得深讀。

　　康納曼有「當代最偉大的心理學家」、「行為經濟學鼻祖」、「最具獨創性、也最有趣的思想家之一」之譽，長年從心理學角度，切入人的經濟理性，以簡單易明的實驗，證實人類思考有許多不理性的盲點。《快思慢想》長達三十餘萬字，但文筆流暢、深入淺出、睿智、深刻，讓人愛不釋手。《別讓科技統治你》作者藍尼爾（Jaron Lanier）說：「我們必須真正瞭解人類的思考模式，才能瞭解這個世界。康納曼提供了一條可行的路徑」；有人說：「如果你每年只看一本書，你應看這本書」，「趕緊買，慢慢讀，而且要反覆讀」，很有幾分道理。

　　許多書都有名家推薦，但廣集眾多重量級人士以及書評，用幾近誇張的文字鄭重推薦此書與作者，不是絕無僅有，也是極為少見，例如：

　　「這本書是人類社會思想的一部里程碑，足以和亞當斯密的《國富論》和佛洛依德的《夢的解析》相媲美。」——《黑天鵝效應》作者塔雷伯（Nassim Nicholas Taleb）

　　「康納曼是歷史上最有影響力的心理學家之一，當然也是當今仍在世的心理學家中最重要的。《快思慢想》的問世是個重大事件。」——美國哈佛大學心理學教授、《語言本能》作者平克（Steven Pinker）

　　康納曼與同儕多年研究發現正常人思考也會發生系統化錯誤，而錯誤的根

源是認知機制的限制，而不是情緒造成的偏差。主要是因為人的心智活動可分為二：快的叫做系統一，主導人的直覺，不受自主控制，它是整個自動化的心智活動，包括知覺和記憶，依賴經驗，見多識廣又很會聯想，擅長編故事，能迅速對眼前的情況做出反應，是人腦驟下結論的機制，但它很容易上當，以為親眼所見就是事情的全貌，任由損失規避和樂觀偏見之類的錯覺引導我們做出錯誤的選擇；慢的叫做系統二，需要注意力和力氣，刻意思考，費力而緩慢，主導人的邏輯思考，用記憶來做選擇，擅長邏輯分析，協助抵抗錯覺，學習不相信第一印象；在系統一失敗後，系統二才會上場，它雖然不易出錯但是懶惰的控制者，經常走捷徑，直接採納系統一的判斷結果，而產生偏見；當系統二忙不過來的時候，系統一對行為有更大的影響力，這也就代表你的許多決策將被「衝動和直覺」所主導！從最近的研究中得知，直覺的系統一的影響力要比以往了解的大得多；它是你許多選擇和判斷背後的祕密作者，由於人的思維方式，常由系統一主導，因而不自覺的產生許多謬誤；這本書大部分是關於系統一的工作情形，以及系統一和系統二之間相互的影響。系統一人格特質是「衝動和直覺」，系統二人格特質則為「理性和謹慎」。這個系統是否能合作得宜、搭配順暢，直接影響我們思考與決策的優劣。

以促發（priming）效應而言，由於聯結活化（associative activation），例如字會激發記憶，記憶激發情緒，情緒激發臉部表情和其他反應，產生自我強化的認知、情緒和生理反應狀態，由聯結記憶，激發很多念頭；神奇的促發作用，不限於文字，意念影響動作，動作亦影響意念，如意識與老年有關字眼，動作會放慢，愉快會帶來微笑，反之亦然；比較讓人意外的是非自心底發動的點頭與搖頭的動作會影響對社論的認同度，有關支持教育經費增加的投票行為會受投票所是否設在學校影響；在不斷提醒金錢文化中，金錢會以我們不了解，也不會引以為傲的方式塑造我們的行為與態度；總之人的情緒與行為被連自己都未曾意識到的事件所促發，因此不同社會常提醒尊重別人、信仰上帝、張貼領袖照片等都會對人的心理產生相當的效果。

又如定錨（anchoring），起始參考點對決定有驚人的影響，由人的判斷被沒有訊息價值的數字影響，展現錨點的荒謬；研究顯示購物是由開價或比價定錨，甚至如房屋仲介都會被屋主開價定錨；人的大腦對高或低的數字聯結，活化了記憶中不同組的想法和念頭，由於選出來的樣本有偏見，所以估計就有

偏見；同時大腦會對判斷特意調整，當心智資源用光，易停留在離錨點較近的地方，調整不足可以解釋開車下高速公路進入市區，會開得比較快，父母要青少年調整音響音量，因錨點不同，常讓雙方都不滿意等；另一方面，捐款、拍賣、減價促銷、傷害賠償裁定都受起始參考點影響，但出人意料之外的情況也所在多有：如由輪盤得到數字高低，即隨機錨點，明顯影響到對非洲國家數目的估計，而有十五年經驗的法官們，仍受到擲骰子點數是3或9影響，平均對大賣場竊犯判對應的5或8月刑期，仍很令人震撼，可看出建議數字促發效應大到不可思議，錨點作用的心理機制讓我們太容易受人影響，有很多人很樂意，也有辦法利用我們的愚蠢。

再看「框架」（framing）效應，框架是以特定方式描述事實，而不是事實本身；人性有沉沒成本謬誤（sunk cost fallacy），不喜歡「輸」的情緒框架，如以「亞洲疾病問題」為例，假設這個病預期有600人死亡，治療方式如選A專案，200人會得救，如選B專案，有三分之一機會，600人會得救，有三分之二機會，無人會得救，則大部分受試者選A專案；在第二個版本中，如選A'專案，400人會死，如選B'專案，有三分之一機會，沒人會死，有三分之二機會，這600人會死，大部分受試者選B'專案；如仔細比較這二版本，A與A'專案以及B與B'專案後果是一樣的，在第二個框架中，大部分人選賭局；決策者在結果是好時取確定性，如結果皆為負面取賭局，顯示出風險規避與風險追求並非真實界規範（reality-bound），而框架對信念與偏好有不公平影響；我們的偏好是框架問題，道德直覺是描述的問題，不是關於實質的。本書舉出如買彩券、加油站現金折扣、動外科手術、兒童減免額、器官捐贈率、看戲、販售汽車標示行車用油效率方式等例，尤其要注意的是事關重大的公投，常可由命題操縱結果，康納曼說：「問問題的方式不同，結果也不同，中間會有操作空間，讓狀況變得很複雜」。顯示重要選擇是控制在完全無關緊要的情境特質上，令人發窘。政治人物與行銷人員都很熟悉「框架」效應，要特別小心。

誰沒有被「定錨」、「框架」過？誰沒有頭已洗了一半，堅持要洗完（沉沒成本）？誰沒有把損失看得比獲利重（損失規避）？誰沒有做過事後諸葛亮？誰沒有陷入過線性思考的迷思？「溫水煮青蛙」讓人喪失警覺，忽略小數偏差讓人產生錯覺，對機率的誤解影響判斷，會議的共識常由於大家希望從眾而不能集思廣益，「貪小便宜」而誤了大事，康納曼深入淺出的述說，讓以往

容易陷入的迷思，豁然開朗。

在大學教育實務上，可以借鏡康納曼研究結果的地方很多，例如教師改考卷，如果看到一份卷子，先改到較難的一題，而學生答的較好，造成好的印象「定錨」，再改其他題時，常會先入為主，曲意維護，分數打得寬鬆些，這是康納曼所謂的「月暈效應」，他的做法是先改所有考卷的同一題，並把分數打在考卷背頁；另外每年都要碰到的甄試入學問題，康納曼的經驗是一般的入學審查，用客觀數據以外的甄試方法「勞民傷財」而無效，同時在擔任評審時，審查品質受疲勞影響而下降，改考卷是情緒與體力影響，也是教師要極力避免的；而由於記憶自我常常凌駕經驗自我，近期或深刻的記憶，常常抹煞掉整個過程的經驗總和，所以教學時可以非常嚴格，但要在最後時多鼓勵學生，可留下較好印象；另外，在某些情境中表現卓越並不代表未來會有優異成績；現時台灣各大學創意創新高唱入雲，並鼓勵創業，康納曼舉加拿大政府的數據，創業者偏向樂觀，反而需加以警示，而不聽勸告者，無一得以創業成功，康納曼說，「如果你是樂觀的人，你應該既快樂又擔心」；在研究上，要避免「小樣本謬誤」，導致以偏概全。

本書剖析人類如何做選擇，為什麼如此選擇？對很多讀者來說，想問的問題是「讀完本書，我的決策能力會改善嗎？」康納曼自己說「找別人的錯誤，我有長足的進步；找自己的錯誤，我還是當局者迷」。如何避免決策的錯誤呢？康納曼認為，團體做得比個人好，團體有較充裕的時間慢想，可以透過制度提升決策品質；另一方面，對一般讀者，實用性仍相當大；正如中譯本扉頁所標明：「這本書不僅可能改變你的思維方式，甚至改變你的生活、工作與人生」；康納曼也說「有時可以認知正在犯錯，與如何犯錯」，「學習去辨識錯覺，避免犯下重大錯誤」；想想看如果發現被「定錨」、「框架」，可避免花多少冤枉錢？及早認賠殺出，可避免深陷其中，弄得不可收拾？因此，如果我們沒有想像中理性，那麼，我們也沒有想像中成功，聽起來就一點都不意外，也因此，花時間研讀「快思慢想」對自己思考更有意識，如意識框架、錨點、促發的存在，避開直覺的陷阱，藉由認識偏見、熟悉偏見，進而避免偏見。應是很值得的投資。

至於對「快思慢想」比較有保留的批評包括認為康納曼做實驗對象主要是大學學生，在知識與文化背景上受到侷限，這點讀者可細加揣摩判斷；同時

美國新聞評論家兼暢銷書作家葛拉威爾（Malcolm T. Gladwell）在《決勝一秒間》（Blink: The Power of Thinking Without Thinking）一書從心理學及行為經濟學研究結果及觀點，強調直覺由經驗、訓練與知識養成，力言瞬間所做的決定往往不遜於，甚至優於「深思熟慮」的判斷，也就是系統一的決策往往優於系統二，康納曼回應說：「葛拉威爾給予公眾直覺具有魔力的印象，而他的信念是不正確的」。

[1] 康納曼（Daniel Kahneman），《快思慢想》（Thinking, Fast and Slow），洪蘭譯，天下文化（2012）。

創新之國以色列

2013年1月31日　星期四

　　去年清華在五、六月間邀請五位諾貝爾獎得主到校參訪與演講，雖因不同的機緣，巧合的是五位都屬猶太裔，其中有三位來自僅有七百萬人口的蕞爾小國以色列。第二次世界大戰期間，納粹德國屠殺了約占猶太裔人口三分之二的六百萬人；在重創之餘，猶太人於一九四八年在中東故地建立以色列國，自始周圍強敵環伺，戰雲密布，卻已培育出本土的諾貝爾獎得主七人（另有和平獎得主三人），近年並有創新之國之譽，對亟欲在學術上更上層樓，藉創新推動經濟轉型的台灣，是頗足借鏡的「他山之石」；在以色列駐台與台灣駐以雙方代表處精心安排下，清華團隊得以於一月下旬走訪以色列頂尖學術與研究機構，啟動雙方在高等教育與產學合作更多瞭解和合作。

　　以色列理工大學（Israel Institute of Technology, Technion）設立於1912年，大學部則於1924年成立，為以色列最老大學；設有理工科十八個系，目前有約一萬兩千餘學生，六百多位教授，學生中，博士班、碩士班與大學部約各一千、兩千與九千五百人，大學部中工程領域學生約七千五百人，醫學系八百五十人，而基礎科學領域學生不多；歷年來Technion培育以色列本土出身百分之七十工程師，有三位諾貝爾獎得主；該校在技轉方面也相當成功，包括開發治療Parkinson症之新藥Azilect@，為學校帶來相當可觀收益。

　　魏茲曼科學研究院（Weizmann Institute of Science, WIS）設立於1934年，與其他大學不同的是僅收研究生，有約兩千五百名學生，兩百五十位教授，以基礎科學研究出名，分為生物、生物化學、化學、物理以及數學與計算機科學五個學院，以色列有約三分之一的科學家出自該院；教師中除有一位諾貝爾獎得主，並有諾貝爾獎級的Turing獎得主以及多位Wolf獎得主；另一方面，該院成立的Yeda（希伯來文意為知識）研發公司在世界聞名，在全球大學中專利商

業化居首，每年權利金收入超過一億美金，主要是由研發成功治療多發性硬化（multiple sclerosis）新藥Copaxone以及B型肝炎疫苗而得。值得一提的是WIS捐贈基金高達二十五億美金，來源主要來自海內外猶太人的慷慨捐贈以及技轉營收，每年挹注研究院經費約占學校預算四分之一。

　　以色列共有七所大學與一空中大學，七所大學約共有十二萬五千學生，除Technion與WIS，另有Hebrew University of Jerusalem與Tel Aviv University，共四所列名於「上海交大世界大學排名」前二百大內，屬於菁英教育；以色列七百萬人口約為台灣兩千三百萬人口之三分之一，而台灣光是研究所學生就有約二十一萬，但一百多所大學中，能躋身「上海交大世界大學排名」前五百大內學校不多，相當不成比例，很值得作為參考。

　　以色列七所大學都有亮眼的技轉成果，以Hebrew University of Jerusalem之Yissum（希伯來文意為實踐）最為突出，正與以色列近來以創新享譽國際相呼應。根據二零零九年出版，中譯《新創企業之國：以色列經濟奇蹟的啟示》一書[1]，以色列是世界高科技新興企業最興盛的國家，有全球最活潑、成長最快的新興企業；初創公司密度全球最高，在美國那斯達克上市的以色列新興企業，總數超過全歐洲的新興企業加總；二零零八年，每年的人均創業投資，是美國的二點五倍，是歐洲的三十倍；民間研發支出（占GDP的百分比），是法國、德國、美國和新加坡的兩倍，日本的一倍半；投資之神巴菲特於二零零六年打破不投資外國公司的紀錄，花四十五億美金買了一家以色列公司；「谷歌」總裁表示，美國是世界企業家的首選，「但在美國之後，以色列是最佳地點」；全球頂尖科技公司當中，有一半都買了在以色列創業的公司，或在以色列設立研發中心。

　　科技創新是生產力和經濟成長最基本的源頭；以色列在創新科技領域傲視群雄，可歸因於擁有許多受過高等教育，又具有高度創意的人才，願意冒險，勇於投入，有堅忍毅力，又有強烈動機；以色列天生就能快速適應新事物，據統計，他們是世界上花最多時間上網的人，手機持有率高達百分之一百二十五，電腦工程師人口比率以及研發支出占GDP比率都是世界最高；同時猶太文化認為有自信是正常的，習慣容忍失敗，只要能高明處理風險，總是能學到教訓，產生真正的創新，而以色列正是即使你公司破產了，仍然是全世界最容易成立新公司的國家之一；以色列人白懷疑與辯論的文化中，習慣質疑成規、激

烈辯論，並勇於挑戰高層，最顯著成效之一是在開發行動裝置低耗能處理器晶片上，因而拯救了全球第一晶片大廠英特爾公司，發揮了扭轉公司命運的功能。

以色列創業人才中最突出的包括具有軍事背景的創業家，以及專業移民；由於人力短缺，以色列國防軍把作戰權力下放，讓中士做中校的工作，故意讓高階軍官員額較少，表示低階軍人有較多機會隨機應變，由於中東多次爆發戰爭，又有境內恐怖份子滲入活動，現場有無數困局需要解決，戰場試煉提供許多磨練解決問題的機會，而善於解決問題正是優秀工程師的特質；同時以色列國防軍菁英單位是學生服役競逐的目標；未來雇主從所服役的軍中單位，就知道年輕人通過的篩選、訓練過程，以及他可能擁有的技能與經歷；有些單位服役期長達九年，施予最精良廣泛而深入的培訓，要將千挑萬選的學員轉變成因應任務而生的領袖，成為具創新且適應力強的解決問題的人；雖然這項計畫的主要目的是維持以色列國防軍的科技優勢，但結合領袖經驗與科技知識的訓練，卻很適合用來創建新公司，軍中菁英單位成為高科技創投公司溫床，經過洗禮的過來人也確實為經濟與社會帶來重大的貢獻。

在移民方面，以色列政府有最開放的移民政策，至少有七十個國家猶太人移民到這裡；由於猶太人長期在世界各地受到迫害，對能提供一些保護的教育特別重視，例如在前蘇聯，猶太人僅占人口百分之二，卻占了醫師人數約百分之三十，工程師人數約百分之二十；一九九零年代，國際情勢巨變，蘇聯解體，意外的讓高達一百萬的蘇聯猶太人，包括大批的教授、醫師與工程師等專業人士得以移民以色列；以色列由接納與盡力安置移民，適時的提供發展科技產業榮景的動力；據報導，在許多以色列新創公司，員工常以俄語交談；很多人認為移民組成的國家，就是創業者的國家，因為「你不知道還能失去什麼，只知道你能得到的。」

政府的產業政策，在以色列創新科技的發展中，扮演了推波助瀾的角色；研發人才占人口比率（140/10,000）與研發經費占GDP比率在世界上都名列前茅；以色列所有大學都有如WIS之Yeda技轉組織，政府輔導在以色列七所大學附近，設立科學工業園區；在一九九零年到現在，在政府刺激之下使私人企業蓬勃發展，轉變成全球創新產業的領導中心。以色列工業貿易與勞工部統領政府創新資源，設置創投基金，提供資金與顧問指導，幫助企業家建立公司，成

立二十四個科技育成中心,使企業家在發明創新的早期研發階段,就能得到所需資源與資金;一項Yozma(優茲瑪,希伯來文意為開啟)計畫設立的十個新創投資基金,基金必須有創業投資家、國外創投公司以及以色列投資公司或銀行三方代表,政府提供2:3到1:2相對資金,如為2:3,以色列政府可以得到新基金百分之四十股份,如果成功,基金夥伴在五年後可選擇是否便宜加上年利買斷股份,這表示政府會承擔風險,好處卻全給投資人,是成功的關鍵,一九九二至一九九七年所創立的十個基金,都在五年內被買斷或私有化,至二零零九年,以色列約有兩百四十個創投基金;另一方面,透過與美國合資成立的「雙邊工業研發基金會」支持美以合作企業,幫助以色列公司在美國做生意,一九九二年,百分之六十的以色列上市公司,在紐約證券交易所掛牌上市;其中百分之七十五列入美國高科技股Nasdaq股市的公司,曾接受「雙邊工業研發基金會」的協助,可謂績效斐然;由於在稅率與政策環境都鼓勵科技創新公司及外國投資人,在公元兩千年,全球網路經濟泡沫破滅後,以色列在全球創業投資比率反從百分之十五提升到百分之三十,同時藉由銀行業改革,釋放出大量投資基金,並允許成立金融資產管理公司,皆有利於創新產業發展。

　　以色列自建國伊始,即陷於強敵環伺中,不僅屢興戰事,且無時不刻身受戰爭威脅;以色列成功的將外部不利的環境加以轉化,警覺注意匱乏與災禍,成為全民最佳的能力培養場;歷史學家Barbara Tuchman曾說:「動機常會遭到富裕扼殺」,在危境中,以色列人有強烈求生存的動機,再加上猶太人天生的進取心、團隊適應力、在工作上隨時採取機動變化、相互間連結力、不畏失敗以及政府移民政策、兵役制度與鼓勵創新科技政策,打造出一個擁有高度創意與企業家精神的社會;值得世人了解與學習,尤其台灣與以色列國際處境相似,華人與猶太人有許多相似互補之處,兩國經驗可以加以比較,效法以色列新興企業精神,將對台灣科技產業轉型與提升有莫大助益。

[1]　丹・席諾和掃羅・辛格(Dan Senor and Saul Singer),《新創企業之國:以色列經濟奇蹟的啟示》(Start-Up Nation),徐立妍譯,木馬文化(2010)

◀①以色列理工大學有三位諾貝爾
　獎得主
　②移民組成的國家，就是創業者
　的國家
　③以色列是世界高科技新興企業
　最興盛的國家

▶ ①擁有高度創意與企業家精神的
　社會
　②魏茲曼科學研究院捐贈基金高
　達二十五億美金

「人類大歷史：從野獸到扮演上帝」閱讀筆記

2016年11月15日　星期二

　　《人類大歷史：從野獸到扮演上帝》[1]，是2016年8月由「天下文化」出版的翻譯書，原作書名為*Sapiens*，作者為以色列歷史學者哈拉瑞（Yuval Naoh Harari），出版於2012年七月。嘗試以約三十萬字，敘述智人七萬年的歷史。從智人由認知革命征服世界、農業革命、科學革命、工業革命、生物革命以迄現今，面對迅速變化與未知的未來，重點在大趨勢以及廣角度；氣勢磅礡，發人深省，同時深入淺出，饒富趣味。

　　作者博學多識，充分運用歷史、政治、經濟以及考古、生物、生態學的宏觀見解闡述人類歷史。作者希望這本《人類大歷史》能填補傳統史書的三個鴻溝：歷史觀與哲學觀之間的鴻溝，要提供有史實根據的深刻哲學思考、人類和生態系統之間的鴻溝，要讓讀者多從生態系來思考，而不是只講人類的利益、集體和個人之間的鴻溝，檢視歷史事件如何影響到當時一般人的生活，例如當時的平民感受如何？有沒有人更幸福或更悲慘？作者認為，讀者若是錯過這樣的觀點和角度，將會一再錯過歷史中最關鍵、最有意思的部分。可謂「上下七萬年，讀史有學問」。其中某些比較特殊觀點，如智人是其他人類及大型動物連環殺手、談八卦促進合作、農業使人更貪婪、想像不存在的事物，讓陌生人開始合作、建立組織，大型人類合作系統都基於神話、神話維持法律與秩序、金錢是最佳信物、矛盾創造文化、政治與經濟系統是宗教而非僅理論與意識形態、帝國是過去兩千年最成功的政治系統、人類大融合的關鍵因素是金錢、帝國、宗教，人類對動物的虐待是歷史上最令人髮指的罪行、現代人並不比前人快樂許多、科學可能導致人類毀滅等，很值得深思討論。

　　本書共有二十章，分四部分，第一部分認知革命；大約七萬年前，認知革

命讓人類逐漸從所有物種脫穎而出，讓歷史正式啟動。

1.1 智人演化的優勢，包括一、腦容量大，整個動物界，只有智人演化出比例很龐大的思考器官。二、直立而能望遠、丟石塊、打信號，讓手變得靈巧。三、母親骨盤小使嬰兒早產，出生後需人照應，而增加互動與學習機會，以及可塑性。四、學會用火，約三十萬年前，用火已很普遍，成為可靠的光源與熱源，用為武器，焚燒森林成原野與驅趕獵物，同時用於烹飪，利於消化吸收。五、發展出複雜語言能力，促成與陌生人合作，能相信僅憑想像而生的觀念（如神、國家、貨幣等），出現宗教、商業和社會分層以及能描述非現實的語言等都是讓智人從石器時代就開始勝出以致征服世界的原因。

大約在距今七萬到三萬年間的大腦認知革命，智人出現新的思維和溝通方式，可能由於偶然的基因突變，改變了智人大腦連結方式，用新方式思考、以新語言溝通，進而征服世界，其特別之處，最常見理論，是非常靈活，其次是社會語言，有能力談八卦，發展出更緊密、複雜的合作方式，同時能想像與傳達不存在的事物資訊，討論虛構的事物，編織共同的虛構想像，宗教、國家、企業公司、公平、司法、正義、道德、金錢全部都是只存在人類腦袋的集體想像，也都是人類發明的抽象概念，讓陌生人開始合作、建立組織，讓智人可以突破150人的族群門檻，建構數萬人的城市、上億人的國家。

1.2 早在第一個農村形成之前，採集者已讓地球改頭換面，是整個動物界，最具破壞性的力量。發人深省的是，智人興起對地球其他大型動物是一場浩劫，人類用石器時代工具，滅絕了半數以上的哺乳類動物。約四、五萬年前，智人得到新的技術，組織能力，甚至是眼界，能夠走出亞非大陸。首先是航海，開始前往遠洋捕魚、貿易、探險。在大約四萬五千年前，殖民澳洲，讓整個澳洲生態起了天翻地覆的變化。不過幾千年後，95%大型動物滅絕，僅餘袋鼠。同樣情況，在約一萬六千年前進入美洲，造成美洲巨型動物絕種，大型動物107種僅餘84種，使世界大型哺乳類動物滅絕了一半，而人類難辭其咎。作者甚至稱人為殺生慣犯（serial killer）。事實上美洲與澳洲原住民以及紐西蘭的毛利人都在歐洲人到達以前，幾乎已讓當地的大型動物滅絕。智人的第一波殖民，造成整個動物界最大也最快速的一場生態浩劫，是第一波物種滅絕浪潮。第二波則由於農業革命，農民的擴張；第三波是今日由工業活動造成的生態環境改變。很明顯智人就是造成最多動植物絕種的原凶。

第二部農業革命，大約一萬兩千年前，農業革命讓歷史加速發展。

2.1 有些學者宣稱一萬兩千年前的農業革命是人類大躍進，解開了大自然的祕密，馴化各種動植物，脫離狩獵採集的艱苦、危險與匱乏，安定下來，過著愉快與飽足的生活。與一般觀念大為不同的是，作者認為農業革命啟動後，對當時一般人的生活，反而有負面效應；人類辛苦耕作後，雖對第一代農民提供了真實的利益，但往後讓我們渴求更多，在養育子女增加、人口爆炸後，需要生產更多，而且產生一些不事耕作而寄生的菁英份子，普遍來說，當代農民的工作更辛苦，飲食還更差，在群落擴大後，分工分職愈趨細膩勞累的程度以及生活的水準，往往反不及採集狩獵時代；如跨越集體和個人之間的鴻溝，以此檢視歷史事件如何影響到當時一般人的生活，農業革命讓更多人過較差的生活，一連串讓生活更輕鬆的「進步」，讓農民身上，加了一道又一道更沉重的枷鎖，作者稱為「史上最大騙局」。

2.2 同時通常人們認為人類馴化了糧食作物，但從另外觀點來看，反而是糧食作物綁架了人類，例如換個角度，從小麥看農業革命；小麥在一千年內，傳遍了世界各地。從演化成功與否的基本標準，小麥可說是地球上最成功的植物。他的祕訣就在操縱智人，為其所用。

2.3 伴隨農業革命，是動物的馴化成家畜與家禽。目前馴化動物遍佈全球，數目大量增加。另一方面，馴化動物過的是生物有史以來的最悲慘生活。對絕大多數家畜與家禽來說，這是一場可怕的災難，所以物種演化成功不等於個體的幸福。

2.4 對人類來說，每當人類能力大幅增加，個人的痛苦也隨之成長。歷史上少數不變的道理，就是奢侈品往往變成必需品，帶來新的義務以及依賴，成為一種陷阱，無法自拔。農業時代人類空間縮小，但時間變長了，想像預測未來幾年甚至幾十年的事。未來的重要性大為增加。因為有更多東西要保護，也是因為有別的方法減少風險。農業帶來的壓力，正是後代大規模政治制度和社會制度的基礎，也出現了統治者與菁英階級，徵收搶光農民餘糧。在近代晚期之前，總人口九成以上都是農民，但歷史寫的幾乎全是農民生產餘糧養活的一小撮菁英份子。

2.5 農業革命讓更多的人可以住在一起，先形成村落、城鎮、都市，再由

王國與商業網路緊緊相連。但其後衝突不斷，最主要農業革命發展太快，時間不足以讓人類發展出能夠長久大規模合作的本能。農業革命讓人開創出都市、強大的帝國，接著就開始幻想出偉大的神靈、祖國、有限公司等故事，好建立起必要的社會連結。人類想像力急速奔馳，建立起地球上前所未有的大型合作網路，不幸大多數的人類合作網路，都成了壓迫與剝削。

2.6 由想像建構的秩序，要讓人相信，對外的說法永遠要強調是客觀事實；如西方人多相信的個人主義，落實在教育、建築、生長環境等；第二是塑造了我們的慾望，包括浪漫主義、民主主義、資本主義、人文主義、國外度假、消費主義、蓋金字塔等，第三是存在人與人的思想連結中，千萬人共同想像中，即互為主體性（inter-subjectivity）現象，如法律、金錢、神、國家中。與真實世界結合之例，如現代西方的個人主義，落實在人的互動、建築私人空間，但在中世紀，貴族認為個人的價值是由社會階級，少有個人空間；個人慾望往往是建築在虛構故事上，「隨心所欲」，聽從的常常是外面那些虛構的主流故事，即如深藏在內心的渴望，如到國外度假，並沒有自然或明顯的道理，而是相信了浪漫消費主義神話，再如古埃及的菁英分子，渴望蓋華麗的陵墓，現在各地的人，也都是想蓋起某種金字塔，只不過在不同文化裡，會有不同的名字、形體與規模；同時由想像建構的秩序，並非個人主觀的想像，而是存在於千千萬萬人共同的想像之中，即所謂互為主體性。為了改變現有由想像建構的秩序，必得先要用想像建構出另一套秩序才行；身為智人，我們不可能脫離想像建構的秩序，如置身監獄之中。但也要注意，一個信任感低落的社會，往往流於崩壞。

2.7 要協同合作，必須遵守一樣的規則；這種情況同樣適用於較大規模的國家、教會或貿易網等。需要處理的資訊就會極為龐大，絕不是單一人腦所能記憶處理的，最後發展了文字系統。智人社會秩序是透過想像而建構，需要經過各種努力，才能維持種種法律、習俗、禮儀，否則社會秩序就會很快崩潰。農業革命後，社會變得格外複雜，數字變得至關重要；數字處理系統正是書寫文字。近年來，電腦所使用的二進位程式語言，其影響極為巨大。

2.8 人類基因裡並沒有大規模合作的生物本能，但維繫了合作網路；對許多人來說，網路背後想像的秩序，既不中立、也不公平；總是把人分成一些並不存在的分類（自由人／奴隸、白人／黑人、富人／窮人），並且排成上下等

級、上等人享有各種權力與特權，下等人擁有的，只有歧視與壓迫。歷史鐵律告訴我們，每一種由想像建構的秩序，都會大談自己是自然、必然的結果，其他社會的分法是又虛偽又荒謬。不幸的是，目前學者研究，還沒有任何一個社會能真正免除歧視的情形。

第三部是人類的融合統一，先談歷史的方向。

3.1 人類文化一直流動不休，是隨機還是有一個整體模式？歷史有大方向嗎？用衛星的高度來看，歷史趨勢是分久必合。今天，幾乎所有人都接受同一套政治體系、經濟制度、法律制度、科學體系。然而全球文化雖然單一，但不同質，真正的文明衝突，是聾子的對話，目前世界也無完全純正的文化。

西元前一千年間，出現了三種可能達到全球天下一家概念的秩序，即經濟上的貨幣秩序，政治上的帝國秩序，宗教上的全球性教派；對商人來說，全球就是一個大市場，對征服者來說，全球就是一個大帝國，對各教先知來說，全球就該只有一個真理，希望每個地方、每個人都要遵循。

3.2 金錢成了共同交易媒介，也能用來累積財富，同時攜帶與移動方便，財富的轉換、儲存和運送都變得更容易，才能發展出複雜的商業網路以及蓬勃的市場經濟。金錢的運作是要把「物質上的現實」轉變為「心理上的想像」，人們接受了集體的想像，是因為信任金錢的價值，在這種信任背後，有非常複雜而長期的政治、社會和經濟網路；金錢是有史以來，最普遍，也最有效的互信系統。

3.3 人類終將一統，絕不只是純粹經濟的過程，不能低估刀劍的力量。帝國是一個政治秩序，有兩項重要特徵：一、統治許多不同民族，二、疆域可以靈活調整，可以無限制擴張。讓帝國能夠在單一政治架構下，納入多元的族群與生態區，讓越來越多的人類與整個地球融合為一。帝國就像一台壓路機，將許多民族獨特的多樣性夯平，整合製造出更大的新群體。

3.4 帝國在過去兩千五百年間，是最常見的政治組織形式，相當穩定。另一方面，帝國四處征服，同時也贊助了哲學、藝術、司法與公益，現在人類所以有許多文化成就，常靠由剝削戰敗者而來。帝國遺緒在現代文化幾乎無所不在，今天大多數人的說話、思考和作夢的時候，用的都是征服者的語言。例如埃及人用阿拉伯語，美洲人用西、葡、英、法語。

幾乎所有帝國都是建立在鮮血之上，並且通過壓制和戰爭維持權力。然而現今文化大多數是帝國遺風。地球現存文化，已無純淨文化，至少有一部分是帝國或帝國文化遺緒。沒人知道如何解決文化遺緒棘手問題。歷史無法簡單分成好人與壞人兩種，除非我們願意承認，我們常常就是跟著走壞人的路。

3.5 在西元兩百年左右，大多數人類都已經活在各個帝國之中。看來，未來可能所有人類將活在單一帝國之下，統一全球這件事，已不遠了。在二十一世紀，越來越多人相信，真正的權威來自所有人類，而非某個特定國家的成員。而人類政治發展方向應向「保障人權，維護全人類全體利益」的目標走。單一全球政府來保護大家，較簡單。全球化問題也正侵蝕讀各個獨立國家的正當性，現代的天命，要解決上天的問題，未來的全球帝國，很可能環保當道。目前沒有任何國家，能行使真正獨立經濟政策，任意發動戰爭，內政也無法獨立決定。面對全球企業和非政府組織的干預，全球輿論的監督和國際司法的干涉，各國遵守財政、環保和法律上的標準，國家有形的疆域和意見已逐漸失去分量。越來越多人，已經投入全球帝國的一方。

3.6 宗教是第三種讓人類一統的力量。正因為所有的社會秩序與階級都只是想像的產物，所以十分脆弱。在歷史上，宗教的重要性，就是讓脆弱的架構有了超人類的正當性。說律法來自一種絕對神聖的最高權柄，不容易動搖，確保社會安定。宗教是「一種人類的規範及價值觀體系，建立在超人類的秩序之上」。必須同時具備普世與鼓吹特質。多數古代宗教反而具備地方與封閉特質。

3.7 一般而言，一神教徒比多神教徒更為狂熱，更熱衷信仰，在西元一世紀初，世界上幾乎沒有一神教徒，目前除了東亞以外的大多數人，多半屬於一神教，而今全球秩序也正以一神論為基礎而建立。為實際需求，一神教徒常從小門將其他神祇迎回，例如天主教宗冊封了不少聖人，其所受的禮敬，可說與多神教的諸神無異。

3.8 過去三百年來，世界越來越世俗化，發展出新型的自然律宗教信仰，包括自由、共產，資本、民族和納粹主義；宗教是「一種人類的規範及價值觀體系，建立在超人類的秩序之上」，這些意識型態同樣符合定義。如共產主義相信有一套由馬、恩、列找出的自然，不可改變的人類秩序，引導著人的行為，而相似處不只如此；有自己的聖經與預言書、節慶、神學家、牧師、殉道

者、聖戰、異端學說，是狂熱並熱衷宣教的宗教。

3.9 過去三百年來，自由人文主義主導世界，重點是對智人的崇拜。將智人的生命、快樂和能力神聖化。認為智人的是獨特的、神聖的。從本質上與其他所有現代動物不同。所謂至善，是對智人好，全球所有其他物種與生命，都只為智人利益而存在。人文主義對人性的定義，大致分成三種教派。最重要的是自由人文主義，認為人性就在於每一個人的自我特質，個人自由神聖不可侵犯。重要誡命是保障「內心聲音」的自由，這些誡命統稱為人權。將人神聖化，但並不否認神的存在。源自一神論信念，有永恆的靈魂與造物主概念。另一種是社會人文主義，認為人性是集體而非個人的概念；神聖的是由所有人構成的整體，追求的是平等。人人平等概念來自一神論認為：「在神的面前，所有靈魂一律平等。」進步人文主義不來自一神論，深受演化論影響，相信人類是一個可以進化也可以退化的物種。目標主要希望保護人類，避免退化，並鼓勵漸進的演化。生物學家已經戳破納粹的種族理論，但純科學的力量遠不及社會運動和政治力。認為自由人文主義和社會人文主義要保護弱者，破壞天擇的秩序。

3.10 因為商業、帝國和全球性的宗教，最後將我們每個智人，納入今天的全球世界，最後的全球單一文化，應該是人類歷史無可避免的結局，但它不見得是現在世界上的任何一種文化。目前世界英語是全球語言，基督徒有二十億，穆斯林有十二點五億，一神教為主流宗教，如想見其他可能性，可以檢視歷史的兩種重要特質起：第一、不可預測性：事後看起來無可避免的事，在當時看來總是毫不明顯。基督教、穆斯林教、共產主義的發展，目前都看不出任何能統攝一切的決定性法則。等於承認民族主義、資本主義、人權都只是偶然的產物。歷史是二階渾沌系統，會受預測影響而改變，因此無法準確預測。我們所以要研究歷史，不是為了要推知未來，而是要拓展視野，要了解現在種種絕非自然，也並非無可避免。第二、盲目：歷史的選擇，絕不是為了人類的利益。文化是因種種機緣巧合所出現的心理寄生蟲，從出現之後就剝削所有受感染的人。這種說法有時稱為瀰因學，文化演化是瀰因這種文化資訊單位的複製。對後現代主義思想家來說，文化基石是話語，將民族主義形容成一種致命的瘟疫，對自身有利，而非對全人類。賽局理論有類似的論點，軍備競賽就是一個著名的例子。並沒有證據顯示史上最成功的文化，就一定是對智人最好的

文化。

第四部是科學革命：大約五百年前，科學革命讓過往歷史告一段落，而開創新局；大約西元一千五百年，歷史做出重大的選擇，改變了人類及所有生物的命運，即科學革命。人類將資源投入科學研究中，取得了巨大的新力量。人們逐漸相信可以依靠投資科學，提升能力，經過反覆證明，握有資源的政府和富人，越來越願意投資科學。

4.1 現代科學的特色：一、承認無知，二、以觀測與數學為中心，形成理論。三、取得新能力、運用創造的理論來取得新能力，發展出新技術。現代科學獨特之處是公開承認這「整套體系」對一些「最重要的問題」一無所知。

4.2 由於社會、國家、國際體系是虛構故事，故事可能有問題，要繼續維持社會和政治秩序，只能依賴兩種不同科學方法：一、採用科學方法，但違反一般科學做法，對外宣稱這就是絕對真理，如納粹和共產黨，二、不採科學方法，直接訴諸「非科學的絕對真理」，自由人文主義的基礎，在堅持主張天賦人權，但對智人科學研究並不認同這種看法。現代社會之所以還能夠維繫，原因之一是對科技與科學方法的信任，幾乎類似宗教信仰，某種程度上取代了對「絕對信仰」的信念。

4.3 科學為人類帶來太多新能力，也就享有崇高的地位。對於「知識」的真正考驗，在於實用性。現今科學與技術關聯極為密切。現代國家，從能源、環保、醫療，科學家都扮演重要角色，而武器研發，更具關鍵性。資本主義體制和工業革命登場，科學、產業、軍事科技結合，勢力不斷膨脹。科技扮演現代救世主，而不以美好的過去為黃金時代。

4.4 目前死亡是無可避免的命運，多數的信仰以死亡做為生命意義的主要來源，給死亡賦予意義，現代科學一大目標，就是賦予人類永恆的生命，實際為長生而非不死。近晚許多宗教與意識型態，已不再強調死亡與來生這兩項元素。如自由、社會、女權主義，共產、資本主義亦然。民族主義承諾永恆記憶，太過虛無飄渺。

4.5 科學活動並不處於更高的道德和精神層面，而像其他文化活動，受到經濟、政治和宗教利益影響。所費不貲，歸功於政府、企業和私人捐助者。得到資助，多半是由於能夠達到某些政治、經濟或宗教的目的，與意識型態掛勾

才較能得到支持。科學無力自己決定優先順序，也無法決定如何使用其發現。如基因、遺傳學研究成果，還不知道如何妥善使用。科學研究必須與某些意識型態聯手，才有蓬勃發展的可能。使研究成本合理化，代價是意識型態能夠影響科學的進程表，決定如何應用。其中帝國與資本主義是特定值得關注的兩股力量。

4.6 為在不同地點觀測金星凌日，1769庫克（James Cook）船長科學遠征隊，發現壞血病療法，英國便能派出武力遠征軍，征服澳洲，造成當地許多文化滅絕，原住民幾近滅種（僅剩~10%），導致Tasmania滅族。死後遺體被研究，頭骨和骨架陳列在博物館內。科學革命與現代帝國主義密不可分。

4.7 第一批工業科技，相對而言並不複雜，其他地區缺少西方花幾個世紀才成熟的價值觀，共同相信的虛構故事、司法體系和社會政治結構。歐洲在近代初期培育的潛力主要是現代科學與資本主義。科技發展成熟，有如取之不盡的大礦藏。開採能力獨強。現代科學在西方帝國擴張後，才形成獨特內涵。共同出發點是承認無知，很好奇，覺得有走出去、尋找新發現的必要。希望能取得新知識，成為世界的主人。

4.8 傳統帝國主義征服世界，只為要利用及傳播自己對世界的看法，為了權力與財富。帝國主義所以要前往遙遠的彼岸，為了擴張新領土，也為了新知識。隨著時間過去，對新知識和對新領土的追尋，變得越來越緊密交織。現代探索與征服心態，從世界地圖演變可以看出。現代之前，地圖無空白，到十五、六世紀，歐洲人的地圖，出現大片空白。在心理及思想上的一大突破，承認自己無知。

從此歐洲人在世界各地建立基地和殖民地的網路，使全球性帝國真正登場，也首次出現全球性貿易網。歐洲帝國改變了世界歷史，原本是一些獨立的民族和文化各自發展，現在則整合成單一的人類社會。以往大多數帝國向外侵略，只著眼於鄰近地區，逐漸擴張，如羅馬帝國。亞歷山大推翻波斯帝國，是較接近的例子，一般是地方事業。鄭和下西洋並未試圖攻佔或殖民他國。另一方面，西班牙人在二十年內，使加勒比海原住民幾乎滅絕。1519年，Cortes率550人登上墨西哥海灘，消滅阿茲特克帝國，約一世紀間，中美洲原住民銳減九成。10年後，Pissaro以168人，消滅南美Inca帝國。

4.9 現代科學與帝國動力相同，作法相似；建立帝國像一項科學實驗，要

建立某個科學學門，也像建國大業。1802年英國開始印度大調查，其他如破譯楔形文字過程。1783年在印度成立亞洲學會，對梵語觀察，發現和希臘、拉丁語有驚人的類似，成為第一個發現印歐語系的人。讓帝國擴張統治合理化、正當化，近代歐洲人開始相信，學習新知必定是好事，帝國不斷產生新知，自以為對外擴張與殖民統治，就代表進步與正面。講到植物學歷史，讚揚貢獻，不提在澳洲折磨原住民。新知理論上有益於當地被征服的民族，如醫療、教育、鐵路、運河、司法公正、經濟繁榮，不是剝削，而是利他，如吉卜林說是「白人的承擔」。另一方面，導致1769-1773年，孟加拉大饑荒，有一千多萬人死亡（約1/3人口）。罪行或成就皆可編一本百科全書。

4.10 科學家為帝國提供了各種實用知識，沒有帝國支持，科學也無以蓬勃發展。不論是科學與帝國，背後都潛藏著一股特別重要力量：資本主義。不論建立帝國，或推廣科學，沒有錢都是萬萬不能。金錢為人類展開新視野，也讓數百萬人遭受奴役，推動產業巨輪，但讓數種物種滅絕。現代經濟史，其實重點只有一個詞：成長。從一千五百年到現在，產值從兩千五百億到六十兆，人均產值從550到8,800美元。銀行信用是人類想像力的驚人發揮，信任是世上絕大多數金錢的唯一後盾。信用，代表現在不存在，只存在於想像中的財貨。讓我們能預支未來，打造現在。背後有一項基本假設，明天會更好，但古人並不相信，總覺黃金時代已經過去，未來頂多維持現況。

信用，就是「今天的餅」與「明天的餅」的價差，如果餅不變大，信用貸款就無意義。接著，歷史上出現了科學革命與關於進步的觀念，相信透過地理發現、科技發明與組織發展，能夠提升人類生產、貿易和財富的總量。使全球這塊餅，有變大的潛力。新的道德標準是「用利潤投資生產」。投資包括擴建工廠、從事科學研究、開發新產品等，重點在增加產量，轉為更多的利潤。

這種新的宗教，對現代科學發展，也產生了決定性的影響。政府和私人企業投資研究時，第一個問題常是：「會提高產量與利潤、促進增進成長嗎？」如不談科學，持續成長為無稽之談。但科學家每隔一段時期，就有新發明或發現，像美洲大陸、內燃機、基因工程等。印鈔票的是銀行和政府，買單的是科學家。銀行和政府狂印鈔票，只盼望在經濟泡沫破滅前，科技人員能有力挽狂瀾的創世發明或發現，開創全新產品或產業。

4.11 資本與帝國在十九世紀，關係更為緊密。直接由國家來幫忙維護利

益，西方政府幾乎就像資本家的工會。如對中國的鴉片戰爭，簽訂南京條約，清廷同意不限制菸商活動，在十九世紀末，中國約四千萬人上癮。另如埃及也遭毒手，先是投資興建蘇彝士運河，插手內政，1882年英國成為宗主國。

4.12 完全自由市場，貪婪的資本家能透過壟斷或串通來壓榨勞工。還可能用惡質的勞工法、勞役償債、甚至奴隸制度，來限制勞工自由。奴隸貿易的罪魁禍首是不受限制的市場力量。如美洲的蔗園，在十六至十九世紀，大約用了七成約一千萬非洲奴工。奴隸貿易背後的黑手，是自由市場依據供需法則所組織及提供資金。民間販奴公司出售股份，中產階級歐洲人紛紛投資，成為幫凶。

到2013年，分配方式仍然極其不公，許多農民整日辛勞，所得不如五百年前的先人，就像農業革命一樣，所謂現代經濟成長，也可能只是巨大騙局，許多人活在飢餓和困乏之中。資本主義回應：一，不歸路，二，多點耐心，學到教訓，將餅做大，並已看到一些正面的跡象。

4.13 每塊餅都需要能源、原料，而資源有限，如果枯竭，將面臨崩潰。但是資源有限，只是理論，每次都因科學研究解決問題，有時更有效利用現有資源，有時找出了全新能源和材料。以運輸產業為例，1700年運輸工具主要原料是木材和鐵，現金可用塑膠、橡膠、鋁、鈦，原來用人力操作，現在用燃油引擎，核電廠發電，類似的革命在幾乎所有領域發生，稱為工業革命。

人類早知利用火力、風力、水力能源，使用各有限制與問題。並不知用工具做能量間轉換。煮水、火藥都是熱能轉為動能之例。到九世紀，中國發明火藥，歷六百年，才發展為火炮。再三百年，英國由於木材短缺，開始燃煤；發明了蒸汽機，推動活塞，連接到幫浦抽水；在蒸汽機改善效率後，用於紡織機和軋棉機，紡織工業脫胎換骨，使英國取得世界工廠地位。更推廣用於其他設備以及車輛動力。1825年，第一台蒸汽動力火車運煤，1830年第一條商業化鐵路，不過短短二十年，英國鐵軌長度已達數萬公里。從此人類使用各種機器和引擎，轉換能量，如原子能，過四十年，就有原子彈，核電廠遍佈全球。

另一項重大發明是內燃機，幾千年石油只用來為屋頂防水、潤滑。約一世紀時間，澈底改變運輸，石油成為液態政治權力。電力發展，更為驚人。如今無法想像生活中沒有電力該怎麼辦。

人類找出方法駕馭大量能源之後，開始取得以前無法運用的原料。在荒

原採礦，或運輸原料。同時發明全新材料，如塑膠、鋁、矽。1820年化學家發現鋁，分離昂貴，1860年代，拿破崙Ⅲ用鋁質餐具宴請最尊貴客人。十九世紀末，發現新電解法，如今年產量達三千萬噸。現代護手霜，二十五種成分，多源於前二世紀。

4.14 工業革命讓人類生產力爆炸性發展，同時也是第二次農業革命。工業化生產成了農業的支柱。機器耕作、開發化肥、農藥與生產激素，農地與家禽家畜產量，大幅躍升；農產品保存與運輸，也大幅進步。同時植物和動物也遭到機械化，農場上的動物，被視為機器一樣對待。在工廠一樣，被大規模製造。動物一生如生產線上的齒輪，決定生命長短及品質，是商業組織成本與利潤。除非影響生產，對動物的社會與心理需求漠不關心。例如蛋雞，活動空間狹小；母豬被關在小隔間內，生下小豬，立刻被帶走，養肥待宰。視乳牛只是一張吃原料的嘴，和會生產商品的乳房。現代畜牧業對待動物，出於冷漠，但科學研究顯示，農場上的動物能感受到生理與心理情緒的痛苦。

4.15 農業工業化之後，美國農民只佔人口2%。全球釋放出數十億的人力，由工廠和辦公室吸納。人類有史以來，第一次生產超出需求。產生了新的問題，誰來消費？由於生產超出需求，出現了新的倫理觀：消費主義，美德是消費更多產品和服務。鼓勵所有人善待自己，視節儉為疫病。不斷說服大眾：「放縱對你有益，節儉是自我壓制」，做就對了。這種洗腦術，已經成功。購物已成為人類最愛的消遣。在食品市場最為明顯，美國每年為肥胖節食花的錢，能養活其他地方所有在飢餓的人。

4.16 工業革命使人類對於周遭生態系的依賴大減。智人的發展，導致其他動物滅絕，環境破壞，危及本身生存。全球現有八萬隻長頸鹿、二十萬隻灰狼、二十五萬隻黑猩猩，但有十五億隻牛、四億隻狗、七十億人，人已稱霸全球。大自然的改變，人類可能自己滅絕。

4.17 傳統農業社會時間節奏緩慢，不論小時與年份。工業社會時間一致及精確。現代工業生產線，遵守共同時間表，規範勞工作息，再推廣到學校、醫院、政府機關、商店。時刻表系統的推廣，公共運輸是關鍵。1830-40年，首次公布火車時刻表，由於當時大城、小鎮，都有不同時間，造成不便，1847年，統一使用格林威治標準時間，1880年，英國政府跟進。發展出全球性的時刻表網路，廣播媒體成了主要的執行和傳播者。第二次世界大戰，英國廣播公

司現場直播，時差受天候影響，影響戰情，改用錄音。如今報時器無處不在，一般人每天看幾十次時間，原因就在於現代一切幾乎都得按時完成。

4.18 工業革命讓人類社會產生巨大變化，時間觀念、都市化、傳統農民老化、工業無產階級崛起、對平民百姓賦權、民主化、青少年化、父權社會解體。最大社會革命則是傳統家庭和社群崩潰，被國家和市場取代。

地方社群在部落情誼、同舟共濟的情感上，國家和市場難以全盤掌握。國家和市場若要增強情感面，依賴塑造想像的社群。密切社群式微，開始由想像的社群填補。現代興起的兩大想像的社群，就是民族與消費大眾。民族是國家層級的想像社群，消費大眾是市場層級的想像社群。民族主義是「互為主體性」現實，不是謊言，但是想像。有時力量非常巨大。近幾十年來，民族社群概念，不斷被消費大眾削弱了。如影歌星粉絲、球迷、素食主義者。

4.19 過去變動激烈，讓社會秩序起了根本的改變。傳統上秩序隱含穩定與連續的意義，難以撼動。但近兩世紀，變化奇快無比，呈現變動不休狀態。談到現代革命，多會想到1789、1848、1917革命，目前其實每年都有革命性改變。過去兩世紀，政治主流是要摧毀舊世界，建立更好的世界來取代，人人都談改革。在現代晚期，暴力恐懼達到高峰，和平安寧也同時來到歷史新高，如水窪間的乾地。第二次世界大戰後，全球維持約七十年和平。靈活變動新社會秩序，似乎能夠啟動劇烈的結構變化，又能避免崩潰造成暴力衝突。大多數人容易忽略過去的世界如何殘暴，同時容易體會個人的辛酸，不容易體會人類總體的災難。從宏觀角度看歷史，需要看整體統計數據，而不只看個人故事。

1945後，國際暴力史上最少。三十年間，英國退出殖民地，稱得上是和平與秩序的典範。法國殖民帝國在崩潰撤退時，在越南與阿爾及利亞掀起血戰，但在其他地方也算是平和迅速撤出。蘇聯解體，龐大帝國消失安靜而迅速，史上首見。除了極少例外，1945後，沒有併吞其他國家者，戰爭不再是常態。打破叢林法則。在過去，從來沒有這種四方和平，難以想像戰爭爆發時代。令人愉悅的發展，一、戰爭成本高，二、利潤少，三、和平紅利，四、全球政治文化結構性大變動。

受四大因素影響，形成良性循環。國際網路日漸緊密，大多數國家不再能夠完全獨立行事。正面臨全球帝國形成，維持疆域內和平。回顧過往，會發現我們對過去歷史的看法受近幾年事件左右。是樂觀或悲觀，可謂處於天堂與地

獄岔路口。

過去五百年間，地球在生態和歷史上，都已經整合成一個單一領域。經濟呈現指數成長，科學與工業革命帶給我們超人類的力量、幾乎無限的能源。不僅社會秩序完全改變，政治、日常生活和人類心理也徹底改觀。

4.20 「人民真正幸福快樂嗎」是歷史最重要的問題。大多數意識形態和政治綱領，都說要追求人類幸福，但對幸福快樂來源，卻還不明就裡。學者研究歷史，研究每一個層面，很少提到如何影響人類的幸福，是史識方面最大的空白。如果後來的人並沒有比較快樂，我們為什麼要發展農業、城市、文字、錢幣、帝國、科學和工業？

4.21 人類能力不斷增加，應比前人快樂。這種進步論可能有問題，新的傾向、行為和技能，不一定會讓生活更好。如農業革命，個人不一定過得更好，再如歐洲帝國，給原住民帶來災難。同時歷史一再證實，人類有了權力和能力，就可能濫用。說能力越高越幸福，失於天真。也有人甚至認為人類能力和幸福負相關。無論轉型到農業或工業，讓我們墜入不自然的生活方式，每次出現新發明，只是讓我們離伊甸園越遠。認為每項發明都必然代表陰影，流於武斷。如過去兩世紀，兒童死亡率大減，增加家人與親友的幸福，成就不容抹煞。

也有把歷史分兩段討論，後段人類學會更聰明的使用權力和能力，現代醫學進步、暴力事件大幅降低，無大型國際戰爭，大規模饑荒也不再發生都是顯例。然而這些是非常短時間抽樣，過去幾十年的黃金時代，是歷史潮流或曇花一現，還言之過早。

評價歷史過程，經常以二十一世紀西方中產階級觀點。對煤礦礦工、鴉片癮君子、原住民，觀點必然完全不同。其次也可能已經播下災難種子，如用各種方法，干擾生態平衡，後患無窮，有大量證據顯示，我們縱情消費不知節制，摧毀人類賴以繁榮的根基。同時，智人取得空前成就之時，代價是賠上其他所有動物的命運。現代農牧業是史上最大規模、最殘暴的罪行。

4.22 討論快樂，通常都認為是實質因素，如健康、飲食、財富，建構的產品。許多人認為社會、倫理與心靈因素對幸福感的影響，絕對不下於其他物質條件。近幾十年來，心理學家與生物學家研究快樂得根源，一般對於快樂的定義是：「主觀感到幸福」。快樂是個人內在的感受，當下直接的快感，或長期生活方式的滿足。一種測量力法用直接詢問，再統計結果。比較收入、民

主、婚姻等與主觀幸福關係。再更好方式出現之前，值得參考。

　　研究結論是金錢確實帶來快樂，但有一定限度。同時疾病會短期降低幸福感，除非病情惡化，或持續不斷疼痛，不會造成長期的不快。目前看來，家庭和社群更重要。家庭關係緊密和社群互動良好的人，明顯比較快樂。其中，婚姻又是特別重要的因素。這樣一來可能會，過去兩世紀間，人類物質條件大幅改善，但家庭崩潰、社會失調，人類並不會比較快樂。甚至「自由」，如選擇另一半、朋友、鄰居，使社會與家庭凝聚力下降，也可能是我們不快樂的原因。關於快樂最重要發現是客觀條件和主觀慾望是否相符，也就是知足常樂。

　　人類推理的謬誤常將自己的期望放到別人的物質條件上。如現代社會，洗澡更衣成為習慣，但對中世紀農民、人類表親黑猩猩、貓、狗也不是天天洗澡更衣，小孩也不喜歡洗澡。如果快樂是由期望決定，現代社會兩大支柱，大眾媒體和廣告業，很有可能讓全球越來越不開心。與明星、運動員、超級名模比較，就不容易快樂。有可能第三世界國家對生活不滿，有一部分是與第一世界的生活水準比較。如此一來，就算是長生不老，也可能導致不滿。最可能發生的事，就是整個世界感到空前的憤怒和焦慮。綜觀歷史，死亡是唯一完全公平的事，富人如能長生不老，會讓人覺得極端不平，而富人也更需要避免發生意外。

　　赫胥黎（Huxley）小說《美麗新世界》，假設「快樂等於快感」。這種定義受到質疑。康納曼發現大多數人對生活的看法，其實有所矛盾，如養小孩。快樂不是「愉快時刻多於痛苦時刻」而已，快樂要看的是某人生命的總體。生命總體有意義、有價值，就能得到快樂。任何文化，任何時代的人，身體感到快感和痛苦的機制都一樣，對生活體驗所賦予的意義，卻可能大不同。快樂的歷史可能遠比生物學家想像的，要來得動盪不安。由於對死亡的看法不同，中世紀與現代人的快樂程度也不同。中世紀人對來世有集體錯覺，現代人不信這一套，所以中世紀人反覺比較快樂。只要不戳破幻想，為何要不開心。但從純科學觀點，人類的生命本來就完全沒有意義。不能排除主觀因素，也就是說，我們對生活體驗所賦予的意義，其實也都是錯覺。所謂快樂很可能是「個人對意義的錯覺」和「現行集體的錯覺」達到同步而已。這個結論教人難過，似乎快樂是一種自我欺騙。

4.23 許多傳統哲學與宗教，如佛教，認為快樂的關鍵在追求真我，真正了解自己。苦的真正來源，是對感受的不斷貪求。如果真是如此，過去對快樂的歷史認知，可能是錯的。真正的問題是人類是否了解自己。

4.24 二十一世紀，智人開始超越生物因素界線，天擇的法則出現缺口，而由「智慧設計」的法則乘隙而入。數十億年來，「智能設計」只是宗教神話。雖然某些微生物能從完全不同物種中，取得遺傳密碼，得到新能力，對抗生素產生抗藥性，但無意識。農業革命，不自然改變，選擇育種，培育又肥又慢的雞，加速天擇。就像蜜蜂採蜜，花朵鮮豔的品種生生不息。「智慧設計論」認為某個全能的設計者，從一開始就想好了所有生物細節，與演化論牴觸；但對未來，有可能「智慧設計」才是對的。有下列三種方式：生物工程、半機器人與無機生命工程。

生物工程，指的是生物層次的干預行為。1996年，Chimera嵌合體。基因工程創造全新物種。現代人類太快看到太多機會。人類手中已經握有基因修改能力，卻還無法做出明智、有遠見的決定。現在真正讓人類研究放慢腳步的是倫理與政治上的爭議。但未來發展似乎是勢不可擋。操縱基因，可能大幅改變智人物種。

半機械人結合生物組織（或器官）與機械構造，創造出半機械人，例如裝上機械手臂。現代人用各種設備來輔助我們的感官與能力，如眼鏡、心臟起搏器、義肢、電腦、手機，如準半機械人。真正半機械人，與身體結合讓機械構造，不再分開，以致徹底改變能力、慾望、個性與身分認同。最革命性的是建立大腦與電腦介面，讓電腦能讀取人腦的電訊號，同時輸回人腦能夠了解的電訊號。如果成功，再形成腦際網路，對於人類的記憶、意識和身分認同會有甚麼影響？這樣的半機械人就不再屬於人類，而是完全不同新物種。

另一種改變生命法則的方式，是創造出完全無機的生命，如自行獨立演化的電腦程式和電腦病毒。基因程式設計模仿基因遺傳演化。程式設計師只是一個原動力。程式一經發動，就會自動開始自由演化，無論創造者或其他任何人，都不再能掌握它的發展方向。新的演化過程完全獨立於生物演化的法則與局限之外。

4.25 目前文化已掙脫了生物學得束縛，不只能改變外在世界，更能改造自己體內和內心的世界，發展速度奇快無比。政府、體育協會、教育機構、

退休基金、勞力市場、個人等都得面臨難題。基因定序變得迅速廉宜，帶來DNA所涉及的隱私問題。長生不老計畫使原本認為人類生而基本平等社會，可能正準備打造一個最不平等社會。在新一代醫藥推波助瀾下，上層階級自命不凡，可能成為客觀事實。未來科技的真正潛力，在於改變智人本身，包括情感、慾望。未來人類可能會更接近神的概念，成為超乎想像的新人種。

4.26 下一段歷史的改變，不僅是科技與組織的改變，更是人類意識與身分認同的根本改變。內容會觸及人類的本質，就連人的定義都有可能從此不同。我們究竟自己想要變成甚麼？有人把它稱為「人類強化」問題。如接班人有完全不同意識層次，再談目前大眾爭議的問題，不具意義。就算是新時代的神，第一代還是由我們人類設計。創造時所遵循的理念，可能讓他們走向完全不同方向。生物倫理學先問「有甚麼是必須禁止的？」是認為我們能踩煞車。但基於人類對長生不老的追求，現在科學旗艦計畫，雖然都是為了治療疾病及挽救人命等正當理由，卻有可能一發不可收拾。唯一能做的，是影響方向，也可能很快也能改造我們慾望。該問「我們究竟自己想要變成甚麼？」而是「我們究竟希望自己想要甚麼？」人類擁有神的能力，但是不負責任，貪得無饜，而且連想要甚麼都不知道，天下至險，恐怕莫此為甚。

後記

本書出版後，佳評如潮，長期高居各種圖書暢銷榜上，並翻譯成超過二十種文字版本。某些書評雖然都相當讚揚本書，但認為部分見解失於過分簡化、疏忽、誇張、煽情。

[1] 哈拉瑞（Yuval Naoh Harari），《人類大歷史：從野獸到扮演上帝》（Sapiens, A Brieg History of Humankind），林俊宏譯，天下文化（2016）。

「大腦解密手冊」筆記

　　《大腦解密手冊》原文名為The Brain: The Story of You，[1]是美國腦神經科學家與科普作家David Eagleman（伊葛門）配合他在美國PBS電視影集The Brain with David Eagleman，而於2015年所出版的佳作。在台灣翻譯本由天下文化於2016/12/27出版。伊葛門專長為大腦可塑性、時間知覺、聯覺，以及科學與社會政策間的交互影響。

　　伊葛門在序文中提到：「腦科學是快速變動的領域，我們很少退一步概觀整片範疇的形勢，闡明我們的研究對於真實生活的意義，或用簡單明白的方式討論身為生物的意義。而這本書就是要來做這些事。」、「更理解我們的腦，就能夠清楚解釋我們在個人關係中所認定的真實是什麼，以及我們認為社會政策中不可或缺的項目為何，像是：我們怎麼反抗、我們為何戀愛、我們如何接受現實、我們該如何實施教育、我們怎樣精心制定更好的社會政策，還有如何設計我們的身體以因應未來的世紀。我們腦中的微小迴路，刻畫了人類這個物種的歷史與未來。」、「這本書的內容將把所有的假設推到聚光燈下。我在下筆的時候，想拋開教科書模式，偏向於更深入的詰問：我們如何做決策、如何感受現實、我們的人生走向如何受到導引、我們為何需要別人，以及當我們這個物種開始掌握自己的韁繩時，會將自己帶往何處？」

　　本書共分六章，即第1章：「你是誰？」，敘述生命中的經歷，塑造了你腦中的細節，探討你是誰，有確定的答案嗎？第2章：「現實是什麼？」，道破我們感受到的五光十色是真實的一部分，是大腦特意獻上的精彩聲光秀？第3章：「誰在掌控我們？」，闡明大腦中神經元全力以赴，電訊號疾速奔馳，但我們對此卻渾然不覺。第4章：「我們如何決策？」，指出人不一定是理性的行動者，腦中有多種網路競爭，誰都想掌控大局。第5章：「可以有人是孤

島嗎？」，強調人之所以為人，在於與其他人互動。第6章：「將來，我們會變成怎樣？」，探討生物學與科技的結合，能把我們帶到的未來。

本書對人類的大腦做了深入淺出的介紹，媒體推薦包括《每日新聞》：「伊葛門不僅是高明的嚮導，而且解說得相當動聽。」《富比世》雜誌：「顯示科學不用加油添醋，仍可讓人入迷。如果你仔細閱讀，將會發現自己沉浸其中。」《自然》期刊：「這是對於生物如何產生心智的最理想介紹……伊葛門用一貫的清晰、動人、發人深省的方式，解答了許多與個人與社會有關的關鍵問題。」《紐約》雜誌：「本書是這位腦神經科學家，堅信自己的研究領域與大眾息息相關的證據。」伊葛門用一篇篇的故事，以及最新的腦科學研究，告訴讀者，我們的頭腦，正是宇宙最奇妙的東西。用眾多實例帶領大家了解，關在暗暗腦殼中，一般人摸不到也看不到，不發聲響的大腦，到底如何影響我們。說明大腦如何型塑我們的生活，而我們的生活又如何受大腦的影響！

最發人深省的論述：

第1章　「你是誰？」

你從出生到兩歲，腦神經連結達到最高峰，是成人的兩倍，但之後才是關鍵，用進廢退。人出生了，腦還沒長好，人腦「即時布線」，是半成品，到約兩歲，先突飛猛進，再雕琢成型。嬰兒時期聽到語言，聆聽能力增強。漫長嬰兒時期，是大自然的賭注，環境影響發育，「執行中布線」，如羅馬尼亞孤兒之例。「你是誰？」，有一大部分取決於你曾待過何處。

青少年的尷尬是天註定，青少年時期荷爾蒙引發形體變化，腦也發生重大的神經重組與變化，牽扯到自我意識。內側前額葉皮質（medial pre-frontal cortex, mPFC）在社交情境中越來越活化，在十五歲時達到高峰，對自我評價是優先項目，情緒敏感、焦慮，偏愛冒險，行為大膽，成熟的快樂尋求系統，搭配不成熟的決策、注意力與模擬未來的眼窩額葉皮質。社交考量腦區與負責化為行動的腦區有更緊密搭配關係，成群結夥時，更容易冒險。

腦在成年期，仍持續改變，改變永遠不遲。如倫敦計程車司機海馬後緣變得比較大。

生病改變行為，如德州大學槍擊案兇手，腦部有五分錢大小腫瘤。

記憶是絲線，串起整個人，記憶佔據自我認同的核心地位，使你擁有獨特、連續自我感。記憶是腦中關於以往的破碎記錄，多已衰退，漸漸模糊，與其他記憶競爭，並不可靠。對同一事件，在人生不同階段，會有不同知覺。

記憶具有可塑性，如看汽車撞擊影片，提出問題會影響答案。也有可能將整段假記憶移植到腦中，受操縱手法左右。過去並非據實的記錄，而是重建之後的結果。

在年輕時塑造腦的環境與行為，到老時同樣發會影響力。美國修會腦研究顯示，即使一個人腦組織滿是阿茲海默症的破壞痕跡，認知功能不一定出問題，受心理與經驗因素影響。認知練習、有責任感、社交網路與互動、體能活動，具有保護作用。蓄積「認知存量」，其他腦區接管退化腦組織，減緩老化。

我是有感覺與知覺的存在，這種感覺稱為意識或覺察。醒著與熟睡時分別有意識與無意識。神經元互相協調方式不同，神經元活動每個時刻不同。

對於神經元的機制、網路與腦部各區域，了解很多，但不知流動的訊號有何意義，如何關注事情。某種事物的記憶，與腦中關聯網路有關，以生命經驗的全部歷史為基礎，對景象感知到的是經歷。每一顆腦都獨一無二，而且是一直在進行中的作品。

第2章　現實是什麼？

對於現實的知覺，與外界發生的事情沒有多大關係，卻與腦內發生的事有重大關係，如各種錯覺。

所有感覺經驗都發生在腦的任務中心。感覺器官是轉譯器，偵測訊號，轉譯成電化學訊號。要體驗現實，感受到的一切，應非直接經驗，而是經過電化學詮釋後的表演。比較輸入端所接收資訊，偵測模式後，做出最佳推論。我們感受到的五光十色是大腦特意獻上的精彩聲光秀。

如盲人殘障奧運滑雪冠軍，靠著發出聲音的標示器滑下山坡。重見光明之後，能夠接收光線並聚焦，但腦無法理解接收的資訊，視覺系統不像照相機，看東西不僅需要眼睛。視覺所以能運作，是神經元以複雜方式，協力合作

產生，身體動作對於視覺是必需的。貓的經驗，能自由走動的貓發展出正常視覺。和全身經驗有關，經過訓練才能理解進到腦部的訊號，交叉比對，正確詮釋資料。經過廣泛實驗，具備整合訊號的能力，視覺才能茁壯，看見東西似乎不費力，很難發覺為了建立視覺所需的努力。實驗利用稜鏡做成的護目鏡，看到世界左右顛倒，研究如何適應。經過訓練，可與常人無異。腦其實不在意輸入資訊細節，只關注如何有效率的在這個世界活動。

各種感覺的資訊流，在腦中處理速度不同。腦處理聲音速度比光快。在自己面前拍手，感覺同步；對現實的知覺，是高超剪輯技巧的最終結果。最後呈現的現實，是延遲的版本，你其實活在過去。我們以為可以活在當下，但事實上我們此刻的所見所聞，都只是一種回憶，現實意識是大腦進行的小把戲，「當下」早已過去。讓從各種感官輸入的資訊同步化，付出的代價是意識覺察落後於現實世界。

雖然現實的體驗來自我們感官的資訊流，但當把資訊流拿掉，體驗並不中斷。也就是感覺中斷後，腦還在工作。例如有囚犯在惡魔島「洞穴」的經驗，自己編造出一個世界。腦會製造自己現實，稱作「內在模型」。從視丘到視覺皮質有大量神經連結，反方向神經連結多十倍。所以在任何時刻，我們體驗的視覺，較少依賴照進眼睛的光線，而較多依賴腦中既有的東西。許多人在感覺剝奪室，體驗「內在模型」。作夢也能享受多采多姿的世界。

對看到景象，有強烈預期。由內在模型看到我們的預期，如看塑膠面具正反面，凹面具錯覺。內在模型是在「世界是穩定的」假設下運作。所以移動時，看世界覺得穩定。

外在世界的內在模型，使我們能夠快速理解環境，並不準確，但可以提升。內在模型只是快速描繪出來草圖，更多細節會以「需要知道時再補」的基準來增補。腦嘗試用最節能方式運作，凝視不等於看見，腦處理的視覺資訊量很小。可解釋某些交通事故。

受到自身生物構造的極限，我們看到的現實，是真實世界的一小片段，如電磁波之可見光片段。個別生物沉浸於自己小片天地。腦運用享受感官刺激的能力，讓世界變得豐富燦爛。

每個人現實，因人而異，因腦而異，如少部分人有聯覺能力。腦中不同感覺區域相互干擾的結果。

大約有1%的人，思覺失調，精神分裂，無法分辨妄想與真實，起因於腦中化學不平衡。現實是腦中上演的故事，我們常無條件相信腦編出來的故事。

腦的時間感有時會覺得時間似乎停止了，覺得發生的一切都以慢動作進行，答案似乎在儲存記憶方式。在遭受威脅情況下，腦中杏仁體備戰，記憶會儲存更仔細、豐富，啟動次記憶系統，意識經驗只是立即性記憶，內在現實覺得時間變長了。

腦提供故事，無論被錯覺愚弄，或相信夢境，有聯覺或思覺失調，我們都信以為真。現實在黑暗中建構出來，以電化學訊號編寫。現實是專為你剪輯、製作、放映的節目。

第3章　誰在掌控我們？

「意識的你」只是腦部活動的一小部分，我們的行動、信仰、偏見，全受到腦中網路幕後處理工作驅使，而意識卻無法連結那些網路。神經元全力以赴，電訊號疾速奔馳，我們對此卻渾然不覺。

喝咖啡動作看似簡單，背後卻需要協調數十億電脈衝為基礎。腦中潛意識機械總是一直在運作，執行的如此順暢，我們一般不會覺察它在工作。如感覺神經壞死，走路將極為艱難。腦執行工作效率極高，所需能量只相當於一顆六十瓦燈泡。

從研究有某方面專長的人，解開腦如何運作線索。如疊杯神童，用腦程度反少。由於長年練習，腦中產生實質連結，形成特定模式，即「程序性記憶」。當一項技能烙進腦硬體線路，不再受意識層次的掌控，我們就能不假思索，自動執行任務。實驗的貓，大部分腦神經組織遭切除，仍可在跑步機上正常走動，顯示與不太相關的程式儲存於神經系統較低階層如脊髓中。

我們一生中，腦一直重新改寫自己，打造專用線路，可用很少能量來完成複雜的動作。自動化的後果是：新技能進入更深沉的境界，是「意識的我」無法觸及之處，交給心流。如不假思索的自動駕駛模式。潛意識執行速度很快，意識根本趕不上，如打快速棒球之例。

潛意識所及領域，超出身體控制範圍，潛意識以更深刻方式塑造我們生活，例如說母語與外語的差別。同樣幕後運作也適用於意念：早在意念成形

之前，潛意識就一直在鞏固記憶、試驗新組合、評估後果，努力塑造意念。意識只是我們心理歷程的一角，思想和行為，大部分是潛意識所驅動的，通常不知道做選擇的依據。以促發效應為例，如拿溫熱飲料，會把與家人關係描述得比較正面；椅子硬度影響商業交易立場；內隱式的自我膨脹：名字與職業、配偶；女子瞳孔大小與吸引力；這類研究揭露了腦的運作基礎。腦的任務是蒐集資訊，適當導引行為，意識是否摻了一腳，並不重要。

意外情況發生時，意識就會跳出來。為正在交互作用的元件、次系統及燒入處理過程進行仲裁，從整體規劃，並設定目標。如公司執行長，最超然的思維，把自己團結起來的方式，複雜系統拿鏡子看自己的方法。

有睡眠障礙的人，睡眠時腦波圖訊號，與夢遊者意識消失一致，有人因此謀殺罪名不成立。

意識是否有掌控權？如開車到交叉路口，看似自發性的決定，也不會零時差、單獨冒出來。我們都覺得自己有自由意志，但某些情況可能顯示出，這種自主感覺是錯覺。由TMS（rans-cortical magnetic simulation）刺激下的手掌動作，實驗者會偏好舉起某隻手掌，但許多人還是覺得是根據自由意志做出決定。神經科學還沒有完美實驗可以完全排除自由意志，腦複雜無比，沒有事情是可以預測的。帶領我們人生的力量，遠遠超過我們所覺察或掌握的。

第4章　我們如何決策？

腦沒有感覺受體，病人可以在手術中保持清醒，如看老婦人—妙齡女子圖，藉由插入腦中電極，聽見下決定的聲音。腦反應繞過模稜兩可的情形，然後做出選擇。總是把模稜兩可的情形化為選擇題。

與電腦不同，腦靠著各選項之間的衝突競爭來運作，是從衝突中打造出來的機器。如讀字與顏色測驗，讓內在衝突凸顯，讀字與顏色各有網路負責，可直接體驗腦裡的衝突，另例為電車困境臆想實驗，理性與情緒網路出現衝突。又如遠距戰爭的疏離性質，更容易發動。當要做出生死攸關的決策時，沒有受到約束的判斷可能會很危險。

以神經科學的方式，藉由觀察一些無法下定決策的人，可以揭露情緒的重要性。如腦中整合訊號、總結情緒的眼窩額葉皮層受損，可造成決定日常生活

能力的問題。有研究發現，生理狀態與情緒有助於決策，顯示政治信念從心靈與身體交會的地方浮現。

　　每個決策牽涉到過去的經驗、現在的清況，未來則與酬賞有關。所有生物腦中都配置好線路尋求酬賞；酬賞是讓生物的身體狀況更接近理想狀況的東西。人類行為受到次級酬賞導引，甚至能把非常抽象的概念當作酬賞，但對酬賞定義因人而異。

　　時光旅行是人腦經常進行的事，面臨抉擇時，模擬不同結果，產生未來可能情景的模型。選項與價值觀有關，可能改變，追蹤「預測誤差」，腦中有個隨時評量分析這個世界狀況的系統，由少數幾群細胞組成，以稱為多巴胺的神經傳遞物質來交談。這種「預測誤差」的訊號，會使腦的其他部位調整自己的期望，試圖在下次更接近現實。

　　阻止我們做良好決策的敵人，就是當下。獲得立即滿足的誘惑，具有強大的影響力。現在與未來的戰爭，發生在房市泡沫、試駕、試穿上。有人選擇「當下享樂，而在未來面對糟糕後果」，如沉迷藥物、酗酒、服用類固醇等。為未來做準備，一種方式是在當下規劃好，防止未來自己做出不當行為，「現在的你」與「未來的你」協議，稱為「尤利西斯合約」。

　　決策取決於與身體狀況相關的變化因素，而且時時變化。如囚犯假釋法官飢餓情況，伴侶關係與荷爾蒙、微小劑量催產素等例，是看不見的決策機制。

　　更加了解決策過程、才能真正改造社會，例如「向毒品宣戰」。多數有毒癮的人想要戒毒，卻無能為力，最後淪為衝動的奴隸。一種方式是操控腦內的交戰網路，即渴望、抑制網路，另一戒治方式，訓練在做出抉擇前，先暫停一下，思考未來的後果。

　　決策是一切的核心，思維不只一種，一旦了解各種選項如何在腦裡一決勝負，就能夠為自己，也為社會做出更好的決策。

第5章　可以有人是孤島嗎？

　　人類在彼此交互作用的密集網路中運作，我們有一半是其他人。人類物種成就可視為一個「巨大生物體」的作為。人類愛說故事，配備社交天線，善於社交判斷，為非人類角色賦予意義。

當我們有意識的專注在正在討論的事情上，腦正忙著處理複雜資訊，這整個運作完全是本能，基本上已化為無形。亞斯伯格症患者，無法覺察正常社交微妙訊號，經TMS刺激背側前額葉皮質，開啟社交世界全新窗戶，發生本質變化，同時揭露了幕後執行的潛意識的重要。例如「鏡像」的現象；夫妻臉由於模仿對方；Botox的副作用是使臉部肌肉較少有鏡像模擬，判讀情緒也變差。

觀看電影感同身受的歡喜與悲傷，腦中疼痛網路活化，看到別人痛苦，與自己遭受痛苦，用了同樣神經機制，成為同理心的基礎。透過同理心，能經歷故事中人物得情緒，腦中神經元分不出差異。從演化角度來看，同理心是很有用的技巧，可掌握別人感受，準確預測下一步行動。

我們忍不住模擬他人處境，與別人產生關聯，關心別人，因為我們腦中硬體線路注定我們是社交性生物。經驗顯示，我們腦需要依賴社交互動，否則備受折磨，因而單獨監禁在許多司法系統是違法的。

哲學家海德格（Martin Heidegger）認為，我們通常「在世界之中存在」。強調「你是誰」有一大部分包括了周遭的世界，自我不會存在於虛無真空之中。電腦遊戲顯示，遭到排斥會令人痛苦，我們內建神經機制驅使我們與其他人結合，督促我們成群結隊。為人類物種歷史，提供關鍵提示。除了適者生存，還有利他現象。人類不分親疏遠近聚在一起，通力合作，導致「群體選擇」想法產生。我們的真社會性，是現代世界如此複雜、豐富的主要因素之一。

聚集成群體，也有黑暗的一面。相對於每一個內團體，必定至少有一個外團體。歷史上團體間暴力屠殺事件不斷，從神經現象來理解，在暴力犯身上找到特徵，取名「E症候群」（Syndrome E），情緒反應衰退，過度激發、群體感染、區隔化。相當於道德解離，人們不再使用正常情況下指引他們進行社會決策的情緒系統。

在實驗室研究腦社交功能的崩壞，看到外團體的人遭受痛苦，腦的關心程度較少。要了解暴力或種族屠殺，到「去人性化」層次，將流浪漢、猶太人、穆斯林等視為比人類低等的東西，宣傳鼓動，如火上加油。瞄準體諒他人的神經網路，減少同理心。學生從眼睛顏色實驗，學到觀點取替。

第6章　將來，我們會變成怎樣？

　　腦的可塑性，使我們能夠置身於各種環境，也是我們進入未來的關鍵，提供我們修改自身硬體的機會。有案例顯示，腦能替自己重新布線，適應新的輸入資訊、輸出資訊與手上的任務。腦是一種「活體」，有驚人的適應和改變能力，是靈活的計算裝置，使得生物學與科技有新穎的結合方式。

　　我們越來越擅長把機械直接置入人體，如人工耳與人工眼。金屬電極與生物細胞能夠進行有意義的對話，靠腦學會詮釋這些訊號。腦的可塑性使得新輸入資訊可以獲得詮釋。我們的感覺入口是隨插隨用的周邊裝置。大自然只需花一次功夫來發明腦的運作原理，接下來就能騰出空來，設計新的輸入管道，進一步強化。演化創造一種腦，這種腦能夠感受不同部分的現實。主要驗證來自「感官替代」概念，只把感覺資訊透過非平常所用感覺管道輸入，腦會想出處理這些資訊的方法。如透過背部、舌頭「看」東西。用「背心」（Variable Extra-Sensory Transducer, VEST）「聽」。秘訣在於，腦只要能夠獲得資訊就行了，他並不在意是用甚麼方法獲得的。

　　「感官替代」是避開故障的感覺系統方法，下一步則是利用這項科技來擴展感官。配置自己線路、擴展現實。如用腦控制機械手臂，提升與擴展人類身體。讓身體升級，預示仿生時代即將到來。如果有合適的腦機介面及無線科技，可用意念遙控大小機具，經過練習，成為延伸身體，以致自我感。我們的感覺和身體一旦超過常規限制，我們將變成不同的人。

　　擴展人類身體，遇到死亡的障礙。科學家正致力於延長生命，甚至提供第二人生機會。另一方向是找到方法直接讀取所有腦中資料，加以儲存，達到數位不朽。「人腦計畫」目標在發展基礎設施，能夠執行整個人腦的模擬。

　　如果我們能有效模擬人腦，它會具有意識嗎？腦的「計算假說」（computational hypothesis）認為，腦的實質材料不重要，而是腦做的事才重要。不見得有肉身才有意識。理論上，心智就能存在電腦中。

　　比電腦精密的人腦，在科技的幫助下，突破的極限超越了我們的想像！人類很早就嘗試創造會思考的機器，最新開發人工智慧的新嘗試之一是iCub，希望他能如人類小孩一樣學習。電腦是否能夠產生內在經驗存疑。豐富主觀經驗

如何產生？「中文房間論證」臆想實驗認為不論程式多聰明，處理符號，從來沒有瞭解自己在做什麼。Google查詢即為一例。萊布尼茲亦以「磨坊」為例，主張，單單只有物質，無法產生物質。

簡單成分可能產生比總和還大的特性，如切葉蟻的運作，聚落像「超生物體」。蟻群的行為，並非來自個體的複雜性。突現（emergence）是集體擁有的特性比個別基礎部分更精緻、複雜的現象，也就是簡單的單元以適當的方式交互作用所發生的情況，意識是突現特性。另如飛機是有簡單組件構成，但能飛行。

以城市為例，交互作用頻繁，是否有意識？Totoni使用TMS比較醒著與陷入深度睡眠的腦，解讀交互作用背後，要有某種結構。需在複雜度（代表截然不同的狀態，區辨）與連結度（整合）取得平衡。主張在適當範圍中的系統，才有意識。有潛力變成我們評估昏迷病人意識程度的非侵入式方法，也可能辨別生命系統是否具有意識。

如果腦的軟體才是關鍵因素，生物演算法是我們成為何種人的重要因素，理論上，我們就能把自己上傳到電腦，變成非生物的存在。提升到超人類主義（super-humanism）時代，可以上傳意識，數位存在，可以變成夢想的任何生物形式。

為自己選擇的模擬版本，與現實很像。讓哲學家思索，是否我們已經活在模擬世界中。我們做夢，雖然身在夢境，卻全然相信這是真實世界。又如莊周夢蝶，笛卡兒以不同途徑，思索同一問題。承襲笛卡兒想法現代版臆想實驗「桶中腦」，整個事情的中心有一個「我」，無論我是不是「桶中腦」，我都在思索這問題，我思故我在。

展望未來，科學可能提供有力工具，超越演化，人類正在發明工具，型塑自身命運。

[1] 伊葛門（David Eagleman），《大腦解密手冊》（The Brain: The Story of You），徐仕美譯，天下文化（2016）。

「人類大命運：從智人到神人」筆記

2017年5月29日　星期一

　　《人類大命運：從智人到神人》（Homo Deus, A Brief History of Tomorrow），[1] 是作者哈拉瑞，繼《人類大歷史》後所出的一本書。在《人類大歷史》（Sapiens, A Brief History of Humankind），哈拉瑞展現了他「後見之明」的洞見，深刻闡述了智人自七萬年前迄今的歷史。而在這本《人類大命運》，哈拉瑞則改以「先見之明」的姿態，為我們預示了人為未來的命運。

　　《人類大歷史》自出版後，洛陽紙貴，《人類大命運》也同樣受到高度重視，佳評如潮；全書前三分之二，大致與《人類大歷史》主題重合，雖然論點一致，但對關鍵性的歷史事件，如認知、農業、工業與科學革命，以敏銳的洞見、銳利的機智以及明確的論述，銳利幽默的筆調，做更進一步的旁徵博引。首先以人類的三大新議題，追求長生不老、幸福快樂，以及化身為神，引出全書論述。第一部「智人征服世界」，敘述人類特殊之處，如何征服世界，造成生態浩劫。第二部「智人賦予世界意義」，鋪陳人類創造的世界，虛構故事如何得到力量。人文主義漸成主流，科技如何與人文主義相互為用，新科技可能讓虛構故事更為強大，但也埋下人文主義崩壞的種子；最後一部「智人失去控制權」，則將《人類大歷史》的結尾部分，也就是人類面對的三大新議題，做更深入的討論；兩書具有連貫性，布局完整，一氣呵成，引人入勝，作者才氣橫溢，某些原創性見解，讓人震撼，引人深思。

　　另一方面，本書以極為有限的篇幅，跨過時間長河，對人類歷史與未來如此宏大的題目，做一整體的論述，自然不免在主題選擇上，有遺珠之憾；而在有些部分，過於簡化事實，流與武斷，或以偏概全，值得商榷；同時作者某些觀點有危言聳聽之嫌，也可能是故作驚人之語，來增加印象與趣味性。但也成功地吸引了讀者的注意力，容易愛不釋手。

第1章　人類的三大新議題

1-1 幾千年來，人類都面臨著同樣的三大問題：饑荒、瘟疫、戰爭。但是在過去幾十年間，這些問題還算不上完全解決，但已經從過去「不可理解、無法控制的自然力量」轉化為「可應付的挑戰」了。

1-2 人類面臨的是三大新議題：

第一、當「死亡」將逐步走向末日，長生不老之夢可能實現，人們該如何面對？

第二、當幸福快樂成為天賦人權，個人主義凌駕國族主義，社會將如何變遷？

第三、當生物醫學工程、半機械人工程、無機生命工程持續進展，人類將從「智人」的位階躍升成為「神人」，形同握有上帝的權力，那麼人類的終極命運將會如何？

1-3 生物科技與資訊科技為人類帶來強大的新力量，讓人類該把注意力與創造力投到甚麼事情上，變得加倍迫切。由人類以往記錄與現有價值觀來看，接下來的目標很可能是長生不老、幸福快樂，以及化身為神。宗教和意識型態對死亡的態度十分開放，甚至有些宗教是歡迎死亡的。對現代人來說，死亡是我們能夠解決，也應該解決的技術問題。我們已經可以感受風雨欲來之勢：不死就在眼前，人類不再平等。某些領域發展飛快，也讓預言越來越樂觀。

第一部　智人征服世界

第2章　人類世

2-1 和其他動物相比，人類早已經化身為神，而實在不是特別公正與仁慈的神。我們現處於全新世（Holocene），過去七萬年為人類世（Anthropocene）。人類已成為全球生態變化唯一最重要因素。

2-2 在人類世，智人突破了地球上各生態區之障壁，地球成為單一的生態系。在農業革命以前，滅掉了所有其他人類，澳洲90%的大型動物、美洲75%

的大型哺乳動物。大型動物所以首當其衝，因為數量相對少、生育也較慢。

　　2-3 人類開始農耕畜牧以後，導致新一波的生物大滅絕。現在家畜已成為主導，超過90%的大型動物都遭馴化成家畜。農業改變了整個天擇的壓力，但並未改變動物生理、情感和社交驅力。農業革命讓人類有確保家畜的能力，卻忽視了家畜的主觀需求。農業革命產生了新型苦難，而且越來越糟。

第3章　人類的獨特之處

　　3-1 找到道德上的理由。但完全沒有任何科學證據，能夠證明人擁有靈魂。靈魂概念根本違反演化論基本原理。

　　3-2 演化論基本原理生殖成就最高者生存。達爾文讓我們失去靈魂，牴觸最寶貴的信仰。演化就是變化，無法產生永恆的實體。不可分割或改變，完整的整體，就不可能透過天擇而出現。如人眼，是由演化而成的複雜系統。靈魂不能分成局部，如何使子女出現永恆的靈魂？

　　3-3 心靈（mind）和靈魂（soul）大不同。心靈是腦中主觀經驗的流動。把經驗集合起來，就是意識流，是時刻直接觀察到的具體現實，與靈魂永恆觀念不同。主觀經驗有感覺、慾望兩項特徵。電腦沒有感覺、慾望，所以沒有意識。就算是人類，大腦也有感覺和情感迴路，在全無意識狀態處理資料。新理論認為感覺和情感都只是生化資料處理、無意識演算法，而非主觀經驗。許多人認為動物沒有意識，或僅有等而下之的意識？

第二部　智人為世界賦予意義

第4章　說書人

　　4-1 智人活在三重現實之中。歷史逐漸開展，虛構故事的影響成長，主觀和客觀現實（河流、恐懼、慾望等）往往成為被犧牲的代價，新科技可能讓虛構故事更為強大。人類認為自己創造了歷史，但歷史其實就是圍繞著各種虛構故事轉。

蘇美神祇相當於現代公司

4-2 認知革命讓智人談論只存在想像之中的事情。蘇美神祇的功能，相當於現代的品牌和公司。神祇是法律實體，日常業務交給神廟的祭司。埃及法老，是活生生的神祇，是真正強大實體，建築水壩、金字塔，鱷魚索貝克地位相當法老，也能成為神明。現代貓王，其品牌價值，勝於生物軀體。

4-3 大約五千年前，文字和金錢，讓人突破了人類大腦的資訊處理限制，導致官僚系統的產生。文字能讓人以演算法方式組織整個社會。現代醫院，即是一套演算法系統。文字也讓人習慣了透過抽象符號的中介，來體驗現實，更容易相信這種虛構實體確實存在。一張紙上寫的任何事情，至少與樹木等一樣真實。如二次大戰中，葡萄亞領事所簽發的護照，是史上單人推動最大救援活動一部分。中國大躍進、集體農場運動，造成饑荒，由各層官員以文字描述、重塑現實。官方文字報告與客觀現實衝突，讓步的是現實。

第5章　一對冤家：宗教與科學

5-1 盲目信從虛構故事，人類努力往往用來榮耀某些虛構的實體，而不是讓真正擁有感受的生命過得更美好。現代科學興起，是否改變基本遊戲規則？現代社會制度是否逐漸偏向客觀科學理論，如演化論？科學是否現代神話？科學理論絕不只是某種讓人合作的方式，「天助自助者」，以抗生素為例，與上天無關。現代世界大不同，基本上克服饑荒、戰爭和瘟疫。有沒有可能未來人類不再關心虛構的神祇、國家、公司，而一心專注於解譯物理學和生物學的現實？神話仍然主宰人類，科學只是讓神話更為強大，讓互為主體的現實，更能完全控制客觀和主觀現實。在電腦和生物工程協助下，人類重塑現實以符合心中的幻想，虛構與現實的界線愈趨模糊。現代宗教與科學的關係，究竟為何？

宗教不等於迷信

5-2 宗教不等於迷信，因為自己相信的，一定是真理，只有別人相信的，才會是迷信。同樣很少人認為自己相信「超自然力量」，而認為是大自然一部分。

宗教就是信仰超自然力量，認為自己可以不靠宗教，就可了解所有自然現象。

說宗教就是「信神」，也大有問題，共產主義不信神。然而宗教由人所創，而非由神。宗教的定義應該是在社會功能，只要是任何無所不包的故事，能夠為人類的法律、規範和價值觀，賦予高於一般人的合法性，就應該算是宗教。宗教會說，人類受制於某種道德系統，為上天所創，或源於自然律，由不同先知揭示，如穆斯林不吃豬肉、殺害猶太人納粹、中東人權問題。

5-3 自由主義、共產主義也是宗教，已為它們相信某種道德法則系統，雖不是人類所發明，但人需要遵守。所有人類社會都有此類信仰，成員必須服從一些高於一般人的道德法則。不同宗教，不同故事細節，不同誡命、獎懲。共產主義的歷史規律，就是某些宗教的誡命，非人所能改變。

科學不是萬靈丹

5-4 宗教喜歡將事實聲明轉化為倫理判斷。從「聖經為上帝所著」轉化為「你應該相信聖經為上帝所著」。同時倫理判斷之中，往往隱藏著事實聲明，如「人命神聖」包含「每個人擁有永恆的靈魂」。同樣，美國民族主義者宣稱「美國民族神聖」以「過去幾世紀帶領進步」為事實聲明基礎。因為人類價值觀永遠藏著事實聲明，讓某些哲學家主張「科學能解開一切倫理困境」。主張「所有人的終極價值都是將痛苦極小化，快樂最大化」，「各宗教沒有倫理爭議，如何達到目標意見不同」。但快樂沒有科學上的定義與測量方法。雖然科學在倫理爭議上可發揮作用比一般的多，但仍有極限。宗教能為科學研究提供倫理上的理由，也因此能影響科學研究議題、以及科學發現與科研成果運用方式。

冤家路窄常碰頭

5-5 科學革命的背景，正是出於最教條武斷、觀念褊狹、宗教狂熱的社會。公元1600年，伊斯蘭世界與歐洲相比，是自由主義天堂。一般講「現代性」歷史，看作科學與宗教之爭，各自推崇不同的真理，註定有衝突。但事實上，科學與宗教根本沒有那麼在乎真理，兩者很容易妥協、共存、合作。宗教最在乎是秩序，目的是創造和維持社會結構。科學最在乎是力量，透過研究，得到

力量。個人與整體差別；整體而言，科學與宗教對真理的喜好，不及力量與秩序。對現代歷史更準確的看法是科學與特定宗教（人文主義）達成協議的過程，現代社會相信人文主義，科學的用途不是質疑教條，反而是為了實現。二十一世紀，不太可能有純粹科學理論取代人文主義教條，但兩者協議契約可能會瓦解，取代的是科學與其他後人文主義教條之間，截然不同契約。

第6章　與「現代」的契約

6-1　「現代」就是一份交易契約，也就是人類同意放棄意義，換取力量。前「現代」的人類同意放棄力量，而相信自己的生命換得了意義，心理得到保護。「現代」文化不再相信偉大的宇宙計畫存在，整個宇宙是個「盲目而沒有目的」的過程。現代世界不相信目的、只相信原因，「現代」座右銘應是「衰事總是會降臨」。人類不用自限於任何預定的腳色，除了自己無知外，沒有什麼能限制我們，讓我們能夠在地球上創造天堂。這份「現代」契約向人類提出巨大誘惑，但也伴隨巨大威脅。「現代」文化力量史上最強，但更感受到「存在性焦慮」。

本章討論現代對力量的追求，下章檢視人類如何利用這種不斷成長的力量，試圖將意義帶回這無限空虛宇宙。

從前，經濟停滯是常態

6-2　科學與經濟成長並進，推動對現代力量的追求。歷史上，進步緩慢。從前，經濟停滯是常態。有一大部分原因是難為新計畫籌措資金，原因是缺乏資金信用概念，停滯成了惡性循環，經濟沒有活力，科學停滯不前。信貸是信用在經濟上的表現。幾千年來，人類很難相信成長的概念，因為根本違反直覺、演化經驗、世界運作方式。

奇蹟般的大餅

6-3　由於演化壓力，讓人習慣將世界看作靜態大餅。傳統宗教希望用現有資源重新分配，或是承諾一塊空中大餅。「現代」則堅信經濟成長不僅可能，而且絕對必要。解決各種問題，唯一方法就是成長，公共或私人問題用「更多

東西」解決。

成長掛帥

6-4 經濟成長成為現代所有宗教、意識型態和運動的共通重點，經濟成長成功取得近乎宗教的地位。這種信念號稱能解決許多，甚至是絕大多數的倫理問題。這信條等於是呼籲個人、公司和政府，不在意任何阻礙經濟成長的事物，如社會平等、生態環境、家庭親情。資本主義應許的不是空中大餅，而是在這世界飄降的奇蹟，而且有時真能實現，如克服饑荒、瘟疫的信貸、減少人類的暴力、增加寬容與合作、促進全球和平。資本主義誡命：將利潤投入有助於「增加成長」的事，資本主義的巨輪不會停轉。

第7章　人文主義革命

7-1 與現代契約，給了人類力量，不再相信世界有偉大宇宙計畫，能讓生命有意義。但偉大宇宙計畫以外，也能找到意義，不算違背契約。例外條款正是現代社會救贖，否則就無法維持秩序。人類相信生活有意義，正是人文主義崇拜人性的功勞。人文主義新信念征服了世界，人類經驗為宇宙賦予新意義。主要誡命：「為無意義的世界創造意義」。現代主要宗教革命，對人有信心，人文可以使宇宙充滿意義。中世紀歐洲文化，以神為意義與權威的源頭。

7-2 人文主義認為人類自己是意義的來源，自由意志是最高的權威。盧梭教養小說《愛彌兒》，要人聆聽自己聲音。現代人向心理治療師告解，與向神父告解，別是有無聖經。唯有從人的感覺出發，才有權判斷人的行為真正意義。婚姻制度命運變化，中世紀婚外情同時挑戰神權與父權，是不可饒恕的罪，與現況很不相同。

設法感受為人的感覺

7-3 以品茶為例，欠缺感性，就無法體驗某些經驗；欠缺長期經驗，無法培養感性。應用到倫理、美學知識，如經驗害人者人恆害之，敬人者人恆敬之，道德的感性愈來愈敏銳，提供有價值的道德知識。生命就是一種內在的漸進變化過程，靠著經驗，讓人從無知走向啟蒙。Wilhelm von Humboldt曾說：

「用生命能體驗最廣泛的經驗，萃取成智慧」。

進化人文主義登場

7-4 進化人文主義根源於達爾文進化論。認為衝突是福不是禍，能促進天擇，推動進步，讓優越者勝出。只要遵照進化邏輯，人類最後就會變成「超人類」，否則有退化滅絕危機。處於上位者就是有更優越的能力，處於上位的國家，領導人類的進步。認為人類的戰爭經驗不僅有價值，而且有必要。電影The third man主角回想二次大戰，認為「情況也沒有那糟」。尼采說戰爭是「生命的學校」，「殺不死我的，就會使我更強」。希特勒也受到戰爭經驗所改變和啟發。每個士兵打一場無情的內心戰爭。揭示世界真相，擁抱叢林法則。納粹只是人文主義一個極端版本，並不會讓我們全盤否定觀點，而到二十一世紀，可能更為重要。

第三部　智人失去控制權

本書第三部分智人失去控制權（Homo sapiens loses control），自實驗室裡的定時炸彈（The time bomb in the laboratory）、自由主義大崩解（The great decoupling）到新宗教：科技人文主義（The ocean of consciousness）以及信數據得永生？（The data religion）

第8章　自實驗室裡的定時炸彈 （The time bomb in the laboratory）

8-1 我們的未來將與目前大不同；科技掛帥、高度自動化但帶有晦黯特色。雖然目前主導世界的仍是自由主義的各種思想，科學正在破壞自由主義秩序的基礎。自由主義相信個人自由，是因為相信人類有自由意志，自由意志讓整個宇宙充滿意義；但自由意志與當代科學有矛盾，現代腦科學家認為：「人的選擇，是因為特定基因構造讓大腦出現某種電化學反應，而基因構造是演化及突變的結果」，而導致行動的電化學反應，或由基因預設，或由隨機因素，也可能是兩者的結合，總之非自由意志。如果遇到刺激，引發一連串生化事件的連鎖反應，每個事件都由前一事件所決定，最後達成的決定當然不是自由意志。

8-2 由目前最先進科技來看，自由意志只是個空虛的詞彙，純屬想像，在演化論中說不通。如果人類意志真是自由的，哪還有天擇的餘地。自由意志不等於「人類依自己的慾望行事」，重要的是究竟能不能選擇要產生甚麼慾望；欲望是因大腦裡某種生化過程創造出來的感覺，核磁共振影像（MRI）能在受測者自己有所感覺之前，約幾百毫秒到幾秒之間，預測他們會有甚麼慾望，做甚麼決定，人的慾望不是一種選擇，我們只能感覺自己的慾望，而據以行事。

8-3 如果我們接受「人沒有靈魂」，也沒有稱為自我的本質：邏輯上如再問「自我如何選擇他想要的事物？」就不合理。事實上，人類欲望會在一種意識流中起伏來去，並沒有永存不變自我，能夠擁有這些慾望。試試看我能不能決定，在下面六十秒內，不要想任何事？

第9章　自由主義大崩解（The great decoupling）

9-1 科技新發現對實際生活的影響，在實用上的發展，會讓自由主義信念崩解；而使政經體系認為：

一、人類將會失去經濟和軍事上的用途，不再繼續認同人類有太多價值，

二、人類整體有價值，但個人無價值，

三、超人類的菁英階級有價值。

如果人類失去經濟和軍事上的用途，很難想像民主制度、自由市場和其他自由主義制度如何能承受這記打擊。法國大革命經驗、哈佛大學校長撰稿，認為民主國家工人、士兵，表現會比在獨裁政體下，來得更好，提升動機和進取心，在展場和工廠中都大有益處。第一次世界大戰，根據類似理由，賦予婦女各項權利。

9-2 二十一世紀，大多數人類都可能不再具有軍事和經濟上的價值。最先進軍隊，主要靠尖端科技，人海戰術過時了，關鍵決定，交給演算法處理。未來網路戰，戰爭時間可能只有幾分鐘。無人機和機器人做戰，大多數公民只能當人肉盾牌。另一方面，電腦士兵遵守國際刑事法最新判決可能性較高。

你比機器人耐操嗎？

9-3 經濟領域工作人員被取代，危害了自由主義和資本主義重要合作關

係。二十世紀，自由主義認為倫理道德和經濟成長可以兼顧。二十一世紀，隨著一般民眾經濟地位不再重要，人的價值降低。機器人和電腦在許多任務上取代人類。電腦與人類運作方式不同，沒有意識、情緒、感覺。過去半個世紀，電腦智能有巨大進展，但電腦意識方面卻在原地踏步。一場重大革命已經風雨欲來，智能與意識概念即將脫鉤，也讓人類面臨失去經濟價值的危險。下棋、開車、診療、辨認恐怖分子等任務，因開發新型的「無意識智能」，找出「模式」，演算法很快就能超過人類。數百萬年來，生物演化，順著意識道路緩緩而行，非生物電腦，可能走向另一條捷徑。對企業和軍隊來說，智能是必要的，但意識可有可無。如無人駕駛車，符合社會需求。馬匹在工業革命後的命運，是被取代。無人駕駛汽車在社會真正需要的少數幾項勝出，計程車司機有可能被取代。一些經濟學家預測「未經強化的人類」，遲早會變得完全無用，現在已風雨欲來。

第10章　新宗教：科技人文主義

10-1 新宗教出現於科技實驗室，承諾以演算法與基因為世界提供救贖，進而征服世界。矽谷至醞釀新宗教，科技宗教提供快樂、和平、繁榮、永生，方法是在現世取得科技協助。兩大類型為科技人文主義與數據宗教；科技人文主義：應該利用科技，創造神人這一種更優秀的人類形式。保有基本人類特徵，具有升級後的生理與心理能力，對抗最複雜無意識的演算法，人類必須積極將心靈升級。數據宗教認為人類應交棒給不同實體。

10-2 智人的DNA起小變化，導致大腦稍微重配線，掀起翻天覆地革命。未來對人類基因組，再多做點改變，也就足以啟動第二次認知革命，讓神人接觸到目前難以想像新領域，成為整個星系主人。希望透過基因工程、奈米科技、腦機介面等較平和方式，創造新人類。讓人類心靈升級，接觸到未知的經驗，未聞的意識狀態。透過嘗試錯誤，正學習如何設計與安排人類的心理狀態，但卻不理解其影響，而未知完整心理狀態範圍，也就不知目標訂在何處。人類像孤島上的居民，才剛發明第一條船，在沒有地圖、目的地出航，但海洋可能無邊無盡。

意識的頻譜

10-3 真正的光譜、聲譜範圍非常廣泛，心理狀態頻譜也可能遠大於普通人的認知。心理狀態可能無限延伸，科學僅研究兩小部分：一、次於規範者（sub-normative）：自閉症、心理失調等精神、心理疾病病人，二、來自西方、受過教育、工業化、富裕、民主（WEIRD: western, educated, industrialized, rich and democratic）族。同時，現今所有人類都受到現代性影響。在沙漠裡，狩獵採集者可能比人類學家少。

心靈之間的鴻溝

10-4 許多前現代文化認為，有某種更高階意識形態，可透過冥想、藥物或儀式進入無上寧靜、無比感性、延伸無邊無盡、一片虛空狀態。現代西方文化不相信這種形而上狀態，刻意把一般人俗世經驗神聖化，對前現代人所知非常有限。尼安德塔人腦容量比智人大，可能擁有智人從未體現的心理狀態，我們對此一無所知。任何其他動物，都可能有人類難以想像的體驗。如蝙蝠活在一個回聲世界裡，從蛾回聲判斷是美食或毒藥。某些蛾演化而可偽裝、隱藏。1974年Thomas Nagel 在What is it like to be a bat?文中指出智人的心靈無法體會蝙蝠的主觀世界。我們很難理解其他動物感受，如今有驚人的音樂體驗，聽到數百公里遠的彼此，曲長可達數小時、不時譜出流行曲，在所有動物的心理範圍之外，有更大、更奇特的領域有待探索。到了未來，有更強大的藥物、基因工程、電子頭盔、腦機介面，就可能打開通往這些領域通道。

第11章　信數據得永生？

11-1 數據主義認為，任何現象或實體的價值就在對資訊處理的貢獻，而且大多數科學機構已經改信了數據主義。數據主義由兩大科學潮流爆炸性匯流而成，生命科學認為生命都是生化演算法，資訊科學認為資訊處理都是電子演算法。數據主義指出，同樣數學定律，適用生化演算法及電子演算法，於是讓二者合一，打破動物與機械間的隔閡，並期待電子演算法中有一天能夠解開生化演算法，甚至有所超越。對政府、企業、消費者來說，數據主義提供突破科

技，強大的全新力量；對學者、知識分子而言，提供幾世紀來科學聖杯，所有科學學門都能統一在單一理論之下，能夠使用同樣的基本概念和工具來分析，共同語言，搭起橋樑，跨學門專家可理解溝通。在過程中，使傳統學習金字塔徹底反轉，資料數據流動量大到非人類所能處理，人類無法將資料轉化為資訊、知識、智慧，轉而信任大數據與電腦演算法。

11-2 生命科學擁抱數據主義，才使資訊科學小小突破震撼世界，而可能改變生命本質。所有生物都是演算法，已是現在科學教條。今日視為資訊處理系統，不只是單一生物，還包括蜂箱、菌落、森林、城市之類社會。經濟學家也越來越常用資訊處理系統概念，經濟的機制是蒐集欲望和能力之資料數據，而轉化為決策。根據此觀點，自由與共產主義是不同資訊處理之競爭。資本主義採分散式資料處裡，而共產主義則採集中式資料處理。證券交易所，正是人類至今創造最快、最有效資訊處理系統。歡迎每個人共襄盛舉，據估計只要經過十五分鐘交易，就能決定頭條對大多數股價的影響。

11-3 所有資本集中到政府手中，一犯錯就是場大災難。共產主義採集中式資料處理，號稱「各盡所能，各取所需」，蘇聯是一失敗之例。在科技加速時代，分散式處理較集中式資料處理好。蘇聯能生產核彈，但蘋果公司、維基百科則出現在美國。以麵包買賣而言，如市場力量決定，並可自我修正。

所有的權力都去了哪？

11-4 政治科學家也越來越把人類政治結構，想成資訊處理系統。民主和專制政治，分別用分散和集中式處理。十九和二十世紀，政治腳步比科技快，政客和選民尚能領先一步，規範及操縱發展路線。二十一世紀，隨著資料量和流通速度雙雙提升，過去選舉、政黨、國會等崇高制度，無法有效處理資料數據，就可能遭到淘汰。網際網路設計，並未通過民主政治程序，侵蝕國家主權、無視邊界、破壞隱私，可能是最可怕全球安全風險。政府龜速，科技飛速進步，被資料壓得不能動彈，而反應笨拙。人工智慧與生命科技進步，可能徹底改變人類社會和經濟，甚至身體和心靈。但當前政治體系幾乎毫無警覺；傳統民主政治正逐漸失去對事態發展的控制力，也提不出有意義的未來願景。權力正在移轉，但選民不知道所有的權力都去了哪。贊成脫歐者以為當權派壟斷權力，得勝後，權力也回不到普通選民。專制政權，似乎同樣無力應付科技發

展的腳步。二十世紀有意識形態願景，二十一世紀，利用生物科技、超級電腦，理論上應有更為宏偉願景，但政治已不再有宏偉願景。

宇宙資訊流的小漣漪

11-5 生命是否能簡化為資訊流，還有待商榷，特別是不清楚資訊究竟有甚麼方法與原因，能夠產生意識與主觀經驗。可能會發現，生物與演算法還是不同。另一值得商榷之點是生命是否真的只是做出各種決策。知覺、情緒、想法，對決策重要，是否唯一意義？數據主義對決策過程了解，但對生命的看法可能更偏斜。

對數據主義提出批判性檢視，是二十一世紀最大科學挑戰和最急迫政經問題。應自問把生命當作資訊處理和決策系統時，漏了甚麼因素？會不會有無法簡化成數據？演算法取代人類智能，可能會失去甚麼？當然，就算數據主義有錯，生物不只是演算法，也不一定能阻止數據主義接掌世界。如基督教、共產主義教義，不盡然正確，也是大受歡迎，大權在握。而且因為數據主義正傳播到各學門，前景光明，只要一統科學典範，難以撼動。一開始，數據主義可能會讓人文主義更追求健康、幸福和力量，透過「承諾滿足人文主義願望」，而得以傳播，未來只能交給演算法。一旦權力從人類手中交給演算法，人文主義宏大計畫可能慘遭淘汰，放棄以人為中心，走向資料為中心價值觀，人類健康、幸福不再重要。一旦IOT開始運作，人降為晶片、再降為資料數據，最後溶解分散。數據主義對人類威脅，正如人對其他動物造成的威脅。人與動物之例，人認為自己是造物巔峰，其他動物更能較次要，其生命和經驗都遭到低估。然而一旦人類對網路不再能提供重要功能，自己設下標準，會讓我們走上滅絕死路，成為宇宙資訊流的小漣漪。

關鍵問題

11-6 我們無法預測未來，因為同樣科技，也可能創造出非常不一樣的社會。人工智慧和生物科技，肯定會改變世界，但並不一定代表只會有一種結局。本書中所講的情境都只是可能性，而非預言。應運用新思維與行為，造成改變。思想與行動，常受限於當今意識形態與社會制度，本書追溯各種制約條件起源，希望能稍微從中鬆綁，以更多想像力思考未來，放寬視野，體察選

項。放寬視野副作用，困惑和不知所措。由於世界變化迅速，已遭到巨量資料、想法、承諾和威脅淹沒。

二十一世紀，想阻擋思想言論，反而靠用不相關資訊把人淹沒。現今力量來自知道該略過甚麼。如果放大到整個生命，最重要發展為：

一、所有生物都是演算法，而生命則是在進行資料處理，

二、智能正與意識脫鉤，

三、無意識但具備高度智能的演算法，可能很快就比我們了解我們。

引發關鍵問題為：

一、生物真的都是演算法？而生命也真的只是資料處理嗎？

二、智能和意識，究竟哪一項更有價值？

三、等到無意識但具備高度智能的演算法，比我們了解我們時，社會、政治和日常生活將會有甚麼變化？

[1] 哈拉瑞（Yuval Naoh Harari），《人類大命運：從智人到神人》（Homo Deus, A Brief History of Tomorrow），林俊宏譯，天下文化（2017）。

「決策分析與管理」推薦

2014年6月8日　星期日

　　本書乃作者累積多年教學、研究、主持政府與產業界多項研究計畫、參與實務的經驗，多方印證所發展的研究方法與決策分析工具，以檢驗研究成效，並親身深入參與卓越公司之組織運作和決策過程，持續準備而精心撰寫結合本土案例之基礎教材。

　　全書結構嚴謹，深入淺出，一方面引經據典、旁徵博引，融入歷史人物言行與成語故事，另一方面又能就近取譬，推陳出新，善用生活化範例，如班級旅遊、求學、擇偶、購屋、買車、理財、觀光、教師評分、採購、選舉、政治等決策，是一本兼顧理論與實務，適合初學者與專家的好書。

▲ 是一本兼顧理論與實務，適合初
學者與專家的好書

「注定一戰？中美能否避免 『修昔底德陷阱』」筆記

2019年6月29日　星期六

　　修昔底德（Thucydides, 460-395 BC）是西元前五世紀希臘雅典的史學家，曾親歷雅典與斯巴達的「伯羅奔尼撒戰爭」，著有《伯羅奔尼撒戰史》（History Of The Peloponnesian War）。其中記錄當時的崛起強權（rising power）雅典與統治強權（ruling power）斯巴達由紛爭而導致戰爭的經過。修昔底德認為：「大戰的最終發生乃因為雅典的崛起讓斯巴達感受到威脅」（It was the rise of Athens and the fear that this instilled in Sparta that made war inevitable）。現今將崛起強權與統治強權陷入由紛爭而導致戰爭的困境，稱為「修昔底德陷阱」（Thucydides's Trap）。

　　「修昔底德陷阱」是由哈佛大學冷戰問題專家——艾利森（Allison, Graham）首先提出。他在2017年六月「外交政策」（Foreign Policy）雜誌中即以「修昔底德陷阱」（The Thucydides's Trap）為篇名撰文。艾利森把當時斯巴達與雅典面臨的困境稱之為「修昔底德陷阱」：在原本的權力平衡面臨改變時，既有的統治強權可能為了捍衛地位而出手訓誡、扼殺後起的挑戰者，挑戰者也可能不甘屈居人下、試圖改變遊戲規則而「問鼎中原」。同時更出版《注定一戰？中美能否避免「修昔底德陷阱」》（Destined for War: Can America and China Escape Thucydides's Trap?）新書[1]，做更詳盡地闡述，該書中譯本已於2018年十一月由「八旗文化」出版。原書獲選《紐約時報》編輯選書（New York Times Editor's Choice）、《紐約時報》年度關注好書（New York Times Notable Book of the Year）以及《金融時報》年度政治類選書（Financial Times Best Book of the Year: Politics）等，備受重視與肯定。

　　艾利森在哈佛大學主持「修昔底德陷阱計畫」（Thucydides's Trap

Project），研究過去五百年，當崛起強權威脅取代統治強權時，會如何發展。而其發現是，最可能的結果是戰爭。在該計畫能找到的十六例中，竟有十二例以戰爭告終，當然讓人驚懼。「修昔底德陷阱」像幽魂一再地將大國推向毀滅的深淵。俾斯麥在普法戰爭中挑戰歐陸霸主法國，德皇威廉二世在一戰中挑戰英國海軍，日本自認應該享有平等的尊嚴而發動日俄戰爭，又因恐懼美國的經濟封鎖扼殺它的發展而襲擊珍珠港。種種盲目不理智的行為，都可以透過「修昔底德陷阱」得到解釋。

從近年世局發展，不能不讓人對中美紛爭大為憂心。艾利森書名《注定一戰？中美能否避免修昔底德陷阱》用問號，認為仍有轉機。從中方觀點看，大陸近年經濟快速發展，但人均產值與美國尚差一大截，連是否已成經濟強權都要打個問號，武力更不足以威脅美國，未曾侵略任何國家，推助一帶一路，揭櫫世界共榮，正從世界工廠，提升到世界市場，在綠色能源應用上，一枝獨秀；反觀美國，一方面窮兵黷武，橫霸一方，軍費居高不下，在世界各地維持八百個軍事基地，屢次出兵侵略他國，如伊拉克、阿富汗、敘利亞，弄得生靈塗炭，難民蜂起，不僅禍起中東，而且延燒到歐盟，眼前之例，則為干涉委內瑞拉內政；另一方面，內政不修，債台高築，基礎建設落後，民粹總統隨性治國，對地球暖化視而不見，反而採取許多倒退措施，加速環境惡化，只是眼見中國崛起，就橫加打壓，如何服人？

美國對中國的打壓，最明顯的是：

一、長期聯合西方媒體幾乎一致醜化中國。
二、發動全面貿易戰，對中國產品加徵進口稅。
三、限制高科技產品販售。
四、在南海屢犯中國所建島礁水域，美艦航行台灣海峽示威，但美國本身在美洲劃勢力範圍，橫行霸道，史蹟斑斑。
五、以安全有虞理由，與其西方盟國包括日本等，封殺華為網路產品，抵制中國先進網路布建，以違反美國法律，包括制裁伊朗法案為由，起訴華為，同時唆使加拿大拘留華為高管，並要求引渡。而美國本身則積極進行全球監控計畫：其中「棱鏡計畫」要求網路公司和電信業者，從本身客戶蒐集來的資訊轉交給國安局，甚至在美國公司出售的

伺服器、路由器等設備植入程式，將資訊直接導入國安局資料庫。

六、限制中國留學生修習科目，不一而足。

　　面對如此險局，中國要如何因應？考驗領導人的智慧。唯一確定的是不能容許爆發戰爭。愛因斯坦曾說：「我不知道第三次世界大戰會用甚麼武器，但我知道第四次世界大戰會用石頭與竹棍當武器。」不是誇張之語。

　　中美注定一戰？艾利森在書中指出，過去五百年，當崛起強權威脅取代統治強權時，在其能找到的十六例中，有十二例以戰爭告終。但未導致戰爭四例中，在二十世紀中共又七例中即有三例，包括二十世紀初期英美在經濟霸主與海軍軍力爭雄，二次大戰結束至蘇聯解體的美蘇角力以及1990年至今德國與英法在歐洲的政治影響力消長。而在以往九例中，僅有十五世紀西班牙與葡萄牙在競逐全球帝國與霸主上，免於戰爭，似乎是人類變得較為理智，或是情勢演變使然。

　　艾利森認為美國應從美蘇冷戰學習到：

一、兩強之間核子戰爭是瘋狂而不可想像的，只會導致相互毀滅（mutually assured destruction, MAD）。

二、領導人必須抱持不惜一戰的決心，以避免較負責任一方為人所迫全盤讓步。

三、制定「不穩定的現狀規則」（precarious rules of the status quo），例如限制網路攻擊、監視行動等，在反恐以及抗拒全球暖化等方面合作。領導人必須明瞭生存依賴謹慎、溝通、抑制、妥協、合作。

四、內政表現至為重要，蘇聯解體乃因經濟崩壞所致，未來中國之改良式社會資本主義與美式資本主義與民主，兩種系統孰優孰劣，將會對情勢發展有決定性的影響。中國的快速經濟成長固然令人印象深刻，但要長期維持一黨專政有其難度，而美國經濟長期停滯，美式民主發展出許多令人擔憂的症候，如低盪公民參與、結構性的腐化以及廣泛的對政治喪失信任。兩國領袖應予正視，而以內政為優先施政項目。

五、一廂情願並非好策略，需要制定明確的策略。連貫的戰略並不能保證成功，但缺席則是一條可靠的導致失敗途徑。目前川普政府作為，將

使避免與中國發生災難性戰爭相當困難。

從中國觀點，由於改革開放前幾代人的犧牲，之後幾代人的努力，終於達到近世未見的小康境界，只因為量體巨大，又願意與友好國家共享，竟讓世界霸主備感威脅，西方先進國家眼紅，橫加打壓，是可忍，孰不可忍？毛澤東的口號「人不犯我，我不犯人；人若犯我，我必犯人」，固然響亮，但是否底氣十足，是需要謹慎斟酌的拿捏的。

艾利森建議在中美競爭中，美方應：

一、釐清美國的核心利益：區分核心利益與重大利益，美國核心利益是「捍衛美國作為一個自由的國度，以及基本制度的價值與完整」。不屬於國家優先利益的地緣政治企圖，或甚至對危機的反應，必然淪於失敗，盡一切避免核子戰爭。

二、了解中國的國家目標：加強理解和尊重中國的核心利益，中國作為亞洲第一大國的崛起，以及成為世界第一大國的願望，不僅反映了經濟成長的必要性，也反映了與中國人身分認同結合在一起的中國至上的世界觀。中國和西方在文明價值觀有嚴重分歧。

三、擬定戰略：今天指導華盛頓的是具有政治吸引力的願望以及行動清單，但不是美國在合理代價內可以達成的，所以目前的努力，必將失敗。從中國看來，美國的政策主要是維持世界霸主現狀，當潛在的經濟權力平衡大幅向中國傾斜，美國真正的戰略只是一種奢望。思索和建構與這一挑戰相稱的大戰略，要求高官們投入政治資本與智力。

四、優先解決國內問題：美國與中國國家安全最大挑戰都是政治體制的失敗。美國是「衰敗的民主」（decadent democracy），中國是「反應式威權政府」（responsive authoritarianism），都不適合迎接二十一世界嚴峻的挑戰。Ferguson在文明一書中，列舉了六個「殺手級應用程式」，包括競爭、科學革命、財產權保障、現代醫學、消費社會和工作倫理，讓西方在十六世紀後主導世界。他懷疑中國是否能夠在沒有「財產權保障」下維持進步，艾利森則擔心美國在消費社會和工作倫理方面的問題。

在川普「美國優先」與習近平「中國夢」大旗下，中美能否和平共處，關鍵在突破「修昔底德陷阱」！艾利森認為美中戰爭爆發的可能性，比專家願意承認的高很多。21世紀初的中國與美國恰恰再度落入「修昔底德陷阱」的模式，彷彿難逃「注定一戰」。中國的飛速崛起為二戰後美國主導的國際秩序與美國的軍事霸權構成嚴重挑戰。二戰後的美國占全球經濟的50%，如今已下滑至16%。同一時期，中國的比例從1980年的2%飆升至2016年的18%。雪上加霜的是，標榜「中國夢」的習近平與「美國第一」的川普不僅都誓言恢復國家的偉大光榮，也都認為對方是實現目標的障礙。沒有另外兩個領導者比習、川更可能把美中帶向戰爭。

艾利森是全球知名的國際關係學者，憑1970年代對古巴飛彈危機的深刻研究奠定其不可動搖的大師地位。他透過對歷代戰爭提綱挈領地分析建立了「修昔底德陷阱」的理論基礎，並以此預測美中爆發衝突的各種可能途徑，在書中列舉了五種爆發戰爭的可能，以及十二條趨吉避凶的和平線索。

艾利森不諱言美國的獨霸野心，在第五章美國給中國的榜樣，從推翻夏威夷的親日國王，歷數老羅斯福的作為，發動美西戰爭，執行門羅主義；為建巴拿馬運河，扶持當地反叛份子，建立巴拿馬政權，在阿拉斯加邊界爭端，逼迫英國偏袒美國，最後問如果習近平像是羅斯福？那中國在南海的作為，只是小巫見大巫罷了。他觀察，中國戰略是務實主義導向，具全盤性。如果美國意識到老羅斯福時代的美國，在其自身發展中有更加貪婪好鬥的行為，可能對今天的中國有更多諒解。

杭廷頓在三十年前提出：「文明之間的衝突將主導全球政治」，[2]近年發展證明是一項真知灼見。他承認：「文明之間的界線很少是涇渭分明的，但確實存在」，他挑戰讀者心中的西方普世價值神話，對其他文明，尤其是以中國為中心的儒家文明是不友好的。他聲稱：「儒家文化的價值觀強調權威價值觀、層級結構、認為個人權利和利益居於次要地位，強調共識的重要性、避免對抗，並且『要面子』。一般來說，對於社會與個人，國家具有至高無上的地位。」美國人則崇尚：「自由、平等、民主和個人主義，傾向於不信任政府、反對權威、促進制衡、鼓勵競爭，並賦予人權神聖的地位。」杭廷頓認為中國對外事務的觀點，實質上是其內部秩序概念的延伸，發自內心的不信任外國對本國事務的干涉。他發現中國人普遍認為：「美國試圖在領土上分化中國，在

政治上顛覆它，在戰略上圍堵它，在經濟上挫敗它。」作為已存在數千年的文明，「中國人往往會考慮幾個世紀和幾千年來社會的發展，思考千秋萬世的最大利益。」、「美國人則忘記過去、忽略未來、著眼於最大限度的提高眼前利益的首要信念。」杭廷頓的分析，指出中國的傳統、特色與美國等西方文化截然不同，希拉蕊說：「我不希望我的孫子們生活在一個由中國人主宰的世界裡」，代表大部份美國人的心聲。

美國和中國間的根本差異，針鋒相對之處，讓中美關係更難管理。同樣具有極強的民族自信心，李光耀對美國適應新現實的能力表示懷疑；「美國的文化優越感，將使調整非常困難」。陸克文注意到：「中國人產生了一種自我欽敬的哲學思想」，美國人也以近乎宗教熱情崇敬自己的文明成就。中美兩國的政治差異，體現在兩國不同的政府概念上。美國人認為「政府是必要之惡」，「任何政府的合法性只能來自人民的同意」，中國人則以為「政府是不可或缺的」，「政治的合法性來自於績效」。政治合法性的針鋒相對已成為中美關係的一個痛點，季辛吉說：「美國價值是普世的這個觀念暗示著不奉行這個原則的政府並不完全合法。」

當在國際上宣傳自己的基本政治價值時，杭廷頓稱美國為「傳教國」，中國人則相信別人可以仰慕他們，但不要求別人接受這些價值。正如季辛吉言：「中國不出口其觀念，而是讓其他人來仰慕它」。鄧小平警告共產黨成員：「美國想要改變他們，是為維護恃強凌弱的霸權利益」。

中國人具有戰略上的耐心，只要趨勢對他們有利，他們很樂於以拖待變。美國人認為自己是現在問題解決者，中國人認為許多問題無法解決，只能控管。今天採取的新政策行動，只是對持續的演變施加一些影響。美國敦促其他大國接受「以規則為基礎的國際秩序」，從中國人眼光看，這個秩序似乎是美國人制定的，而其他國家只有服從。

在戰略文化衝突上，美國的政策制訂者，注意到中國同行對使用武力的獨特觀點，再決定是否、何時以及如何攻擊對手時，中國領導人大多是理性和務實的，五個假設和偏好：

一、現實主義導向，冷酷又靈活。
二、全盤戰略世界觀，認為造成當前戰略形勢演變脈絡是全關緊要的，

「勢如彍弩，節如發機」。

三、主要是心理和政治的，軍事鬥爭是次要關切。

四、透過潛移默化、滴水穿石來贏得勝利，強調運籌帷幄所累積的相對優
　　勢，如圍棋般爭取相對優勢。

五、不戰而屈人之兵。

在中國如何看南海一節中，中國相信美國正在「孤立、圍堵、貶損、分
化、破壞中國」，但會拉長眼光來看待他與美國在南海的僵局，會極其冷靜的
進行中美相關軍力的評估，並預測在任何潛在軍事遭遇的結果。將採取具有中
國特色的戰略，不謀取戰場的勝利，而重在實現國家的宏觀目標。只要南海的
局勢總體上對中國有利，中國就不太可能使用武力。但如中國出現國內政治騷
亂，就可能發起有限的軍事衝突。

雖然不明智又不樂見，戰爭仍有可能發生。在特定時空條件下，領導人往
往只能在壞與更壞之間選擇。在各種想定演練中，一些小火花，就經常輕易的
導致大規模的戰爭。在一些歷史案例中，在考慮中國何時與如何使用武力時，
決不能從自己角度去想當然耳。

導向戰爭的因子：火花、背景條件、催化劑和危機升級。五種爆發戰爭
的可能是海上（南中國海）意外碰撞、台灣獨立、第三方（如日本）挑起的戰
爭、北韓崩潰，同時也可能從經濟衝突到軍事戰爭。美中在未來幾十年間發生
災難性戰爭的可能性，比專家願意承認的高很多。

在過去五百年，至少有四個案例表明崛起強權與統治強權可以掌穩國家之
舟，化險為夷，不動干戈。而提供十二條趨吉避凶的和平線索包括：

一、更高的權威，如聯合國。

二、國家可融入更大的經濟、政治和安全機構，如德國之於歐盟。

三、順應情勢、知所進退，區分需要與想要，如英國對二十世紀崛起的
　　美國。

四、時機至關重要，錯過的機會就是放棄的機會，「預防性干涉」為經典
　　難題。

五、共通的文化。

六、核子嚇阻有效。

七、「相互保證毀滅」讓全面戰爭變得瘋狂。

八、核超級大國之間的熱戰不再是合理的選擇。

九、核超級大國的領導者依舊必須為他們無法獲勝的戰爭做準備。

十、緊密的經濟相互依賴提高了戰爭成本，並降低了戰爭的可能性。

十一、同盟的吸引力可能致命，審慎檢視協議的真正內涵。

十二、國內政績具有決定性。

在「前路何在」一章中，艾利森認為要看清結構性的現實，並以史為鑑，認識到後冷戰時期美國的中國戰略，「交往但避險」（engage and hedge），基本上自相矛盾。勸誡美國外交決策圈應重拾美蘇冷戰時代的宏觀戰略思維，以面對從所未見的安全威脅，呼籲審視所有的戰略選擇，包括醜惡的選擇，即：

一、調適。

二、破壞。

三、談判出一種長和平。

四、重新定義雙方的關係。

值得注意的是，艾利森將台灣獨立是爆發戰爭的可能因素，同時提到中國願意採用把雙方經濟上會綁在一起的長期戰略，解決台灣問題。他質疑為台灣而戰非美國核心利益，可能代表美國主流意見。另一方面，作者也有一些偏見，如南海仲裁案（p. 51），忽視「國際仲裁法庭」的正當性，以及美國並非簽約國但仍藉此對中國大加撻伐的現實。

艾利森呼籲美國嚴肅看待中國崛起的事實與恢復民族光榮的決心，是其睿智。他的盲點是對中國與中國文化的認識不足，中國歷史上並無「修昔底德陷阱」經驗，過去與現在從未呈現稱霸世界的企圖，中國強盛時，專注於權力的維持，不像西方國家有強烈的擴張性；同時現今中國與鄰邦，如俄國、印度日本與越南都還有「剪不斷、理還亂」的諸般待解問題，遑論與美國爭霸。目前美國對中國大陸崛起的威脅被過度誇大，GDP等總體力量雖居全球第二，但人均GDP仍只達美金一萬元，必無太大對外擴張力量。

名史學家尼爾‧弗格森（Niall Ferguson，史丹佛大學歷史系教授）推薦：
「你可以打包票中國領導人會讀他寫的《注定一戰？》。我只希望美國領導人
也會讀。每一個關心世局的有志之士都應該買一本。」信哉斯言！

[1] 《注定一戰？中美能否避免「修昔底德陷阱」》，艾利森（Graham Allison,
     Destined for War: Can America and China Escape Thucydides's Trap? Houghton
     Mifflin Harcourt (2017)），包淳亮譯，八旗文化，2018年9月。
[2] 《文明衝突與世界秩序的重建》，杭亭頓（Samuel P. Huntington: The Clash of
     Civilizations and the Remaking of World Order, Simon $ Schuster (1996)），
     黃裕美譯，聯經出版公司，1997年9月。

「為第三帝國服務：
希特勒與科學家的拉鋸戰」筆記與讀後感

2019年9月3日　星期二

　　本書[1]為曾在《自然》雜誌工作，現為專職作家菲利浦・鮑爾（Philip Ball）於2014年出版之Serving the Reich：The Struggle for the Soul of Physics under Hitler翻譯作，曾入圍英國皇家學會科學圖書獎、最受歡迎科普網站 PanSci泛科學推薦。

　　作者很有深度的探討當科學家面對納粹統治，應該共謀還是抵抗？選擇 三位諾貝爾獎得主：「彼得・德拜」（Peter Debye）、「馬克斯・普朗克」 （Max Planck）和「韋納・海森堡」（Werner Heisenberg）為主角。由他們的 個人歷史讓我們以不同角度審視，當猶太科學家包括「愛因斯坦」等人被迫害 出走時，這些「非猶太」的科學家們選擇留下來，最後成了納粹政權的「幫 兇」。正因為這三位科學家既非英雄也不是惡人，所以關於他們生活在「第三 帝國」的現實，或是有關科學與政治之間的關係，都引人深思。

　　在「德拜」、「普朗克」和「海森堡」幾個形成鮮明對比的情況和決定 中，我們可以發現解答這個問題的背景資料。這三個人的生命在許多方面相交 且相互作用。「德拜」和「海森堡」的導師是同一個人。一九三〇年代初期， 兩人在萊比錫並肩工作。「普朗克」對於兩個人的職業生涯都給予支持，而他 們將他視為父親般的形象和道德的燈塔。「德拜」不顧納粹的意願，堅持將他 在柏林主管的物理研究所以「普朗克」為名。戰爭爆發後，當「德拜」前往美 國，最終是海森堡接替他的職位。

　　這三個人的個性都不一樣。很明顯的，他們都不熱衷於「希特勒」政權， 但他們無論是在管理上、智識上和激發靈感上，都是德國科學界的領導和指標 人物。而且他們各自在設定物理學界對於納粹時代的反應基調上發揮了重要作

用。他們每個人都在納粹時代之前和其中，為「德意志帝國」服務，但是這和服務「希特勒」不同，更不用說接受他的思想，他們之中沒有人看起來能夠認真考慮，這之間是否或如何有所區別。

在「德國」國內，很少有人積極反對「納粹」，例如幾乎沒有任何「非猶太裔」教授辭去職位，或是以移民抗議1933年「希特勒」推行的有差別待遇的「公務員法」。

他們對於國家社會主義者的專制和反猶太人的政策是否表達出強烈的反對，或者反而調整自己去適應這個政權？我們是否應該因為這些科學家的社會和專業角色、他們的國際關係、科學和哲學世界觀，而去考量他們擁有了特殊的地位以及超越一般人的義務？科學本身是否因為其在意識形態及軍事上的規劃，而遭受國家社會主義者強行徵用？是否如一些人所說，國家的種族政策消滅了科學？或者至少在開始投下原子彈之前，科學得以倖存，並在某些方面蓬勃發展？

有一點是明確的：這些問題，還有因為這些問題而對科學和國家的關係所產生的意涵，都無法透過「結合了聖徒傳和妖魔化、科學家正義與邪惡的特質，持續且致命的雙面操作」來表達。被「康乃爾」大學委託調查「德拜」戰時言行的歷史學家沃克（Mark Walker）認為這樣的操作經常破壞了早期對於第三帝國的科學所試圖做的了解。甚至到現在，還有人傾向理解德國科學家所做的選擇不是「正確」，就是「錯誤」，沒有灰色地帶。而這樣的分類往往是由寬容的自由民主擁護者以無所不知的後見之明所決定的。並不需要成為道德相對主義者才會發現這樣的情況有其危險。可以肯定的是，在這個故事中，有英雄，也有惡棍。但是大部分的角色都和我們大多數人一樣，不是英雄，也不是惡棍。他們的缺點、判斷失誤、他們的善意和勇敢的行為，都會發生在我們身上，我們也會妥協和短視近利。或許這和善惡無關，而是人性，是人之常情。

「普朗克」為「量子力學」開山祖師之一，謙謙君子，為人正直大度，是保守的傳統主義者，認為自己是「德國」文化的守護者。這樣的人是愛國者，「當情況牽扯到國家驕傲和情感時，他並沒有因為個性溫和而不好戰」，對於自己在社會中的地位有自信，相信「科學就像藝術和宗教，只能先在國家的土壤中正常生長」，並意識到他們的首要職責是服從國家。並認為與「納粹」合

作是兩害之中取其輕，面對「納粹」的干擾和要求，「普朗克」的反應是苦惱且支吾。與他最接近的二兒子「埃爾溫・普朗克」（Erwin Planck）因參與1944年暗殺「希特勒」的密謀案，於1945年1月23日被殺害是他晚年最大的傷痛。

「『普朗克』的性格特色是包括尊重法律、信任已建立的制度，奉行本分，以及絕對的誠實，有時的確太多顧忌，在納粹時代，這些特質是弱點，誘使他陷入停滯與妥協」，「除了善良之外，沒有道德的指南針」，「大家都盯著『普朗克』，看他會做甚麼，而他做了錯誤的示範」。

「德拜」是「荷蘭」人，但在「德國」任職，擔任研究所所長以及學會會長職務，公文上依法要寫「向希特勒致敬」（Heil Hitler）！同時也簽署辭退「猶太科學家」的公文，學會從未對一些傑出成員遭到尖銳攻擊以官方立場表示抗議。他認為：「重點是怎麼做才有效及適當，抗議則兩者皆非」，「與其沉迷於會被視為自我中心且徒勞的姿態，不如發出嘆息，帶著遺憾行動」，「明顯缺乏道德自省」，具有「對命運投降的道德缺陷」。

有作者認為「德拜」是「弄髒雙手的諾貝爾獎得主」、「協助政權的志願者」，並且對「希特勒最重要的軍事研究計畫」做出了貢獻。由於這些爭議，「荷蘭」以「德拜」冠名的研究所以及獎項紛紛將其除名。同時「德拜」於二次大戰期間直到他於1966年去世之前在美國「康乃爾」大學任教，而「康乃爾」大學經調查後，仍保留其享有的榮譽。另一方面，「德拜」也冒險協助「猶太」女科學家莉澤・邁特納（Lise Meitner）出逃。雖然「一個誠實的人在邪惡政權的脅迫下不得不妥協」，而這樣的暴行終於迫使「德拜」流亡，但主要因拒絕放棄「荷蘭」國籍而離開德國，而非根本上反對納粹統治。

「海森堡」是否有積極幫助「納粹」發展核子武器，一直有爭議。[2]「海森堡」尋求官方的認同，卻又拒絕承認自己的妥協所帶來的後果。對他來說，希望在第一次世界大戰的屈辱後能夠再現「德國」精神，「海森堡」毫不猶豫的將創新的「量子理論」放入對於之前一切都有所懷疑的世界觀中，所以他不覺得自己效忠於「普魯士文化」的保守主義。「符合『保守樂天主義』樂天派形象」，認為「那許多事都是好事，我們應該了解其良善企圖」，寫到：「外面的世界真的很醜陋，但工作是美麗的」，曾受到納粹宣傳頭子「希姆來」庇護，「藉由誇大的合理化留在德國的原因，他更容易屈服於政權作進一步妥協於逢迎」，「沒有預期戰後道德的清算」。

在三個人中，「德拜」在許多方面表現最曖昧，不是因為他最狡猾，但也許是因為他是個比較簡單、更不懂得反思的人：在他對於研究的投入中，不管這樣是好還是壞，他是「科學家中的科學家」、真正的「非政治化」。這三個人的情況，讓我們知道了許多關於納粹國家的主導地位背後的因素。這樣的政權成為可能，不是因為人們無力阻止，而是因為他們沒能採取有效的行動——事實上，連察覺到這樣做的必要性都沒有——直到為時已晚。

正是出於這個原因，評斷「普朗克」、「海森堡」和「德拜」時，不應該考量一個人的歷史紀錄是否可以被視為足夠「乾淨」到應該用獎牌、街道名稱和塑像來榮耀他們。這是關於我們是否能夠充分了解我們自己的道德優勢和弱點。就如希特勒統治下的公務員和德國抵抗運動的一員，漢斯‧貝恩德‧吉塞維斯（Hans Bernd Gisevius）所說：

在這場德國的災難中，我們必須從中學到的其中一個重要教訓就是，平心靜氣看待一個民族會陷入無所作為的困境，接受每個人都有可能墮入太過算計、機會主義或膽怯，以至於迷失自己，再也無法回頭。

作者對「德國菁英文化」做了精闢的分析：

「十分重視教化的觀念，包含了教養和人格的成熟。教育系統本身強調哲學和文學的重要，讓人們欣賞德國的文化，被期待成為這個國家傳承的擁護者」，

德國物理學家的立場：「行為的價值在於它的後果，而非動機」，

導致「當你反抗時，所有其他學者都得負責」，

「質疑國家是否正當」，「政治」意義接近「不愛國」。

關於納粹的警語：

「希特勒」明白，只要他讓一切合法，就能夠為所欲為。利用了德國人服從國家的本能，人們不會反對制定為法律的措施，

納粹反應：「合理合法」，

「就字意上來看，法律會在道德上造成犯罪，實際上是矛盾的概念」，

「合法性不會讓它變得正確」，

「抗議法律的違法性這樣的矛盾的位置，在德國沒有道理」，

「愛國主義和民族自豪感，被認為是一種責任」，

人們普遍相信，「希特勒」政府只是過渡時期，他要不是很快失去權力，就是被迫緩和極端。

[評]「希特勒」政權，是由民主選舉產生，而迅速變成獨裁政權，制定各種法律，如果拘泥於「惡法亦法」，終於導致其無惡不作。民主國家如不能做到三權分立，而不知節制，則民主危矣！國家危矣！這點是大家要全力防止，及早下架「不公不義」的政府。

　　給世界的教訓
　　「第三帝國是自由民主的產物，和如今的美國沒有甚麼不同」，
　　「在經濟和政治動盪的時候，人們對這種政權就會特別敏感，造就美國最近的政治趨勢」，
　　「冷漠與順從在自由民主國家都很常見，更不用說獨裁國家」，
　　「歧視的受害者事實上成為鄙視、憤怒和指責的對象」。

[評] 觀諸現在世局發展，確實讓人憂心。

　　關於「德國」科學家
　　「德國」大多數的科學家在面臨「納粹」國家的侵犯和不公義時，做出了適應和逃避：也許稍有微詞、無視這樣或那樣的指令，或者幫助被解雇的同事，卻沒有持續採取抵抗行為。他們最關心的是如何維護自己的事業、自主性和影響力，
　　對「愛因斯坦」來說：「政治」意味者「更廣泛意義的人類事務」，也因此是對與錯、公平或不公正、仁慈或殘忍的問題，
　　因為「愛因斯坦」參與了世俗事務，許多「德國」科學家認為將「科學政治化」，
　　主動建立「科學的責任」想法，否認更廣泛責任，
　　以個人的力量，要反對這個政權，有多困難，
　　完全沒有道德立場，僅為捍衛自主權和傳統，之後不表現悔恨，
　　德國物理學家的背景和事業發展，他們的保守、愛國精神和責任感，決定

他們對納粹統治的反應。

[評] 這些缺點，不僅限於「德國」科學家；「愛因斯坦」從第一次世界大戰開始時即積極反戰，在「普朗克」等人不顧「德國」侵入中立國「比利時」並施暴情況下，簽署宣言呼籲支持政府時，拒絕聯署。「希特勒」掌權後，他迅速離開「德國」，不存任何幻想，反觀許多「猶太裔」科學家躊躇再三，直到幾年後被禁止出境，送往集中營，多慘遭殺害，也可見「愛因斯坦」睿智的一面。

關於科學家
　　科學家因為擁有優越的知識，再思考他們的研究更廣泛的社會和正式意義時，就被賦予了特殊的責任，對領導成員，尤其應有更多期待，
　　不關心政治，讓科學家易受政治操控。它本身就成為和政治相關的立場，因為不用直接批評政府，
　　爭取政府與企業的支持，使科學本身變得政治化，並且在道德上有責任。
　　科學發現具有社會後果，科學家也參與了政治現狀，
　　科學道德和政治傾向，讓科學研究成為政治行為，
　　科學家認為他們的天職是與各種過度的意識形態絕緣，
　　看待事情，更從容更理性，是較優秀類型活動的理想化概念行業，帶有危險性自滿，
　　在科學中要求的理性和客觀的觀點，在道德問題上並沒有擁有任何優勢，
　　科學家不會比較對政治人物的毛病免疫，
　　許多科學家在他們的職業找到理由去躲避社會正義和正直的問題，
　　科學確實有自由主義的傳統，非單純就科學訓練本身而言，
　　對侵犯言論自由直言不諱，但對某些武器研究以及軍火貿易的正當性，卻陷入沉默，
　　科學家常說：人們不能指望其精通道德與倫理判斷，
　　研究的後果，必須置於科學家領域之外，
　　科學的訓練很少包含道德層面，或僅限於專業的規範，
　　人在這方面的義務，應該和所造成的影響成正比，

新技術的發展，引發了重要的社會與倫理問題，應該在科學界和他們的技術發展之中和之上進行辯論，

科學界常見的反應是，承認這些都是重要問題，但堅持必須把這些問題留給「社會」或「其他人」來決定，

科學界大多數人的有限道德視野和有意識的疏離政治有密切的關係，

科學的實踐「充滿需要思想的政治模式和政治手段問題」，

科學的領導幾乎毫無例外順從國家，

對與錯的問題不存在，沒有任何與道德有關的選擇，

科學家的失敗出自於它們在道德上的遲鈍，以及他們沒有定義、描述或甚至認知責任問題的能力，

基礎工作，推動社會前進，未考慮對社會的影響，

希望全體科學界體認，而非僅限於幾個特別深思熟慮的人，

政府只是透過如何選擇所要支持的研究，「就能夠深刻引響科學家的工作、他們研究的問題、使用的方法，以及如何展示成果」。

[評] 科學家與政治、社會責任，是所有科學家要嚴肅面對的問題，不容傲慢與逃避。尤其如核子科技，遺傳科技、奈米科技、人工智慧等影響深遠的科技，從業人員要有更高的警戒心。

[1] 「菲利浦・鮑爾」（Philip Ball），《為第三帝國服務：希特勒與科學家的拉鋸戰》（Serving the Reich：The Struggle for the Soul of Physics under Hitler），由張毓如譯，「麥田出版社」（2017）

[2] 電影《捕手間諜》改編自Nicholas Dawidoff的1994年傳記書《The Catcher Was A Spy: The Mysterious Life of Moe Berg》。Berg曾被授予美國「總統自由勳章」（Presidential Medal of Freedom），書中記述1943年，美國獲知「海森堡」將於12月初在「瑞士蘇黎士」演講的消息，指派Berg前往聽講，並且判定「海森堡」的演說內容中是否使他確信德國已經接近完成核彈。如果Berg得出此結論，他被授權槍殺「海森堡」；然而Berg確定答案是否定的。

「大數據資本主義」筆記

2019年9月23日　星期一

　　資本主義無疑是現今世界絕大多數國家奉行的主義，現在世界大體上可稱為「資本主義的世界」，在大數據浪潮如排山倒海而來之際，資本主義遭遇到強烈的考驗，世界亂象迭起，資本主義應如何再出發？

　　本書為大數據領域公認的權威，麥爾荀伯格（Viktor Mayer-Schönberger）與蘭姆格（Thomas Ramge）所著[1]，書名也可翻譯為「資本主義在大數據時代中再出發」。而在「大數據資本主義」時代，金融資本主義退位，市場、企業、金錢、銀行、工作與社會正義均須重新定義。

　　從二十世紀的金融資本主義，轉型到二十一世紀的數據資本主義，巨變已經發生，且正在加劇，規模和震度就相當於從農業社會轉型到工業社會。作者以具體的例證、深刻的思索，提出他所洞察到的種種問題、以及可能的解方：認為金錢的交易功能雖可維持，但金錢的資訊功能將被大數據（與富數據）接管，數據是新資本，代表金流、人流、物流的新趨向。討論金融資本開始貶值之後，哪些世代、哪些企業，將受到最嚴重的打擊？

　　在人工智慧介入企業的日常事務與決策流程中，應考量擁有哪種技能的人，難被取代？議題包括應當課徵「機器人稅」嗎？全民基本收入（UBI）能解決社會問題？我們能否把最重要的選擇權，握在自己手裡？

　　而傳統銀行有如駛進暴風圈的黃金商船，正面臨三大威脅，銀行該怎樣應對危局？由於超級巨星企業雄霸市場，少數人鯨吞了經濟成長的果實，面對富數據市場的「老大哥」，法規和稅制須如何因應，以促進多元性、避免集中化，讓市場更有效率、社會更永續？

　　諸多名人推薦本書，認為「數位化鞭策我們重新思考經濟的未來，而這本發人深省的著作，提供了絕佳的見解及指引」，「資本主義這套真正遍及

全球的體系，其實正在澈底再造。對於人類共同要面對的數位未來，這本書絕對是必要的指引」，「呈現了少見的樂觀觀點及許多迷人的範例，點出數位時代能怎樣帶我們走向富數據市場的未來，讓富數據市場在一個多元又包容的社會中，為個人賦權、並改善我們的生活」，「具備里程碑意義的著作……對於所有的企業策略及公共政策而言，富數據市場的可能性將會既是挑戰、也是啟發」，皆是中肯之言。[1]

本書各章節如下：

第1章　重新塑造資本主義──從金融資本主義走向數據資本主義

運用富數據的市場已經出現、價格不是精確指標、富數據市場降低金融災難的頻率、一股新的淘金熱已近在眼前、企業將面臨最嚴峻的挑戰、從金融資本主義走向數據資本主義、克服惱人的關鍵資訊欠缺和決策限制、「更有效率、更永續、更理性、更多元」

市場機制其實是一項非常成功的社會創新，有助於人類有效分配各種稀有資源。市場交易一直是一種社會互動，也就與人性極為切合。正因如此，多數人會覺得市場的概念再自然不過，深深交織在社會的脈絡之中，成了經濟的基石。

價格不是精確指標，富數據的市場已經出現，全面、迅速，而且成本低廉。由資料驅動之後，達到更好的媒合。

第2章　企業與市場──集中式協調與分散式協調

人類因協調合作而壯大、每個關鍵環節都帶著恩典、各種關鍵資源左支右絀、市場─分散式協調、企業─集中式協調、從企業機制走向市場機制、企業機制的優勢已不再

目前不只自然資源，金錢和時間這兩種資源也同樣不足，需要更努力協調。市場機制協調是分散式的。市場上的個人，會各自收集和提供資訊，也為自己做出決定。企業採用了集中式協調機制，並使用集中式溝通結構。以往市場與企業互有勝場，數據時代則為為社會提供更加有效的活動協調方式，企業

優勢已經結束。

第3章　市場與金錢──以金錢為交易基礎的市場，效率低落

　　市場需要的資訊流：簡單、快速、雙向、打破距離障礙、「成也資訊、敗也資訊」、資訊多勝過資訊少、資訊過多，也令人難以負載荷、價格是資訊的濃縮、金錢從實體走向虛擬、預測未來事件，也能從金錢估量、金錢不是萬能、價格操弄我們的偏見、市場不應再受到金錢與價格的束縛

第4章　富數據市場──三項資訊新科技推波助瀾

　　人工智慧再次擊敗人類智慧、別再繼續和金錢與價格糾纏、科技結合了資料數據之後、資料本體和標籤策略、資料本體工程已成熱門領域、「偏好」是具有特定模式的資訊流、「偏好」媒合演算法、一種破壞式創新：富數據媒合服務、機器學習系統躍上舞台、透過大量回饋資料，不斷加以訓練，三項資訊新科技相輔相成，應用範例；愛情市場，把最重要的選擇權，握在自己手裡。

　　用豐富且全面的資訊流來取代，或至少分擔目前金錢所背負的資訊角色。資訊數據會成為市場這個巨輪的潤滑劑，讓參與者找到更好的交易選擇。

　　三項資訊新科技：一、用標準化的語言，資訊本體得以改進，找出有價值資料。加以分類。二、媒合演算法的改進，多面向選擇最佳交易對象，三、適應性機器學習系統，找出更有效方式呈現偏好，讓市場得以重組。

第5章　企業與管理──企業該如何駕馭愈趨龐大的資料流

　　最棒的「亞馬遜機器人」，科技創新帶動組織創新、「成本會計」簡史、泰勒式科技管理、汽車雙雄爭霸、SOP和檢核表大發神威、如何提升企業高層決策能力？捷思決策法也不賴？富數據讓企業面臨嚴酷考驗。

　　隨著資訊流和資訊科技不斷改變，科技創新帶動組織創新、社會創新。

　　企業領導者做決策前，必須擁有充分資訊，發展出「會計」的呈報方式，

漸擴充到公司活動的所有面向，以資訊流為重點。

「行為經濟學」指出人類受到基本認知能力的限制，影響一般決策能力。在企業中，由於決策權集中，侷限跟著放大。

第6章　企業的未來──市場機制正在蠶食企業的運作機制

效率、效率、效率！人工智慧介入企業的日常事務、管理決策自動化、企業裡的資訊流，還不如市場豐沛、擁有T形技能的人，難被取代、要著眼於勞動力，還是組織架構？Spotify從「管道」躍上「平台」、「小隊化」的管理體系、在企業引進市場機制、營造企業內部的人才市場、超越企業的邊界、企業還需要雇用很多人嗎？

人工智慧已經有所演化，不再只是根據各種固定規則來運作，而能夠開始學習，運用大量資料數據來訓練，利用自動決策系統，來處理企業日常業務，已經到了正式起飛的時候。

機器學習系統從設計本質上，難以橫向合作，擁有T形技能的人，也就是既有特定領域的深度專業知識，有能與其他部門的經理人合作，難被取代。

同時需要人類，才能推動各種「激進式創新」。創造力仍是機器學習系統未能突破的難關。

企業面對市場機制的復興，選項一是將決策過程自動化，選項二是重新調整企業的組織結構。企業不再是「人類」最傑出，也最有效的協調合作機制。不管是採用哪種選項，企業都不會雇用很多人來協調活動。

第7章　銀行的未來──數據資本重於金融資本

銀行面臨三大威脅、金錢的資訊功能正在式微，傳統銀行業務遭拆解、資本有兩項功能：資訊功能和價值功能、金錢失去資訊功能的代價、未來的個人理財顧問、銀行這樣因應挑戰，行得通嗎？資訊也具有價值功能、貸款業務的破壞式創新、投資活動的破壞式創新、傳統銀行有如暴風雨中的黃金商船、數據資本主義才是王道

富數據市場，有了標準資料木體、媒合演算法和適應性機器學習系統，以

及更豐富的資訊流，金錢的資訊功能更加式微。

市場不再與金錢劃上等號，經濟也不再等於以金錢為主的金融資本主義。

隨著市場擁抱多元的資訊流，資本的兩項功能（資訊功能和價值功能）將不再緊密連結，尤其在資訊功能上，要面對其他競爭。

隨著資料驅動市場降低金錢價值後，資料數據接管了金錢地位，而要付出代價的是所有投資人。未來的個人理財顧問，富數據市場能夠改善媒合結果，有許多優點。

第8章　回饋效應──防範富數據市場的「老大哥」

回饋迴路存在兩大風險、市場最忌諱決策集中化、三種效應導致市場集中化、對新進入者造成巨大障礙、重點是：要開放甚麼？累進式強迫資料分享、需打破市場的集中傾向、會計準則需與時俱進、立法與執法機關責無旁貸、失敗案例：Cybersyn、慎防富數據市場的「老大哥」

回饋迴路存在兩大風險是一、學習過程缺乏多元性，二、集中控制。

三種效應導致市場集中化：一、規模效應降低成本，二、網路效應擴大效能，三、回饋效應改進產品，乃由於市場參與者試圖增加利潤所致。

累進式強迫資料分享，開放多少有市占率決定。分享資料作為創新的源頭。

立法與執法機關應促進資訊流通，並制定關於資料開放及呈報的規則，以促進資料開放、應對資訊不足的情況。

資訊隱私法在實行上有困難，政府應限制資料使用的方式。

用法規架構來提升效率，必須由政府機關負責執行。執法機關必需要有組織能力、人力、必要的調查與執法權力、具備專業知識。

慎防富數據市場的「老大哥」，防壟斷法必須更完善。需要提出新方法，如「累進式強迫資料分享」，來保障決策中的分散式本質。

第9章　工作權益與分配正義──莫讓少數人鯨吞了經濟成長的果實

軟體軌道上的虛擬火車、勞動到酬和工作機會都降低了、應課徵「機器人稅」？新技能等於新工作機會？「全民基本收入」（UBI）、UBI問題多多、

少數人鯨吞了經濟成長的果實、聚斂利潤的合法容器：「超級巨星企業」、革新稅制，合理分配企業利潤、創新稅制，用資料代替金錢繳稅、創新稅制，聘人就能抵稅、工作提供的不僅是錢而已、拆解「工作」的概念、賦予「工作」自由度與豐富性；

　　人工智慧介入企業的日常事務與決策流程中，會有很多工作被取代，隨著自動化程度的擴大，更多的工作會隨之消失。在富數據市場中失業的中產階級工作者，還能投向何方？另一方面，全球的勞動份額，自1980年代便持續下降。原因指向同時影響所有產業的數位及資料處理科技。同時自動化似乎是改變的主因，首先取代了藍領和中低收入白領階級的工作機會。而在資料驅動自動化後，未來勞工收入份額將繼續下降。

　　勞工角色式微，收入分配改變，面對這種令人擔憂的趨勢，許多國家決策者提出兩套應對方式，出發點分別是「分配」與「參與」。

　　就「分配」而言，解決方式就是針對自動化帶來的營收，加以課稅。這些課稅機制，俗稱「機器人稅」，另一方式，則是透過資本利得稅與新的財富稅來進行。但實際上，這些措施的作用可能相當有限。在「參與」方面，針對數位轉型後失業的工人再培訓，但新技能不一定等於新工作機會。

　　更激進的選項，就是「全民基本收入」（Universal Basic Income, UBI）。其核心思想是讓每人每月得到一定金額，足以支應基本的食、衣、住、行、教育以及某種形式的健康保險。UBI可說同時兼具「分配」與「參與」兩種特質。對不同意識形態的人都有吸引力，也有許多地域性的實驗。

　　另一方面，UBI問題多多，取代福利政策，也就減少了對特殊需求的支援。最大的挑戰，還是在財源。以非福利國家而言，政府預算遠遠不足。同時UBI無法提供金錢外的任何東西，似乎也就限縮了我們能做，而且該做的事情範圍。但部分UBI，或許只要靠著合理程度的增稅，就足以支應，主要目標在個人賦權。

　　這些應變措施背後都假設，勞動份額會持續下降，而且資本份額會增加，但事實證明，並非如此，不論勞工或是投資人，其實都沒有得到公平的報酬，主要是企業高層鯨吞了經濟成長的果實。特別是「超級巨星企業」，用有限的勞動及資本成本，就能取得極高的利益，成為聚斂利潤的合法容器。

　　面對企業持有龐大利潤，經濟學家建議將這些巨額利潤導回國家經濟體

系當中的革新稅制，作為投資，提倡累進消費稅（progressive consumption tax，PCR），如此，只有「取得後未再投資」的個人收入，需要課稅，在美國受到廣泛支持，但立法前途未明。

在創新稅制方面，於「分配」端，可以考慮企業「累進式強制資料分享」，以資料代替金錢來納稅，而在「參與」端，聘人就能抵稅，協助企業進行再陪訓計畫。可以達成一、讓獲利企業擔負起因而失業人力成本，二、確保市場競爭，讓社會整體因資料而受惠，三、確保人人都能從資料數據得到應有的好處。

有時候，則是要把「薪資」與「工作」的概念拆分開來。在過去，就業的好處最主要的就是薪資，在資本市場轉為富數據的市場後，更應考量工作是否有意義，是否提供機會與他人有重要的互動。在思考「工作」時，能有更多自我實現的考量。

第10章　人類的選擇——在知識的道路上，繼續向前進步

女性時尚界的「魔球」、關鍵是提供「人的溫暖」、提升效率、減少浪費，讓社會更永續、正進入「經濟大調整」時期，促進多元化，避免集中化、為自己的人生賦予意義、務必保有做選擇的自由、市場是一種有效的協調方式，在知識的道路上，繼續向前進步

富數據市場能提升效率、減少浪費，讓社會更永續，如智慧型電網、物流業、健康照護、教育領域等，提升人類合作協調能力。

未來企業兩端為「以人為中心」與「企業外殼」，企業應選擇自己適合的定位，在做出因應的調整。富數據市場將使人類協調合作能力大為增進，將超越資本和企業，為人類帶來權力。

如果資料驅動市場想要成功，首先要避免參與者與決策過程集中化，採用「累進式強迫分享」，繼續促進健全的競爭。盡力由自己來打造未來。並減輕負面的影響。如以資料稅、新聘人員抵稅、或把「薪資」與「工作」的概念分開。

富數據讓市場效率與永續性大增，人類的任務是要好好做個真正的人：有創造力、敢於嘗試新事物、彼此往來互動、建立有意義的社會關係。同時要

能夠選擇把哪些決定留給自己，選擇「要有選擇的權力」，務必保有做選擇的自由。

　　未來必須培養的核心能力，就是要清楚堅定地了解自己該如何選擇，讓人類有知識與見解的未來、充分協調合作的未來，也充滿人性。

　　本書頗受好評，但也有讀者認為缺乏「個案研究」（case study），是可改進之處。第9章：「工作權益與分配正義——莫讓少數人鯨吞了經濟成長的果實」，考慮相當周全，尤其部分UBI可能是大數據時代「大量工作被取代」社會問題可能解決方案，值得更進一步探討，甚至試行。

[1]　麥爾荀伯格（Viktor Mayer-Schönberger），蘭姆格（Thomas Ramge）：《大數據資本主義：金融資本主義退位》（Reinventing Capitalism in the Age of Big Data），林俊宏譯，天下文化（2018）

個人經驗與歷程

　　收錄青年學者時期所撰寫的徐賢修教授問摘記，及擔任清華大學校長遴選委員會副召集人後所撰「國立清華大學遴選校長經驗」。並有當選中研院院士後慶祝會所寫「我的學思歷程」，同時分享己之閱讀與旅遊北京、寮國與歐洲等國之經歷。銘記個人生涯各階段的體驗與感動。

徐賢修教授問談摘記

1970年1月1日　星期四

　　「尊德性，道問學」是一箇人為學做人應持的態度，尤其對一箇初進物理系像剛墜入「五里霧裏」的學生而言，「迷津指渡」的意義更為確切。

　　「美國伊利諾州理工學院（IIT）」教授徐賢修先生是一位蜚聲國際的應用數學專家，對國內科學教育素極熱心。近幾年每年都在百忙中抽空回國作短期教學，今年復應「國家長期發展科學委員會」之邀回國，在「清華大學」暑期研討會主講「The mathematical Foundation of Mechanics of Media」（介質力學的數學基礎）。台大物理系幾位在清華聽課的同學躬逢其會，共議找一個機會向徐教授請教，並將訪問內容做成摘記發表於「時空」上，使系內同學們得以同受教益，於是在一箇夏日的中午，黃麗珍、王唯工、劉樂凱、邱守桐和筆者五人會齊與博士於徐教授在其住所訪談。

　　徐教授的客居住所座落於清華新南院，與教授同住的王九達博士原本笑嘻嘻的招呼著我們，在知道我們是要與徐教授訪談後，忙不迭地進入內房去了，於是我們和徐教授便在輕鬆的氣氛中開始了今天的談話。

　　首先，我們重申了來意，並請徐教授對我們現階段讀書的態度和方法，提供一些先進的寶貴經驗，徐教授第一句話是「為學要實」，強調說尤其在初學階段，最忌好高騖遠，「隔空架橋」，「浮沙聚塔」是成不了事的；在大學裏首先一定要把初等和中級的一般物理課程細細的唸過，有了適當的基礎，才能去唸需要高深數學，難以想像或超過直覺範圍以外的課程，所以學理論物理、量子力學都是三、四年級以後的事，相對論大可在進研究所後再修，至於今日美國有些著名的大學漸把Classical Course（古典課程）自課表中剔除，一上來就講Relativity, Quantum Theory（相對論、量子力學）。譬如大家都知道的「Feynman's Lecture on Physics」（費曼物理學講義）幾乎講的就是近代物

理。這套書是由一個最傑出的物理學家（most brilliant physicist）的眼光對物理做通盤的描述，期使學生建立物理的整體概念，固是二十世紀的傑作，但他的要求是讓一箇人在二十二歲以前完成訓練，二十四、五歲就是要有創造發明，這就非一般人所能做到的了，程度好的同學當然不妨試試。徐教授的意思是就台灣目前環境而言，設備人才不足與之配合，不如求一點一滴，腳踏實地的收穫來得篤實些。

論及當前物理學界的動向，徐教授說：「十幾年前，楊振寧曾跟我說『目前』物理學的兩大問題在盒子（nucleus）與低溫物理（low temperature physics）的探究上，到今天這種情況大致不變，物理學家，大都致力於固態、高能與低溫物理（solid state, high energy and low temperature physics）方面。」

按著徐教授跟我們談到了今天訪問的主題之一「如何使科學在中國生根」上；徐教授說：「要科學在中國生根，基本上並沒有什麼問題，1919年羅素（Bertrand Russell）到中國是一件盛事，當時他想到科學較落後的東方來，就東西文化作一比較，探究為什麼大戰的禍源偏是基督教影響很深，科學最發達的德國的原因。他的結論是『東方人雖小胸襟大，西方則是人大胸襟小』。他從中國人欣賞自然的人生觀裏，悟到中國只是沒有『機械化』而已，中國人的心性反與自然較契合，所以說中國人對科學就好像小孩子沒有玩過玩具一樣，一上路了，沒有理由會落在人後，現在我們的困難在政府的規劃、社會風氣和工業是否能與科學發展相配合。」

徐教授語重心長的說：「固然今日我們格於環境，不能像美國由國家對科學研究發展俾予很大的補助，但政府必須負起培植的責任，工業界也應放大眼光，盡自己應盡的一分力量，一方面工業是科學發展的後盾，一方面也基於科學與工業配合的『相得益彰』，大企業撥出大量研究發展費用，社會的用人唯才，及鼓勵私人捐資無寧能收到推動奮勵的效果。」

談到我國目前對科學發展應朝何種方向而努力，徐教授的卓見是：「應從基本科學做起，基本二字或嫌空洞，也許說實驗科學要明白些，如固態物理（solid state physics）的應用，電子工業等，由於人才，設備等客觀因素所限只有選擇與工業發展有關的科學，以已有之研究設備及工業集中作線性的發展」。

接著話題回到了讀書的態度方面，徐教授說：「大學是做基本訓練的場

所，不容太偏。應在『博中求精』，才最紮實，切忌囫圇吞棗，讀研究院以後才能走專業的路。」博士頓了頓說：「中國學生大都走理論物理（theoretical physics）的路，並不是動起手來不比人伶俐，美國很小的小孩都有機會接觸到有科學教育意義玩具，長大了做實驗，有儀器、設備配合，有機會才能動手、發生興趣，國內學生在這方面當然要吃虧些。」

關於讀物理的學生應如何研讀身為「科學之母」的數學，徐教授說「無論何種學問，必需要把他的動機（motivation）弄明白，學物理的學生因精力所限，對數學的了解很難每一門都與數學家一樣清楚。解物理問題主要抓住主題，求得結論，中間過程運作（operation）原非問題重心，所以學數學必需有所選擇，要與所學有關，以我個人經驗，適合讀物理的人需要的當推分析為首要，其次是線性代數，應用數學等。

由於徐教授馬上要趕回台北，而一些等著要見博士的中央大學「老學員」們已在外室等了好久，我們不便繼續打擾，辭別徐教授出來，我們深深感覺一個「熱誠博學」的學人典型將長久存留在我們的腦海中。

原載台大物理學會「時空」雜誌，第四期，第11頁（1966.12.10）.

▲ 徐賢修教授「父子雙傑」均曾擔任清華大學校長

國立清華大學遴選校長經驗

1998年12月31日　星期四

一、自強不息，厚德載物

民國三年冬，梁啟超先生到北京清華演講，以「君子」為題。引述《易經》中之「天行健，君子以自強不息」及「地勢坤，君子以厚德載物」勉勵同學，學校遂將「自強不息，厚德載物」採為校訓。清華大學自創校伊始即以培育「君子」為理念，前有梁啟超、王國維、陳寅恪、趙元任、李濟諸先生為導師，後有楊振寧、李政道、李遠哲諸先生為傑出校友，四十五年在台復校後自原子科學研究所一所，而後慢慢滋長擴展，逐漸成為理工大學。自七十三學年度起更增設人文社會學院。八十一年七月，增設生命科學院。自來學風鼎盛，造就許多人才，根據八十六年六月遠見雜誌發表所作學術聲望調查結果，在台灣的大學風雲排行榜中，清大理、工學院均名列全國各大學理、工學院第一，在我國教育史上居有一定的地位。除於八十二年六月在大學法尚未通過之前，也就是在各大學選聘校長並沒有法律基礎之前，清大與台大、師大為第一批在校園民主聲中開始遴選校長的大學。今年初再度展開遴選校長作業，創所有國立大學第一次再度辦理遴選校長作業之先例，備受各方矚目。

▲ 《遴選委員會》躬逢其盛，咸感「任重道遠」

二、遴選過程

沈君山校長於民國八十三年二月經遴選程序後接任校長；在今年初因任期屆滿，且近退休年齡，決定不再續任。教育部於八十五年十一月二十口（台（85）人（一）字第85520570號）函囑託清華大學遴選新校長，並於八十六學年度開始前完成遴聘程序。清華大學乃依《大學法》第6條（附件一），《大學法施行細則》第4條（附件二）以及《清華大學組織規程》第34條（附件三）之規定成立《遴選委員會》展開遴選作業。

1、遴選委員會的組成

校內於今年一月組成《遴選委員會》，校內委員包括理學院代表沙晉康教授、呂輝雄教授，工學院代表陳力俊教授、彭宗平教授，原子科學院代表歐陽敏盛教授、潘榮隆教授，人文社會學院代表郭博文教授、梅廣教授，生命科學院代表張子文教授、李家維教授，非學院教師與研究人員代表吳茂昆教授以及行政人員代表趙君行博士等共十二位。

《遴選委員會》校內十二位委員於一月二十日（星期一）下午召開第一次會議，會中先就委員們心目中理想的校外人士所屬之領域及特質進行討論。最後決定從校友代表、學術界、產業界三個類別，尋找身為領袖級人物，並願意積極為清華大學物色校長人選之人士。經過提名與討論，所有的委員對人選產生高度共識，再經過溝通與協調之後，三位校外委員分別是中央研究院李遠哲院長、國科會劉兆玄主委、台灣積體電路公司張忠謀董事長。

委員會全體委員十五人於一月廿三日（星期四）中午於國科會主委會議室召開第一次會議。會中推選李遠哲院長為召集人，陳力俊教授為副召集人，李家維教授為執行秘書兼發言人。首先決定要勤於準備作業並做好溝通的工作，以約兩個月時間建立遴選委員對學校現階段需要與長程發展方向的共識，瞭解清大在現階段切需的校長應具備的條件，再考慮具體的候選人。同時通過《徵求推（自）薦校長候選人啟事》（附件四）、《推（自）薦書準備說明》（附件五），並於三月五日（星期三）第二次會議中通過《作業辦法》（附件六）。

2、推（自）薦人選

委員會在第一次會議中決議自即日起接受各界推（自）薦人選，截止日期為三月卅一日，並預定於五月卅一日前向教育部推薦二至三位人選。另決議校長候選人除應符合相關法令之規定外，尚需具備下列條件：

1. 卓越之領導能力。
2. 前瞻性、現代化之教育理念，科技、人文兼容之素養。
3. 公認之學術成就與聲望。
4. 崇高之品德，民主之風範。
5. 協調、溝通、規劃之行政能力。

《徵求推（自）薦校長候選人啟事》、《推（自）薦書準備說明》於一月卅一日至二月四日陸續在全國性之各大報、美洲《世界日報》、《歐洲日報》刊登，並刊載於二月十五日出版之《科技報導》。

3、設立電子佈告欄、網際網路首頁

《遴選委員會》第一次會議中即決定要勤於準備作業並做好溝通的工作。一方面設立電子佈告欄、網際網路首頁（站址：www.AD.nthu.edu.tw）（附件七），為師生同仁提供及時與迅捷的資訊，並讓大家可透過《清華簡訊》，網路等各種管道來表達意見。一方面在校內舉辦座談會及公聽會，廣徵師生同仁對新校長人選的看法及對清華大學發展方向的意見。首要目標為凝聚全校師生同仁對本校未來發展的共識，以此為遴選校長候選人的原則。期待新校長在與全校師生同仁理念一致的情況下，能展現強而有力的領導。

4、座談會

委員會校內委員於二月廿四日至三月一日針對各學院、非學院教師與研究人員以及行政人員共七場校長遴選座談會，與校內師生同仁充分溝通，了解師生同仁對清華未來發展的意見、對新校長的期許，以及對校長遴選委員們的意見。四月廿四日晚校內委員另經《研究生聯誼會》安排與學生社團領袖座談。

各場座談會的舉行雖經廣為通告，出席並不踴躍。這對熟悉清華校園文化的遴選委員們來說並不特別感到驚訝。由各遴選委員的經驗，校長遴選早已成為校園內熱門話題，座談會出席率不高應與清華的教師們大都兢兢業業，教學、研究、服務諸事皆忙，不認為有必要在較正式場合對校務有所評議有關。另一方面遴選委員們也希望是由於大部分教師很放心託付《遴選委員會》為學校尋覓理想的校長人選。

各場座談會參加人數雖然不多，發言卻甚為踴躍熱烈。一般而言，能做到「知無不言，言無不盡」，中肯而精到。對清華未來發展是否定位為研究大學或以理工為特色的綜合大學？專精與博雅，精英與平民教育孰重？「職業訓練機構」或學術殿堂屬性？教育與職業訓練的平衡，是否應促成醫學中心成立？領域間溝通與整合，教育多元化、正常化，加強通識教育，重視古典與人文價值，師生倫理等議題有許多的討論。對新校長形象、聲望、理念、人文素養、決策領導能力多所期許，希望新校長能經過充分溝通、協調落實理念，透過整合，重視學術卓越與倫理，爭取與善用資源，啟動學校發展潛力，使整體力量得以發揮，對《遴選委員會》則多有期許與鼓勵。

5、全校公聽會

三月廿五日（星期二）晚舉辦全校性的正式公聽會，全體委員十五人全程參與。會中報告《遴選委員會》目前的工作進度，以及前幾場的意見討論與收集的情形，並且在現場做最後的公開意見的討論與整理。

公聽會一開始由李召集人首先致詞說：「在委員會成立兩個多月以來討論的共識下，校長候選人必須符合客觀的五大條件及能力。具體的人選要考慮到新校長的辦學理念，也必需要適合清華目前的需要。」李遠哲院長並提醒大家：「國內的學校常存有威權時代的觀念，對校長期望過高。在美國一流學校的校長多數只是扮演執行全校師生決定的方向的角色。實際上校長最能發揮的是領導學校優秀熱誠的教師為教學、研究與服務工作而努力。」副召集人報告《遴選委員會》的成立概況與工作進度，目前進度已經進入到搜尋人選與討論的階段。會中師生對新校長的辦學理念、資格條件、施政方針多所期許。也包括對新校長的健康狀況，評鑑制度，紛爭排解能力與角色，以及對清華發展定位，設立醫學中心，平衡教學，校園倫理各層面的意見。整個討論會的發

言非常踴躍，有各種不同的意見與聲音，對新校長與清華未來也有很多期望與願景。

6、與候選人面談

在預定時程三月底時，《遴選委員會》已經有十幾位左右的初步名單，經過審核與淘汰後，於四月九日第四次會議中投票決定邀請五位候選人面談。於五月四日（星期日）與十日（星期六）分兩梯次舉行。並於五月十日的全體會議中共同決議推薦張立綱教授、黃崑巖教授及劉炯朗教授（以姓氏筆畫為序）為校長候選人。遴選委員們咸認這三位候選人皆是一時之選。前瞻性、國際觀與現代化的教育理念是他們的共同特質，而過去的經歷也充分顯示他們具有卓越的領導能力與豐富的行政經驗。他們之中的任何一位，都應該能在這個各種制度與觀念迅速變遷的時代，帶領清華大學持續發展為國際一流大學，也將是國內學界及社會的領袖人物。

7、候選人說明會

《遴選委員會》在一週內將候選人的詳細推薦資料與推薦書（附件八至十）分送校內教師，同時在電子佈告欄、網際網路首頁上公佈，並於五月廿九日（星期四）邀請三位候選人與校內師生同仁們見面，期許經由背景介紹、理念說明、及茶敘溝通的方式增進大家的相互瞭解。當天下午三點到五點，三位候選人分在三個不同場地與學生，教師、研究員、職工同仁，校長與教務、學務、總務長會談。接著在下午五點到六點，邀請全校師生與候選人茶敘。

清大師生對候選人表現出高度的關切，與教師和同學對話的場地分別可容納一百與三百人，說明會自始至終，幾乎座無虛席。說明會與茶敘均在輕鬆和諧的氣氛下進行。候選人除自我簡介外，懇切闡述教育與治校理念，並就學校未來發展方向與遠景侃侃而談，給予在座師生很深刻而良好的印象。而不論教師或學生也都能在理性文雅的情況下，暢所欲言。

8、長聘教師同意投票

依《清華大學組織規程》第34條之規定「……同意投票由全校長聘教師不記名投票，得投票總數二分之一（含）以上之同意票為通過。對每一候選

人選票之統計至確定通過或不通過時即告中止。」《遴選委員會》於五月三十日（星期五）辦理同意投票。全校長聘教師以八成八的投票率順利通過向教育部推薦張立綱教授、黃崑巖教授及劉炯朗教授（以姓氏筆畫為序）為校長候選人，由教育部就中聘任之。清華大學則根據《遴選委員會》致校長函於六月三日行文（（86）清人字第03066號函）教育部，謹請擇聘一人擔任校長。

同意投票投票單在一週前由學校各單位轉交全校長聘教師簽收，請投票人將三張圈選過的投票單裝入白色信封封口後，再裝入《遴選委員會》黃色專用信封，並在封口處簽名後投送。開票則由六位《遴選委員會》校內委員、五位校《監督委員會》委員共同執行。每位候選人選票先由兩位遴選委員分別將同意與不同意票分為兩疊，其次將兩位委員分好的同意與不同意票合在一起，再將所有同意票疊於不同意票之上，才針對每位候選人的一疊選票由上開始開票至超過有效票二分之一為止。確實做到即使開票的遴選委員與監督委員也不知道各候選人確切同意票數，過程異常嚴謹。

三、清大遴選的特色

台灣的大學校長從官派改為遴選，雖歷經八十一年起各校以風起雲湧之勢，「挑戰威權」之態「先斬後奏」而得到教育部的被動「模糊」配合，以致《大學法》條文於八十三年一月五日修正公布給予遴選法源依據迄今，為時尚短，可謂尚在摸索階段。一方面符合「校園民主」之潮流，另一方面「恐怖故事」（horror story）不斷，「毀譽參半」甚至於「貶損多於讚譽」。成功大學醫學院黃崑巖教授在今年五月三十日舉行的《大學校長遴選與治校風格》研討會中即痛陳目前國內大學校長遴選方法之缺點，包括遴選淪為競選，校園政治掛帥，本位主義盛行，至親繁殖（inbreeding）為常態。與此次清大《遴選委員會》推薦的三位校長候選人均為「空降部隊」，皆非清大校友，來自不同領域，甚至包括清大未有的醫學院的教授，遴選過程毫無競選活動，校園平靜，恰成強烈對比。究其原因主要有：

1、清華優良的校風

教師們大都能自律自重，「有所不為」，對校務發展高度關切，才能以

超高投票率，同意《遴選委員會》推薦的「空降部隊」。目前大學的校長遴選過程中，多實行「普選式」的「同意投票」，遭遇到許多批判。有從學理、邏輯、法理觀點，也有從實務層面角度。以清大此次遴選經驗，行使「同意投票」的措施，總體而言，增進同仁間的參與感，祛除「黑箱作業」的疑慮，反而有相當正面的意義。值得一提的是清大在八十二年遴選校長時並沒有「同意投票」的程序，此次遴選包括「同意投票」乃反應校務會議的「民意」。從這一次的遴選經驗來看，「同意投票」為一凝聚校園向心力的大好契機。正所謂「普選」有多種，在優良的學術生態中，可以有良性互動的選擇。

2、高水準的遴選委員會

校內委員的推舉公平、公正、公開，未經競選，沒有爭議，充分反應到遴選過程中委員們大致能跳離所系、學院、領域框框，認真嚴謹的執行同仁們託付的任務。由校內委員推舉的「重量級」校外委員更發揮了提昇思考層次，擴大搜尋層面，啟發提示的作用，同時由於校外委員的參與，使遴選工作更超然客觀，配合校內委員的深諳校園文化，而使遴選工作幾乎達到「立於不敗之地」的境地。

清華大學很幸運的邀請到身為領袖級人物，並願意積極為清華大學物色校長人選的校外委員。雖然在安排三位身負重任的校外委員能同時與會的時間上頗費周章，但蒙各委員盡心盡力而全程積極參與，貢獻卓越識見，多所啟發指引。尤其由望重士林的李遠哲院長擔任召集人，親自「操盤」，是引導遴選工作得以順利進行的重要原因，為「教授自治」作最佳的註解。

3、遴選委員會的作業方式恰當

《遴選委員會》一開始即決定要勤於準備作業並做好溝通的工作，建立遴選委員對學校現階段需要與長程發展方向的共識。經由電子佈告欄、網際網路首頁、《清華簡訊》為師生同仁提供及時與正確的遴選資訊、加強溝通，得到大家的認同與支持。而各場座談會也發揮了與師生同仁共同自我分析檢討，成為思考討論清華目前與未來發展的重要問題論壇的功用。《遴選委員會》同時決定積極主動求才，切實做到對候選人的保密以及禮遇。值得一提的是最後三位候選人都是經由主動求才尋覓而來的。另外遴選委員面對重要議題均有充分

的討論溝通，往往能順利達成高度共識，對遴選工作進展產生了關鍵性影響。

4、傑出的候選人

理論上「江山代有才人出」，對主要任務為求才、薦才的《遴選委員會》來說只要放大視野，廣伸觸角，盡力尋覓，應該會找到理想的候選人才對。在實務上，大千世界，茫茫人海，卻又是千頭萬緒，在有限時間找到傑出的候選人也要靠相當的運氣。《遴選委員會》推薦的最後入圍的候選人誠如《遴選委員會》推薦書（附件八至十）中所云：「容止優雅」，「動作有文，言語有章」，「是一個教育家，而不僅僅是一個成功的教育行政主管」，「無論從哪一方面看，都是大學校長職位的上上之選」，「在教學、研究、服務各方面都成就非凡，在國際間享有極崇高的聲望」，「擅長溝通協調，展現卓越的領導能力」，「為人誠懇謙恭，幽默風趣，平易近人。與他接觸的人都可以立即感受到他謙謙君子的學者風範」，「熟悉一所大規模一流學府的高層運作機制，他的經驗、風格、能力與遠見，若能到本校服務，將會是一個全方位的校長」，「除了學術上極高的成就之外，有非常豐富的行政經驗。能幹、果斷、有親和力、對要執行的工作做到充分的事前溝通並能充分授權」，「天生的教育行政主管」，「反應敏捷，幽默風趣，待人誠懇，有深厚的人文素養」。遴選委員們咸認這三位候選人皆是一時之選，清大在找到理想的候選人方面是非常幸運的。令人遺憾的反而是無法同時攬聘這三位傑出學者到清華服務。

四、理想的遴選方式

在校園民主的趨勢下，純粹由各大學遴選委員會「高來高去」而不經學校教師某種形式的「同意投票」來推舉校長恐已成「絕響」。因此在設計理想的遴選方式上，可能必須要在此「邊界條件」下思考。

清大此次遴選校長有其得天獨厚環境。尤其優良校風足使「越軌」行動無法產生預期效果，遴選經驗對某些以往遴選校長「記錄不良」的大學是否「不足為訓」？這可能要看各校的反省能力！清大的遴選經驗顯示可以有良性選擇。

首先校內委員成員主體應由校內具學術地位，素有清望的教授組成。校

內委員的產生應掌握「推舉」而非「競選」的精神。校園中「智慧甚高」的教師們長期相互「聽其言，觀其行，察其安」，「人人心頭一把尺」，「人焉廋哉！」，一般應可推舉出「正心誠意」、稱職的遴選委員。校外委員則可交由校內委員把握「取法乎上」的原則「推舉」。

在跨出「正確的第一步」後，遴選委員會要能掌握主動求才、過程保密的大方向。由於真正人才對擔任大學校長並不一定為「第一志願」，雖然可盡力「感化」，不一定「保證成功」。清大八十二年清大校長《徵選委員會》曾經「鎖定」一位極為理想的候選人，雖然當事人從未表示感興趣，《徵選委員會》秉持「精誠所至，金石為開」古訓，「鍥而不捨」，經由各種管道「勸進」，終於未能「克盡事功」，但整個遴選過程受到相當的延誤。因此「過早鎖定」遴選對象可能是遴選作業需要避免的。

在遴選委員會確定推薦人選後，由學校教師同意投票要力求避免民粹干擾，強調是「同意投票」而不是「選舉」，尤其不是競逐「最佳人緣獎」。因此門檻設定以及同意單設計、開票技術皆須妥為規劃。清大以投票總數二分之一（含）以上之同意票為門檻。各候選人有不同顏色同意投票投票單，既易於區分，又可能減低化「行使同意權」為「評比」之心理因素。以投票總數二分之一之同意票為門檻可適度反應校園對候選人的「接受度」。開票時如能確實做到即使開票人也不知道各候選人確切同意票數，一方面與投票總數二分之一以上的得票數意義不大的理念相應，另一方面可能遏抑一些競逐高票的「大動作」帶來的選舉症候。

五、建議

1、教育部的適當角色

五月三十日起在台灣大學舉行的《大學校長遴選與治校風格》研討會中許多學者均呼籲教育部不必在遴選委員歷經長時間的用心遴選後再加最後一道圈選。有人建議教育部在學校組織遴選委員會時即介入，由教育部代表加入大學遴選委員會一起參加遴選工作，則現行《大學法施行細則》第4條：「各公立大學校長之產生，教育部應分別聘請具有崇高學術地位之人士及教育部代表共五至九人組成校長遴選委員會擇聘、直接選聘之」可以加以刪除。清大在八十

二年遴選校長時，即曾報請教育部推薦代表五人，教育部也「從善如流」，推薦一位次長，三位前國立大學校長（包括一位前教育部部長）以及清大人事主任為代表。這樣的大「卡司」，因各種因素，並未能發揮預期效果。尤其令人驚訝的是，教育部在「監軍」之後又組成教育部的《校長遴選委員會》直接選聘，應屬法令規章未明時期的「笑話」。因此不如藉由溝通，由教育部對大學遴選委員會作「事先核備」，對遴選作業「事後審查」，而能充分授權大學遴選委員會，一次完成主要遴選工作。畢竟大學遴選委員會的長期細密、嚴謹工作並不適合由教育部直接推薦會感到「卻之不恭」的社會賢達為遴選委員。如果由各大學去尋找充滿熱誠，願意為遴選校長竭盡心力的社會公正人士，則可避免原已日理萬機的「局外人」涉入，成為其「不可承受之重」的問題。而對遴選作業「事後審查」或可收糾正較「離譜」的偶發案例之效。

2、大學校長資格與年齡限制應鬆綁

根據《教育人員任用條例》第10條規定「大學校長應具有下列資格之一：一、具有博士學位，曾任教授或相當於教授之學術研究工作，並擔任教育行政職務合計四年以上，成績優良者。……」第33條「……已屆應即退休年齡者，不得任用為專任教育人員。」《教育人員任用條例施行細則》第12條「……本條例第10條所稱曾任教育行政職務，指曾任相當於高級薦任以上教育行政工作之職務，或曾任大學或獨立學院一級單位主管以上學校行政工作之職務。」《教職員退休條例》第4條「教職員任職五年以上，有下列情形之一者，應即退休：一、年滿六十五歲者。……教職員已達前項第一款所規定之年齡，服務學校仍需其任職，而自願繼續服務者，得報請主管教育行政機關延長之，至多五年。」以及相關法令，大學校長在就任與續任時須未滿六十五歲，而且須具備四年以上教育行政資歷。大學校長須具備協調、溝通、規劃之行政能力的條件相信是沒有爭議的，而且是重要的考量，但行政經驗不等於行政能力，有關教育行政資歷規定似可刪除。尤其以往教育部曾有以在國外擔任研究計畫主持人即為具教育行政資歷之「判例」，則此項規定又「形同具文」，更不如加以刪除。至於年齡問題，如因為一、兩年的差異，而讓「難能可貴」的「大有為」校長不得續任，實大有商榷的餘地。

3、學術卓越是重視研究大學校長所必備的條件

「學術卓越」是否為重視研究大學校長所必備的條件？如果答案是肯定的，要卓越到什麼程度？清大《遴選委員會》認為校長人選須具備「公認之學術成就與聲望」，應是「學術成就與聲望不可量化，但有公認標準」的寫照。台灣在官派校長時代，「學術卓越」通常未被考慮，在遴選校長時代，則似應認真思考。以大學為探索、創造、累積與傳承知識的學術及教育機構觀點來看，學術領導應該是大學校長的一個主要工作。校長不具有「公認之學術成就與聲望」則很難「眾望所歸」，對學術研究的精神所在、學術生態及發展的遠景有深切的理解，善用資源，進而帶動提升學術的工作。民國七十四年美國麻省理工學院講座教授柯亨教授（Morris Cohen）接受教育部委託考察我國大學系所教學研究狀況時，曾經在公開場合述說以其當時在麻省理工學院工學院任教近四十年的經驗，最有成就的工學院院長還是以「學術卓越」而非僅以管理見長的院長，頗足發人深省。在本年「大學校長遴選與治校風格」研討會中，林孝信先生提出：「依統計指出，負責美國大學校長遴選的校董的組成以企業經理及專業人士（如醫生、律師、會計師等）占絕大多數。不僅促成了美國大學的管理企業化，在校長的遴選標準上，也深受美國企業管理的影響。相對地，學術領導的比重就下降了。六、七零年代，美國大學水平的平庸化，正和美國大學領導的高度企業化傾向同步的。」論點雖然略失之「以偏概全」，但也相當程度的說明大學校長「學術卓越」的重要性。

4、行政中立宜有規範

大學校長遴選另一個需要正視的問題是行政資源運用的規範。在與清大沈君山校長討論遴選校長問題時，沈校長認為：「在大學自主教授治校的原則下，現在台灣的大學，大概都要經過一個教授投票的過程。在這種情形下，現任校長握有一定的資源，而且任職數年，難免也有一定的恩怨，若介入遴選，尤其若自身也是候選人，必然會有糾紛，會影響他領導全校推動校務，也會留下後遺症。觀諸八十二年始作俑的台大校長選舉，以迄最近的中興大學校長遴選，皆可為證。」

這次清大遴選所以風平浪靜，而且基本上非常有效率，校長之只是配合而不介入遴選，也是一個原因。而且因此校務之推動，反而順利，這一年比前兩年更多做了些事。因此，作為以後本校或他校遴選校長之參考，可以考慮下述建議：

（1）原校長除非迫不得已，應該負責到任期完成新任校長產生為止，而在此期間，現任校長負責校務之推動，配合而不介入遴選。

（2）萬不得已，要經過代校長的過渡，則此代校長不宜為新校長之候選人。

（3）現任校長續任，不宜通過競爭選舉方式。首先，這不是公平競爭，而且必然留下後遺症，最好是有董事會，作超然的評量（當然校內教授的意見是最主要的參考因素）。沒有董事會，修正後現在的清大同意投票方式，也還可行。沈校長以「過來人」的身分「現身說法」，適切掌握了行政資源介入遴選可能造成的問題與紓解之道，相當有參考價值。

六、行到水窮處，坐看雲起時

在清華大學備受國人期許於不久的將來能躋身於國際一流大學行列之歷史時刻，《遴選委員會》躬逢其盛，負有遴選一位能領導清大持續發展為世界名校校長的重責大任，具有歷史性的意義，咸感「任重道遠」。經過四個多月的遴選作業，順利的選出三位校長候選人。誠如沈君山校長在遴選作業結束後致各遴選委員函中指出「本校校長《遴選委員會》在今年元月初成立，於預定期限內完成遴選作業，過程中校園安靜，校務推動未受影響，最後選出三位理想校長人選。規劃之縝密，執行之嚴謹，堪為典範。」本人忝為八十二年清大校長《徵選委員會》委員與本年校長《遴選委員會》副召集人，謹遵照召集人李遠哲院長指示將遴選經過作一記錄，以為國內大學遴選校長的參考。希望能藉由一次成功的遴選經驗，有助於國內大學遴選校長「行到水窮處，坐看雲起時」。最後要聲明的是本文在撰稿期間雖蒙多位《遴選委員會》同仁指正，但有涉議論之處，純屬個人管見，並不一定代表《遴選委員會》的共同意見。

陳力俊，1997。「國立清華大學遴選校長經驗」，大學理念與校長遴選，黃俊傑編，1999再版，台北：中華民國通識教育學會，349-363。

另載「科技報導」

我的學思歷程

2006年9月25日　星期一

　　首先非常感謝工學院舉辦這次慶祝會，當初周主任跟我提要舉辦這活動時，我第一個反應就是非常的不敢當，不應麻煩、驚動大家。剛才陳校長說我的研究成果幾乎都是在清華大學完成的，這句話是百分之百的正確，我如果有一點小成就的話，都是清華大學所賜，因此清華大學要做什麼事，只要能力所及，我一定配合演出，真的很謝謝大家。今天我選「學思歷程」作為我的演講題目，是以為有一些個人的經歷和想法也許可以提供同學們做參考，由於時間有限，我採取以條列的方式來闡述我的學思過程。

　　第一就是「天外有天，人外有人」，我從小在新竹長大，小學一、二年級成績平平，不過我的作文一直是甲上，小學五年級時更得到全省作文比賽第五名，三年級起默讀測驗則始終是全年級第一名。小學高年級後，漸懂得用功，

▲ 小學高年級後，漸懂得用功

▲ 在柏克萊加州大學發願以在大學教書為志業

成績總是名列前茅，也屢得各種競賽優勝，民國五十三年以全年級第一名自新竹中學高中畢業，保送台大物理系就讀，一直被師長同學認為很聰明。我從小喜歡下象棋，而且很少碰到敵手，但到台大唸書時，有一次跟同年級一位電機系的同學下棋，竟然感覺動彈不得，完全不能發揮，我在自認棋下的很好的情況下，發現完全不是他的對手，讓我領悟到「天外有天，人外有人」的道理，要有所成就，必須把握時間作有效運用。事實上，在學校裡面同學間的資質不會差很多，如果要比別人表現好，努力是不二法門。大作曲家——巴哈曾經說過「我必需要很努力，因為我知道當別人跟我一樣努力的時候，就會跟我一樣的好」，也是同樣的意思。所以要出類拔萃，必須比別人勤奮。

第二是「勿以善小而不為，勿以惡小而為之。」我這一生最崇敬的人是我就讀新竹中學時的辛志平校長，他的教育理念是「培養有知識、有教養的人」、「德、智、體、群、美，五育並重。」看似平易，能秉持健全教育理念、貫徹始終「三十年如一日」則甚為不易。而他能在威權時代、「升學主義」盛行時期堅持教學不但沒有理組與文組之分，而且也沒有主科與副科之別，建立竹中優良傳統，持續發揚光大，是真正的一流人物，值得我們崇敬效法。我對辛校長的一個深刻印象是經常看到他彎腰撿紙屑，他曾引劉備白帝城托孤時要阿斗「勿以善小而不為，勿以惡小而為之」語教導學生，自己更身體力行。我近年來頗為滿意的一件事就是原來常見工四館研究室外中庭有很多

▲ 當選中研院院士後記者會

▲ 置身花海中

紙屑，多年以前，決定將研究室附近區域當作責任區，看到紙屑就撿，不多久就少見人亂丟紙屑，效果很好。達爾文說「微乎其微的優勢，往往會帶來勝利。」道盡生命演化的奧秘。成功是優點的發揮，失敗是缺點的累積，日久自見功效。

其次是「人生有很多的不可預測性，在作重大決定時求心安可能是最好的選擇。」我在念大學時，並不知道材料科學是什麼，當時高能物理是顯學，但是到美國留學時發現高能物理可能不是一個有很好機會的領域，而選擇固態物理為研究方向。在柏克萊加大攻讀博士學位期間，由一位物理系與一位材料系教授共同指導而與材料科學研究結緣。我在台大時，原沒想到以後會在大學教書。直到我到美國讀書時，發現如果一位稱職的老師好好的提點學生，對學生的學習有很大的幫助和影響。我們在念大學時代，台灣沒有做研究的環境，因此大多老師沒有做過研究，對較高深的課程，多有心無力，所以在上課時對學生的助益不大。但在美國唸研究所時，由於教師的點化，本來覺得很艱深的課程學習起來輕鬆的多，尤其物理學的特色是重要的科目只要弄通幾個重要的觀念，其他主要是數學的處理，如果你觀念正確而數學不錯的話，念書就可得心應手，因此開始發願以在大學教書為志業。當我拿到博士要離開柏克萊到UCLA當博士後研究員時，材料系有一位研究正在巔峰狀態的老師希望我留下跟他一起做研究，我在考慮一陣子後，履行當初的承諾到UCLA去。在六十年代留學生畢業後，往往徘徊在要回國，還是繼續留在美國就業之間。我民國六十六年來到清華大學教書，主要原因是我的母親在前一年去世，從發病到逝世只有短短四個月，讓我深感人生的變化不可預測，同時因為從小與我們住在一起，隻身在台的年老姨媽需要就近照顧，所以選擇回台灣工作對我來說變得很自然。我母親原在工研院化工所的前身聯工所服務。工研院光明新村宿舍與清華大學緊鄰，我從民國四十七年起就住在清大旁邊。中學六年，上下學都經過現在工一館、工四館與學府路。很巧合的是初到清華時所住宿舍離我光明新村的家只有五十公尺，可說與清華淵源非常深。

在座的鄭晃忠教授是我指導的第一屆碩士生也是第一屆博士生，他碩一的時候，同一研究室的四位同學都非常優秀，研究進度相當好，到暑假時我到美國去做為期兩個月的研究，當時沒有e-mail、Skype，聯絡很不方便，如果打越洋電話每三分鐘花費現值大約要一千元，因此兩個月間沒有與他們聯絡。待

暑假結束自美返國時發現他們研究幾乎都在原地踏步。為什麼這麼優秀用功的學生研究在長達兩個月的時間沒有進展？主要是因為遇到小瓶頸，小瓶頸如果你有經驗是很容易迎刃而解的，之後他們又開始順利的做研究，這次經驗讓我體認到當指導老師是很有意義的工作。在清華，我從研究中得到許多樂趣，看到指導的學生成材也很有成就感，不覺一晃近三十年。人一生中，要作重大決定時，很難說那種選擇是最正確而聰明的，我認為人生既然充滿了不確定性，在作選擇的時候，讓自己心安的可能是最好的。我現今回顧以往的生活，大體上感覺很充實，而沒有多大遺憾，也許可以供大家參考。

「有效率不見得有效果、有活動不代表有成就」，多年來我在材料界發現很多同儕都很忙，可是整體效果卻不好。探究原因可能是浪費太多的時間在各種成效不彰的活動上，舉例而言，我曾經擔任過兩個學會的理事長，對學會辦活動略有經驗。目前國內與材料相關學會約有二十個，大部分學會規模都很小。看到每個學會除定期開理監事會外，每年舉辦年會還要出學術雜誌，年會如大拜拜，研討會紛雜而冷落，學術雜誌運作要有人編輯，有人投稿，有人審查論文，再付諸編印、校對、寄送，花費太多的人力、時間與金錢，但大多沒有人看。為改善這種情況，我在擔任材料學會理事長時，成立了台灣材料學會聯合會，推動聯合出版期刊、舉辦年會以及其他活動，獲得一定成效。其他這類耗費時間、精力而效果不彰的例子很多，實應檢討改進。

「聞過則喜」，前幾年到義大利旅遊，一位在當地住了幾年的導遊談起義大利人「聞過則怒。」這其實是人之常情。我們活在一個精明人的世界，要指出他人過錯而惹人不快是很少人願意做的，也因而人年紀稍大即無法「兼聽」。有人說「人過了三十歲就不會改變」，我的觀察也大致如此。人生的悲劇，是稍微注意即可大大改進，而不自知。忠言逆耳利於行，一般人應不願意從年輕起即停滯不前，「聞過則喜」，可能會很有幫助。

最近有位博士後研究員問我，歷年實驗室畢業那麼多的同學，比較有成就的具有那些特質？我對這有趣而重要的問題的答案是：大略可將其分為兩類，第一類是曾兼任實驗室總務，第二類則是會主動跟老師親近的同學，如果兩者並兼的更佳。我想這是因為當總務的同學有領導的特質，另一方面也是因為他樂於服務，自助助人，願意主動跟老師親近，表示他比較成熟，喜歡與學識、見識比他高的人接近，把老師當成是「貴人」，我定義「貴人」是會幫助你成

功的人。每個成功的人都有某種形式的導師，給你適切的指引與協助。人生中有貴人相助是很幸福而且重要的，但貴人不會從天而降，值得細心尋覓，而你的師長們是很好的候選人。

　　王羲之在〈蘭亭集序〉中感嘆「向之所欣，俛仰之間，已為陳跡」，「修短隨化，終期於盡。」歐陽修在〈秋聲賦〉中說道「渥然丹者為槁木，黟然黑者為星星。」人生潮起潮落，把握方向與意義是千古賢哲也都碰到的難題。有一個希臘老人海邊垂釣的寓言很可以給我們參考，寓言內容是一個遊客看到魚群成梭，但老人釣到兩條魚後便收竿回家，於是遊客問老人為什麼不多釣兩條魚？老人反問，為什麼要多釣兩條魚？遊客說可以賣錢，賣錢多了可以買船、買房子、開店投資、擴大營業後當老闆，老人又問，然後呢？遊客答這時你可以有閒暇到海邊釣魚，而回到原點。英國大文豪蕭伯納說，「人生有兩個悲劇，一個是達成心願，另一是不能達到，」也很值得我們深思。一時得失，往往如過眼雲煙，「人爵不如天爵」、「放開放鬆，從長遠看」也許是比較健康的處世之道。如果問孔老夫子，他會說「未若己立立人，己達達人，庶幾俯仰無愧矣。」

▲ 參加指導學生所辦慶祝會（2006）

▲ 參加指導學生所辦慶生會（2016）

我的閱讀經驗（一）
——106年奇景光電講座

　　如果要問我這一輩子最大的喜好是甚麼？答案無疑是閱讀。我從小喜歡閱讀，但到底從多小開始，則很難說。由於我未讀過幼稚園，記憶中是在讀小學前夕，才由大人教導如何寫自己名字，所以之前應是文盲，開始喜歡閱讀，必然是在小學期間。另外一個線索是，我在「竹師附小」小學一年級時，成績並不出色，第一次月考下來，在全班五十四人中，名列第二十八；但作文成績一直很好，通常都拿甲上，應與閱讀有關。至於為什麼會喜歡閱讀，則又說不上來。我三歲時，隨母來台，父親則身陷大陸，母親學歷僅及高中畢業，並沒有喜歡閱讀的習慣，小時候，家中接近「家徒四壁」，既無書架，亦無書桌，所以我並非出身「書香世家」。何以與書籍結了不解的終生緣，並不清楚。但可能與家裡長期訂閱《中央日報》，以及常看當時風行的少年雜誌，如《學友》、《良友》、《東方少年》，無意中養成愛讀的習慣有關。

　　同時小二時，即喜讀大姊自租書店借來的《基督山恩仇記上冊》，到興沖沖與大姊去借《基督山恩仇記下冊》時，竟被租書店老闆嘲笑是小孩假裝能看懂大人看的書。另外《三國演義》、《水滸傳》、《西遊記》、《老殘遊記》都是在相當早期讓人愛不釋手的書籍。

　　再次就是三年上學期，一舉獲得全年級「默讀測驗」第一名，這是我第一次得到任何全年級競賽優勝，所以印象特別深刻。記憶中的考試方式，是讓大家看一段文字，再回答相關問題。我在比賽時，很快答完問題，迅速交卷，完全沒想到會得到全年級第一名，而此後在小學時的「默讀測驗」都成了我大顯身手的機會，顯示我在閱讀領會能力方面，可能有過人之處。同時我在作文方面，也漸嶄露頭角，五年級時，得到全年級作文比賽第二名，當時校方為準備

參加「全省兒童作文比賽」，將各年級作文比賽前三名的學生組隊集訓評比，主要在一段時間內，每週寫一篇文章由老師們批閱，最後決定由我代表五年級學生出賽，而我也不負老師們「慧眼識英雄」，獲得「全省兒童作文比賽」第五名；當時競賽題目為「鏡子」，至於如何發揮，只記得引了一段故事，細節則不再能清楚回憶。另外在我「小有文名」後，家母常將我的作文簿在親友間傳閱，獲得不少鼓勵。

在初中一、二年級時，作文很受授課的女國文老師讚賞，屢屢在課堂中誇獎，同學中間甚至有國文老師是我的乾媽玩笑話。當時所讀的小說包括王藍《藍與黑》、徐速《星星、月亮、太陽》。

到高中進入新竹中學就讀，一年上學期時，即在以梁啟超先生文章啟發的「讀書的趣味」為題的全年級作文比賽中，獲得第一名，一部分可能是當時我已深諳「讀書的趣味」，但具體內容已不復記憶，只記得獎品之一正是梁啟超先生的《飲冰室文集》，也讓我從此很注意梁先生作品；有緣的是梁啟超先生是清華當年名震一時的「清華國學院」四大導師之一，民國一百年十二月，在我擔任清華大學校長任內，曾舉辦「梁任公（啟超先生）來台百周年紀念會」，我也因而有機會提到我高一時參加以「讀書的趣味」為題的作文比賽的因緣。

另外我在高三時，再次獲得全年級作文比賽第一名。這次是以一九六三年底被日本遣返要求政治庇護大陸考察人員周鴻慶的「周鴻慶事件」為背景命題。只記得首句為「微風起於萍末，一葉落而知秋」，文中細數當時日本在大陸與台灣之間，諸般不友好的舉動，加以譴責與自勵。這也反應出，我從小喜歡閱讀報章雜誌，注意時事，而在高二時，代表新竹中學參加「新竹縣高中時事測驗競賽」（當時新竹縣市尚未分治），獲得全縣第一名，也許可以做為我關心時事，廣為閱讀的註腳。

高中期間，大約是個人心智漸趨成熟之時期；當時國文課必選「中國文化基本教材」，也就是「四書讀本」，對儒家思想，有了基本的認識。在此期間，印象最深刻的是，對於閱讀到的詩詞美文，會沉吟不已，而且對其中的意境，多所琢磨；如蘇軾的〈前赤壁賦〉、〈後赤壁賦〉、諸葛亮的〈前出師表〉、〈後出師表〉、韓愈〈師說〉、〈祭十二郎文〉、李密〈陳情表〉、陶淵明〈桃花源記〉、〈歸去來辭〉、范仲淹〈岳陽樓記〉、王勃〈滕王閣

序〉、李白〈春夜宴桃李園序〉、王羲之〈蘭亭集序〉、以及李白、杜甫、白居易等詩文；高一國文課中一次作文課曾仿作白居易〈憶江南〉詞：「江南好，風景舊曾諳；日出江花紅勝火，春來江水綠如藍。能不憶江南？」，頗有一番琢磨，而樂在其中；可惜以後再無機會與時間，作進一步的學習。另一方面近代散文如朱志清、徐志摩等作品，也很能深深打動少年時的心懷。接觸到的翻譯小說則有珍・奧斯汀《傲慢與偏見》，夏綠蒂・勃朗特《簡愛》，艾蜜莉・勃朗特《咆哮山莊》，瑪格莉特・密契爾《飄》、海明威《老人與海》、《戰地春夢》、《太陽照常升起》、《戰地鐘聲》等。

高中畢業後，因獲得保送大學的機會，在畢業考完畢到成為大學新鮮人的暑假，有數月的空閒時間，暢讀的書有《古文觀止》、《唐詩三百首》、《紅樓夢》與《人間詞話》等。在大學前，家中並沒有「零用錢」制度，所得的獎學金，通常是全數「上繳」，所以書籍除與課業有關參考書外，大多是從圖書館借閱。

大學時期，大一上下國文讀本各為《史記》與《左傳》選文，此後比較有系統的閱讀的為《胡適文集》、《陳之藩文集》、蔣夢麟《西潮》、羅家倫《新人生觀》、沈宗瀚《克難苦學記》，另外也看了不少李敖、柏楊與何凡散文。

服役期間看的書包括翻譯小說托爾斯泰《戰爭與和平》、《安娜・卡列尼娜》，巴斯德奈克《齊瓦哥醫生》，福樓拜《包法利夫人》，威廉・薩克萊《浮華世界》等。

寮國之旅

2019年1月23日　星期三

今年寒假，「清華材料系旅遊團」鎖定到較溫暖地區旅遊，考慮的地方有東南亞的寮國、緬甸與菲律賓，最後因覺得目前菲律賓與緬甸政治社會較為紛亂，所以選定寮國。

寮國是中南半島中唯一內陸國家，面積約為台灣六個半大，人口尚不足七百萬，可謂地廣人稀：人均GDP則不到美金三千元，是個相當貧窮的國家。寮國名稱乃因英文Laos譯音而來，大陸則據古籍叫老撾（音窩而非音抓）。

旅程共七天六夜，由於從台灣到寮國沒有直飛班機，要先飛到越南河內再轉寮國「龍坡邦」（Luang Prabang, Royal Buddha Temple），回程則由寮國首都永珍（Vientiane，萬象，檀城）飛胡志明市再回台，相當不便。

16日一早摸黑到機場，好處是「越南航空」飛機得以準點起飛，約三小時到達河內。「內排國際機場」於2001年啟用，規模與規格約與桃機第一航廈相當，機場商店貨品琳瑯滿目。在機場用過午餐，搭機約飛一小時抵達寮國北部大城「龍坡邦」，以落地簽方式入境。寮國與越南同一時區，但與台灣差一小時。市區因道路狹窄，禁行大型巴士，在「龍坡邦」三天全程都以九—十五人小巴代步。「龍坡邦」是寮國古都，於1995年被聯合國將整座山城列為世界文化遺產加以保護，其保護理由為：傳統的寮國建築和法國殖民時期（19-20世紀）之城風建築混在的獨特古城，具有寺廟及王宮遺址櫛次鱗比的座落其中。

入境後，首先入住旅館（Villa Santi Resort and Spa），旅館為古典式建築，占地甚廣。特別的是，床頂掛有蚊帳，顯示在此被蚊蟲騷擾不可小看。住房為兩層式建築，環境清幽，茂林修竹（黃金竹），清流激湍，一應俱全，另有睡蓮池，檳榔樹結實累累，景色十分宜人。稍事休息後，驅車前往「普西山丘」（Mount Phousi）公園，主要是為看日落，到山頂須爬約三百級階梯，適

212　清華行思與隨筆（下）

可解決今日未如平常進行健走運動問題。山頂另可環顧「龍坡邦」全城景色，並可遠眺湄公河及其上橋樑。

　　17日早出發首先參觀皇家寺院及博物館。皇家寺院外觀金碧輝煌，建築頗有特色。博物館雖以近世皇家為重點，輔以解說及網路資料，對寮國歷史與文化可有初步了解。寮國歷史上曾為中國屬地，近世戰亂頻仍，曾長期為法國殖民。二戰中為日本佔據，戰後法國捲土重來，終擋不住居民爭取獨立洪流。1949年獲得自治，1953年成為獨立國家。1975年，越戰結束後，由共產黨統治至今。博物館中陳列有聯合國列「龍坡邦」為世界文化遺產證書。

　　參觀過後步行至湄公河畔登船往「千佛洞」。全船約可容五十人，乘客只有本團二十人，甚為寬敞舒適。今天全日風和日麗，船行頗為平穩，沿岸風景秀麗，佐以茶點，為一難得的行船經驗。船行約兩小時，先在「千佛洞」湄公河對岸餐廳用餐，糯米飯及煙熏雞較特別。「千佛洞」分高低兩洞穴，低穴離水面有幾十公尺高，但屢有淹水紀錄；寮國為小乘佛教國家，旅遊景點多有小童兜售放生籠中鳥，要價一萬寮幣（KIP，匯率1 NT$~250 KIP），在低穴時，導遊為助興，出錢讓所有團員一享放生之樂。

　　其次乘船到大象訓練營，二人一組展開搭乘大象之旅，全程約一小時，頗饒趣味。在象背上餵大象甘蔗，只見其頻頻以象鼻索取甘蔗，當以鼻孔接獲甘蔗後，迅速送入口中，一吞而盡，甚為驚人。同時大象載力、耐力均讓人嘆為

▲ 準備大快朵頤

▲ 參觀博物館增進對寮國歷史與文化了解

觀止。上下山坡、涉水，水陸行進均毫無困難。據告每隻象載客一程索費約台幣六百元，尚稱廉宜。

歸程先經釀酒村及織布村，略作參觀，在登車前，有二男二女小童尾隨，有唱有作，甚為天真可愛。在湄公河畔進晚餐有結繩祈福儀式及傳統歌舞表演，並與賓客共舞助興。旋赴苗族夜市，各式攤販小店林立，約一時許。

18日早5:30出發赴市區參觀布施，約百名各種年齡僧人列隊托缽，接受民眾布施，沿途或有反布施，即將部分布施物倒入反布施簍或佇候路邊小童所備容器，為泰寮風俗，難得一見。

後步行至早市閒逛，除生鮮肉品、蔬果以及乾果外，也兼賣各色小吃，同行旅伴得一花梨木如火腿狀飾板，重八公斤，僅費台幣九百元。

次驅車約一小時，抵廣西瀑布（Kuang Si Falls）參觀。瀑布發源於峭壁上一水池，形成約五十米高瀑布，侵蝕石灰岩形成特殊地貌，分層田埂狀而匯集成祖母綠色水池，景觀與九寨溝類似。

中午在法式旅館餐廳用餐，菜頗精緻，而庭園設計甚為美觀，也屬有趣經驗。據知餐費每人約台幣一千元，可謂買得的奢華。

餐後先參觀香通寺（Wat Xieng Thong, Temple of the Golden City），是老撾最重要的寺廟之一，是宗教，皇室和傳統藝術精神的重要紀念碑。在寮國國內寺廟建築地位最高，極具歷史與建築價值，是「龍坡邦」作為都城時留下的

▲ 湄公河沿岸風景秀麗

▲ 布施為泰寮風俗，難得一見

最後一座建築；除了花園，觀賞灌木和樹木之外，場地上還有20多個建築物。香通寺不只有建築外觀具特色，寺廟後方的牆面，利用大量馬賽克玻璃彩繪拼貼出「生命之樹」，是知名景點。在返回旅店休息前，先到附近法國街咖啡店用簡單下午茶，咖啡品質與風味不錯，店裡同時販售各式咖啡豆，據稱最高檔者比在店中飲用咖啡品質要高，索價尚合理，點心則較在英國「莎士比亞故鄉」享用的下午茶茶點遜色很多，雖同為下午茶，差異則很大。晚餐為川菜，較寮國本地風味餐對胃口。

對「龍坡邦」整體印象，各處甚為乾淨，街道上幾無垃圾，物價對觀光客來說並不低。觀光客以大陸與韓國為大宗，西洋人也不少，似未見任何日本團。同時治安顯然甚為良好，未有在其他地方導遊常警告「提防扒手」情形。另一方面，也發生兌換貨幣短少憾事，不可一概而論。由於曾受法國統治，仍多存法國影響遺跡。

19日早8：30往萬榮行，因多走山路及路況不佳，210公里花了約5小時。沿路印象如下：

一、一路坑坑洞洞、頗為顛簸，塵埃四起，來往車輛無不灰頭土臉，

二、中文招牌、廣告甚多，甚至有中文塗鴉，

三、有許多大陸助建項目，如中國老撾高鐵現正進行中，「中老高鐵」長414公里，預計於2020年底竣工，

▲ 尋幽訪勝

▲ 瀑布發源於峭壁上─祖母綠色水池

四、地廣人稀，

五、較「龍坡邦」清潔狀況差，

六、有小童似以石擊過路卡車，見司機停車欲教訓奔逃之小童，與童年時
　　住新竹中華路縱貫線邊目睹情境相似，相當有趣。

　　途中休息站，有二漢人婦女販賣中藥草，其中並有瀕臨絕種蜥蜴乾屍，供
泡酒用，旁有一來自北京遊客，據云與友朋自雲南租車自駕旅遊，將暢遊東南
亞各國。

　　午餐後，見兩雲南來客在餐廳中吸水菸，頗為新鮮。

　　下午先遊附近岩洞，規模無法與桂林岩洞比擬。見一大學生營隊，僧俗混
雜，為當地文化，據了解，僧人還俗後可娶妻。

南松河落水蒙難記

　　至「南松河」坐小汽船遊河。小汽船呈狹長形，除船夫外，可載二人。
不料我與內人所乘二人小汽船，可能是轉彎時重心不穩，剛至河中流即開始

◀ 約五十米高瀑布，頗為壯觀

下沉，先是船尾左側進水，雖嘗試將身體右移，已來不及阻止繼續進水，終致小船完全沉沒並翻覆，為時僅約數秒鐘。個人也完全沉入水中，所幸從高中起即習游泳，所以當時「沒在怕」，及時閉氣，並抓獲坐墊作為浮板，再加上有確實穿妥救生衣，所以能迅速浮起，而無絲毫嗆水或嗆水問題，內人幸也識水性。由於小船自船尾開始沉沒，內人在入水時頭部得以始終浮在水面之上。同由救護人員安全扶引上岸，可謂不幸中之大幸。

由於全身濕透，身上所攜之手機兩隻以及無線網路機皆泡湯，一手機無法打開，經烘熱半天後，仍不見效，經協議由店家賠償美金三百元，所攜帶無線網路機不防水則已損壞，將由導遊帶回台灣處理；手機恐須以新購解決問題，由於已用三年餘，財物損失不算太大，只能以「舊的不去，新的不來」自嘲。唯希望記憶體無礙，所攝照片能存留。

此次落水，能化險為夷，甚至談不上遇險，與我夫妻二人都會游泳有關。「新竹中學」要會游泳才能畢業的校規，在關鍵時刻發揮大用，令人感念不已。如果說當年「新竹中學」辛志平校長所定的規矩救人一命，當然言過其實，但讓人「免於驚嚇」，則毫不誇大。而據報載，遠在民國66年，因蘇澳港翻船事件，造成32名大學師生死亡，導致當時教育部蔣彥士部長引咎辭職。後

▶ 由救護人員安全扶引上岸，可
　謂不幸中之大幸（葉均蔚攝）

來有人撰文，有幾位「新竹中學」畢業生即因習於游泳而倖免於難。

晚至「遠征軍川菜館」用餐，店名令人發思古之幽情，應係當年抗日遠征軍後代所開。沿途頗多夜店，多見歐美遊客。

20日早行車，中午時分至「南娥湖」，為一大型連結水壩湖泊，為日本人協建水庫。在遊湖船上用餐，風景優美，唱卡拉OK「花心」，「月亮代表我的心」，「甜蜜蜜」，「你怎麼說」，「小城故事」等助興，其樂陶陶。

再赴「煮鹽村」，由抽地下水煮製，全由人工，幾無設備可言，以木材為燃料。工人皆為瘖啞人，面黃肌瘦，衣衫襤褸，狀似乞丐，但頗友善，不知何以一貧至此？有婦人偕小童數人，等待布施，導遊贈與糖果鉛筆等物，甚為歡喜。

下午四時半抵「永珍」（寮國有一雅稱「萬象之國」，其首都亦因此在中國大陸被譯為萬象。而臺、港、馬、新則音譯為永珍）。入住湄公河畔「東昌飯店」，對岸即為泰國。「永珍」是世界各國中少有之位居邊界之國都。值得一提的是，自16日入境，直到距「永珍」市中心約二十公里處，方開始有紅綠燈控制交通，並漸有高樓，甚為特別；晚在飯店中餐廳用中餐，較為精緻並合口味。

▲「南娥湖」風景優美

21日一早先參觀「玉佛寺」，多見韓國旅遊團，並有小學生由老師領隊參觀。「玉佛寺」創建於1565年，曾是寮國的王室專屬宗廟，如今已被轉為博物館之用。現在的「玉佛寺」是1936年到1942年間重建，帶有強烈的泰國味道。佛寺基座的梯道旁有長龍護衛，寺的迴廊四周是高大的圓柱，周圍放置多座西元6至9世紀時期的銅鑄佛像。寺門上是繁複的洛可可式雕飾，牆上也有許多雕刻著佛教故事的浮雕，內裡存放著各種珍貴的佛教文物和器具。玉佛寺著名的祖母綠佛原為鎮寺之寶，1778年暹羅軍隊入侵老撾，將玉佛掠奪到曼谷，並於1784年在曼谷大王宮的東北角建立「玉佛寺」，成為泰國最著名的佛寺，玉佛也成為泰國三大國寶之一，但也成為寮國人之痛。

　　「施沙格寺」（Wat Sisaket）：由永珍王國國王「昭阿努」於1818年下令建立。是以泰國金山寺為參照對象建造的，屬「永珍」最古老的寺廟。寺廟的建築為暹羅風格，高聳的塔尖和高牆回廊富有高棉特色；院內的椰子樹、香蕉樹等枝繁葉茂，展示濃重的熱帶風情。1829年，「永珍」因為拒嫁公主到泰國，遭到暹羅王國的進攻。卻因為這座寺廟和泰國的寺廟長的很像，所以免遭了暹羅軍隊的塗炭，得以保存至今。周邊供奉著大小六千尊佛像，園中見金露花、風信子等。

▲「玉佛寺」已轉為博物館

「凱旋門」建築於1957至1968年。它與法國的凱旋門相似，但建築具本土特色，例如表面繪有神話中的生物，充滿佛教色彩的精美雕刻，展示了寮國傳統的民族文化藝術。由法國及美國助建，高約七層樓。登上最高層，「永珍」市容盡收眼底。凱旋門周圍設施由中國政府援建，已建成音樂噴泉公園。

「塔鑾寺」（Pha That Luang），即大佛塔寺，是寮國永珍外表貼上金箔的佛塔，寮國的國家象徵，國徽中的圖騰就是這座建築，寺廟周邊迴廊每邊都有85米長，而且供奉著各種佛像，在寺前合影留念。

中午在「香港飯店」用餐，以老夫子漫畫為意象裝飾，菜餚中港味燒臘頗為道地，飯後點用咖啡，風味十足。

午後赴「軍事歷史博物館」參觀，由於前日為建軍節，今日未開放。院落中有多組軍士雕像，並陳列各式俄製武器，如軍機、直升機、坦克、巡邏艇、大砲等。1975年寮國人民革命黨軍隊推翻了親美國的寮王國，同年12月2日寮國人民革命黨改國名為「寮人民民主共和國」。惜未能實地參觀博物館，體會震撼歷史場景。據查主要以寮國的革命內戰與之後的越南戰爭為主，具有八十年代第三世界社會主義國家的格調。

次赴「臥佛公園」（又叫佛像公園Buddha Park。香昆寺），正如其名稱所示，公園裡到處都是佛教和印度教的雕塑，由善士捐建，臥佛長45公尺高19公尺，園中並塑有過百尊其他佛像。有許多學童嬉戲其中；見一母攜二女孩，先為大女孩連買兩零食、小女孩似也要吃未果，正為其不平，發現其所點食物需時準備，實為誤會，觀察事物常須窺其全貌，才宜有所評斷。

晚吃風味餐，大致體會較精緻寮國口味，有小型在地歌舞表演，奏「榕樹下」，「阿里山姑娘」等曲。

飯後逛夜市，再經河堤步行返旅館，約一時許。先前露天夜市很熱鬧，河堤邊有建物遮蓋夜市反相當冷落，不知何故？今日白天溫度高至三十二度，晚間則頗清涼。

「東昌飯店」現為華人經營，高十四層，曾為寮國最高建物，現已風華不再。每晚關閉無線網路服務，甚為落伍。

22日先從「永珍」經「金邊」飛「胡志明市」轉機返台，總耗時約九小時，相當不便，「永珍機場」無飲水及無線網路服務，唯有販售各式咖啡豆，頗為平價（200克4, 4.5, 6.5美金），為意外之喜。

▲①「施沙格寺」是「永珍」最古老的寺廟
②「塔鑾寺」是寮國的國家象徵
③「臥佛公園」由善士捐建
④具本土特色「凱旋門」
⑤「香港飯店」以老夫子漫畫為意象裝飾

在飛機上閱英文「永珍日報」，報上標明為「永珍」唯一之英文報紙，上載與中、越、寮間關係新聞三則，其一為越南捐贈美金一百五十萬元協助寮國整修「軍事歷史博物館」，儀式由雙方國防部長主持。其二則為中國捐贈美金兩千九百萬元建設的軍醫院開幕剪綵，另外則是中方投資美金九千萬在寮國設立化學品工廠，未來將提供寮國國內所需化學品，可見中、越都在拉攏寮國，而中方力度較大。另一方面，據網路新聞，寮國原親中的領導人於兩年前退休，現任領導人則屬親越派，情況相當複雜。

寮國之行見識中南半島唯一內陸國，小國寡民，尚處農漁業時代，貧窮人口很多，都市僅部分現代化，人民純樸友善，政治上不自由則不明顯，似與1950年代台灣相似。在目前世界大國角力風雲日緊之際，是否能聰明自處，把握歷史機遇，迴旋於各方勢力之間，維持國家發展，尤其是和平安定，還要考驗寮國人民的智慧。

北京之旅

2019年6月19日　星期三

久違了！北京！

上次到北京應是2012年十一月，於「北京清華」參加「西南聯大成立七十五周年慶祝會」，匆匆已過了六年半。

在之前，到北京機會倒是很多，即以我擔任清華大學校長四年期間，至少率團赴「北京清華」訪問兩次，一次於2010年9月29日簽署「共同建立兩岸清華大學聯合實驗室」、「聯合培養雙碩士學位」協議，另一次於2011年12月23、24日舉辦「新竹清華日」，2010年10月參加「北京清華」主辦的「東亞研究型大學協會年會」一次；2011年慶賀「李恆德院士九十歲生日研討會」、「李方華院士八十歲生日研討會」各一次，以及前述「西南聯大成立七十五周年慶祝會」，一共六次。

這六次到北京，可以行程緊湊形容，幾無旅遊可言；印象比較深刻的是，2010年參加「東亞研究型大學協會年會」後，當時協會會長是「香港科技大學」陳繁昌校長，曾安排到該校「北京辦事處」午宴，而該處佔據一獨棟洋樓，頗為豪華氣派，顯見其資源豐厚；另外應我要求，由「北京清華」安排，到故宮參觀一般遊人無法見到，而正由北京清華教授協助整修的乾隆皇帝退位後所用的書房，同時也是我唯一一次經特殊通道，免票進入故宮。也是在這次會議中，因北京溫度驟降，中央暖氣系統還未開始輸送暖氣，添衣不及，回台後罹患重感冒，久久方完全痊癒。

再往前推，則是充滿旅遊記憶。第一次到北京，是1990年2月大陸十六日遊，行程包括北京遊約三、四天，主要到「紫禁城」、「頤和園」、「圓明園」、「八達嶺長城」、天安門廣場、明萬曆皇帝「定陵」，在「老舍茶館」聽戲，享用「全聚德」烤鴨，二月北京正積雪，得以飽賞雪景；當時離1989年

「六四事件」不久，校園外人不得輕易進入，只得在「清華大學」校門外略作巡禮，另外一插曲是有同伴在換鈔時，遭到詐騙。

一、「紫禁城」是明清兩代皇宮，為世界現存規模最大的宮殿型建築，首建於明成祖朱棣永樂年間。現今號稱有近一萬間（此處「間」指四根房柱所形成的空間），氣勢宏偉，是中國古代宮廷建築之精華；

二、「頤和園」是清朝的皇家行宮和大型皇家園林，「昆明湖」占「頤和園」總面積的四分之三，景色優美，但不免讓人想起清華國學院四大導師之一的王國維先生自沉往事；長廊景區與「聽鸝館」等則體現主代建築雕梁畫棟之精緻。

三、「八達嶺長城」是明長城的一個隘口，位於北京市西北延慶區。居高臨下，甚為險要，在嚴冬凜冽寒風之下，頗能領略戍卒的艱辛；

四、「圓明園」也是清代大型皇家園林，曾為雍正帝為皇子時的賜園。曾以其精美的建築景群，被譽為「一切造園藝術的典範」，1860年10月6日英法聯軍洗劫圓明園，搶掠文物，焚燒，之後，又遭到匪盜的打劫，終變成一片廢墟。

五、「定陵」是明萬曆皇帝陵墓，為明十三陵中最大的三座陵園之一，屢被迫壞，尤其「文化大革命」期間，萬曆皇帝及兩位皇后的屍骨棺槨被毀，並使「定陵」出土的大量絲織品未得到有效保護，迅速風化。

其後兩岸交流漸趨頻繁，到北京參加過多次會議，包括「亞太地區電子顯微學會議」（Asia-Pacific Conference on Electron Microscopy）、「電子顯微鏡學會年會」、「北京分析測試學術報告會暨展覽會」（Beijing Conference and Exhibition of Instrumental Analysis, BCEIA）、「國際固態與電子技術會議」（International Conference on Solid-State and Integrated Circuits Technology, ICSICT）、「國際材料學會聯合會（IUMRS）國際先進材料會議（ICAM）」（IUMRS-ICAM）等，也藉機暢遊北京與周邊景點。主要有：

1992年「國際固態與電子技術會議」

一、盧溝橋：盧溝橋在北京市西南約15公里處，豐台區永定河上，盧溝橋橋面兩旁有石欄杆，欄杆望柱頭上雕刻著石獅子，橋頭立有石製華

表。橋上的501個石獅子歷經金、元、明、清、民國、新中國各個時期的修補，融匯了各個時期的藝術特徵。

二、「周口店遺址博物館」：距北京市區約50公里。在1990年代，仍很簡陋，為省電白天不開燈，室內很昏暗，在戶外則很驚訝瞭解到60萬年前「北京人」與1萬8千年前「山頂洞人」活躍於同一座山中，顯與生存環境有關。

三、天津：雇車天津行，到大沽口遍尋當年抵抗英法聯軍與八國聯軍砲台不著，僅見如玩具般小砲數座，參觀「抗日戰爭紀念館」，在天津市內享用「狗不理包子」，「張十八麻花」，「天津炸糕」，回程經「清東陵」，已無時間參觀，只能過門不入。

▲①盧溝橋上體驗歷史現場
　②「北京人」與「山頂洞人」活躍於同一座山中
　③抵抗英法聯軍與八國聯軍砲台

1998年「國際固態與電子技術會議」

一、「避暑山莊」：雇車前往承德「避暑山莊」一遊，「避暑山莊」始建於1703年，歷經清康熙、雍正、乾隆三朝，耗時89年建成。佔地甚廣（564公頃），山莊由石牆環繞，長達十公里，周圍有多座喇嘛廟，其中八座由清政府直接管理，故被稱為「承德外八廟」，皆具相當規模。

1999年「IUMRS國際先進材料會議（ICAM）」

一、在IUMRS-ICAM會眾共乘巴士外出活動時，有警車開道。

二、大會宴設於「人民大會堂」餐廳。「人民大會堂」能容萬人同時開會，內有「台灣廳」等會客室，氣派十足。我有幸以初當選IUMRS第二副會長（2nd Vice President）身份在會堂可容數千人餐廳聚餐時應邀致詞。

三、大會安排遊「頤和園」，隨後在知名的「聽鸝館」晚餐並看戲，其中「孫悟空大鬧天宮」戲碼甚為精彩。

四、到「老舍茶館」聽戲，有友人在附近叫人力車，豈知不到幾步即抵達，車夫笑臉迎人，不便苛責，花錢了事。

▲「老舍茶館」聽戲

「電子顯微鏡學會年會」

一、住「友誼賓館」，為中蘇交好時期主要用於接待在京的蘇聯專家，後來開始接待旅遊外賓。花園很可觀，客房寬敞但陳舊。

二、在「全聚德」總店烤鴨宴，由大會包場，場面浩大，賓主盡歡。

「北京分析測試學術報告會暨展覽會」（Beijing Conference and Exhibition of Instrumental Analysis, BCEIA）

除學術報告外，展覽會頗具規模，展示各式新技術、新儀器、新設備；展示自製儀器種類繁多，以我熟悉之儀器而言，似尚未達世界水準，

亞太地區電子顯微學會議（Asia-Pacific Conference on Electron Microscopy）

一、1992年8月2-6日第五屆亞太地區電子顯微學會議在「北京國際會議中心」召開，安排在緊鄰「五洲大飯店」住宿。與此次「第四屆國際納米能源及系統會議」大會安排完全相同。「五洲大飯店」；這飯店當年為1990年第11屆亞運會所建，在亞運場館附近；2008年奧運場館就在附近，著名場館「鳥巢」、「水立方」清晰可見。

二、承蒙主辦人郭可信教授邀請，到由舊恭王府改裝的「四川飯店」晚餐，體會有300年歷史的王府庭院文化。

另外則是於2001年到「北京清華」參加九十周年慶，當時由劉炯朗校長率領，活動包括：

一、慶祝大會，有全球百位大學校長或代表共襄盛舉，大陸國家主席、總理、政治局常委全員到齊。

二、劉校長與「北京清華」王大中校長在「工字廳」簽訂合作協議，沈君山前校長與時任「工學院」院長的本人也在場見證，事後有親友告

知，正巧從全國電視網看到我參與的身影。

三、在北京街頭、遇見許多胸掛紅色名牌年邁清大校友，與「新竹清華」來客親切交談，十分感人。

四、兩岸清華材料科學研討會，在材料系大廳舉行，雙方約各發表二十篇論文，增進對彼此的了解。

五、「新竹清華」材料系北京行乃由某旅行社承包，首日從台灣出發，於傍晚時分抵北京，直奔「全聚德烤鴨」某分店用餐，經驗最多只能以「差強人意」形容；兩日後承友人邀約至不久前北京「全聚德烤鴨」數十分店評比冠軍店午餐，到門口才知竟與日前旅行社安排之分店為同一家，但烤鴨與佐餐菜餚則甚為精緻美味，應為價差所致。

2010年9月28日慶賀「IUMRS-ICA2010國際材料教育論壇暨李恒德先生九十華誕慶典」之行，則是在青島參加「國際材料學會聯合會亞洲區會議（IUMRS-ICA）」後轉抵北京世紀金源飯店。李院士與我頗有淵源，早在1980年即相識，也都多年活躍於IUMRS活動，在研討會中除做學術報告外，各國友人多提及與李院士交往舊事，場面甚為溫馨。由於李院士創建北京清華材料系，也為世界知名材料學者，清華顧秉林校長也出席祝賀，據知顧校長不便擔任主辦人，乃因考慮到清華資深退休而年長教授很多，顧此失彼，易生誤會。

在北京與李院士相會，細數至少另有四次，其一是1999年IUMRS-ICAM；其二是2001年「兩岸清華材料科學研討會」，其三是我在昆明參加「中國電鏡年會成立二十周年慶研討會」後，到「北京清華」參訪其產學合作機構，並面

▲ IUMRS-ICA2010國際材料教育論壇暨李恒德先生九十華誕慶典

▲ 2001年於北京清華

邀其負責人到「新竹清華」工學院產學研聯盟會議演講，也承蒙李院士邀約在清華甲所午宴，另一次是另有他會。李院士得知後，安排「中國材料研究學會」領導班子在北京「香山飯店」設宴歡聚，熱誠感人。李院士約於兩年前失智。而於今年5月28日以九十八歲高齡辭世，但長者風範長存。

在各次北京行中，盡量不放棄旅遊機會，但因當年出外沒有自行攝影並記錄旅程習慣，到各處時間、場合多不可考：

一、中國國家博物館（National Museum of China）：位於北京市中心天安門廣場東側，與人民大會堂東西相對稱，知名度不高，但館藏豐富，包括商代最大青銅器「后母戊」鼎、金縷衣等，頗為珍稀。

二、毛澤東紀念堂，位於天安門廣場，人民英雄紀念碑南面，參仰人極多，分兩排魚貫而入，由置於玻璃棺內遺體兩側行進約數秒鐘；參仰人進場前多手持紀念堂外販售二元一束之花束，置於靈堂前，以致堂前堆滿花束，但顯然於不久後由小貨卡再運往紀念堂外循環應用，頗感突梯。

三、香山：是一座具有山林特色的皇家園林。在秋天遊山，正遇楓紅時節，美不勝收。

四、雍和宮：為清康熙帝為皇四子胤禛修建府邸，胤禛被封為和碩雍親王後改稱雍王府。胤禛繼位為雍正帝後，改名為雍和宮，部份作為喇嘛寺院。乾隆將雍和宮部份正式改為藏傳佛教寺廟，將主要殿宇改為佛殿。規模宏大而香火鼎盛，見年輕喇嘛念經時，左顧右盼，頗不專心。

五、大鐘寺：原名覺生寺，因寺內存放永樂大鐘，故又俗稱大鐘寺，始建於清雍正十一年（1733年），本為皇家漢傳佛教寺廟，1985年闢為大鐘寺古鐘博物館，展示中、外古代鐘鈴共400多件。永樂大鐘於明朝永樂年間（約1420年－1424年）鑄造，鐘面及鐘內壁刻滿佛教經文23萬多字，重46.5噸，高6.75米，鐘肩外徑2.4米，口沿外徑3.3米，是世界最大的佛鐘。鑄造與搬遷都顯示明代工藝之不凡。

六、大觀園：位於北京西南角，是一座再現中國古典文學名著《紅樓夢》中「大觀園」景觀的仿古園林、可以洋洋大觀形容，以影視拍攝服務為主，兼具觀光旅遊等功能的綜合性旅遊區，有「怡紅院」、「瀟湘館」、「蘅蕪院」、「櫳翠庵」等景點，頗值得一遊。

七、天壇：在北京市南部，為明、清兩代帝王祭祀皇天、祈五穀豐登之場所，佔地頗大，是世界上最大的祭天建築群。主要建築圜丘壇在南，祈穀壇在北，回音壁效果十足，林木扶疏，有大面積古柏林。

八、仿膳飯莊：位於北海公園東門內，1925年，由幾位清宮御廚合開，仿照「御膳房」的做法來製作各種菜點，一律是套餐，1990年代第一次每人五十元，大大物超所值，隔幾年去，每人一百元，再隔幾年，每人兩百元，以幾何級數增加，現今不知價位如何。

在北京，也有趣事一籮筐。

一、早年大陸經濟較不發達，幣值官價與市價差很多，所以遊客常向導遊或黃牛、黑市兌換人民幣，因不合法，無法堂而皇之進行，因而有時遭到詐騙，手法推陳出新，防不勝防；有時則求兌無門，被店家懷疑為「抓耙仔」，例如某次開會所住旅館附近市場內有兌鈔小販，必須要長相老實或穿著較不時髦如毛裝的某君才能成功兌鈔，因而某君也成為代為兌鈔大紅人。

二、在景區常有人假冒到大陸經商的台灣人前來搭訕，操福建閩南口音，從邀請飲茶開始，再帶號稱東北虎虎鞭或帶血虎牙等到旅店兜售，所編故事五花八門，趣味十足，但不知有上鉤者。

三、北京街頭或某些市場，有各色小吃，如果子餅、冰糖葫蘆等，狀似味美而價廉，惜因顧慮衛生，不敢輕嘗。

▲ 祭祀皇天、祈五穀豐登之場所

▲ 「仿膳飯莊」名不虛傳

參加北京「第四屆國際納米能源及系統會議」紀事

2019年6月21日　星期五

　　6月13-18日有北京一行。主要是應邀參加「第四屆國際納米能源及系統會議」（The 4th International Conference on Nanoenergy and Nanosystems），在大會以「應用於再生能源之納米材料與器件」（Nanomaterials and Nanodevices for Renewable Energy Applications）為題發表演講。但因有六年多未來北京，所以在會議前後各多安排了一天，看看老朋友以及重遊舊地。

　　6月13日中午抵達北京首都機場，在桃園起飛前，機場正下著滂沱大雨，北京則艷陽高照，同時仰頭可見藍天。

　　由兩位幹練的女研究生接機，驅車約四十分鐘，入住緊鄰「北京國際會議中心」的「五洲大飯店」；該飯店當年為1990年第11屆亞運會所建，在亞運場館附近；我在二十多年前曾在「北京國際會議中心」開會，也同樣經安排住進「五洲大飯店」，可謂舊地重遊；「五洲大飯店」曾經整修，可以煥然一新形容。

　　大會所安排住房，屬行政房，位於第十三層頂樓，主要是可利用「行政中心」，除可供晤談外，全天供應茶點，並有簡單但精美的早餐與晚餐，甚為方便。客房面對一綠色公園，2008年奧運場館就在附近，清晰可見。

　　14日與「北京清華」顧秉林前校長共進午餐，老友久別，相見倍感親切。顧校長乃自主持「張首晟教授紀念學術研討會」中抽空與我相聚；張首晟教授曾在清大高等研究院訪問半年，研究室就在顧校長辦公室附近，老友驟逝而死因不明，令人感慨，一般推測應與中美科技爭霸有關。

　　顧校長為我到訪，特準備一張2010年3月16日顧校長訪問「新竹清華」兩人合影相片相贈，兩人持框合影，彌足珍貴。我則以最近出版兩本演講集「一個校長的思考（二）、（三）」奉贈並合影留念，笑稱可為未來打書用。

在「北京清華」，除與顧校長晤面與午餐外，並到「工字廳」巡禮，由當年校長辦公室史宗愷主任引導下，在2001年簽訂合作協議的「工字廳」會議室合影留念，其後則參觀「校史館」，由范寶龍館長與副館長接待，導覽全館。「校史館」建築面積達5000平方米，於2011年6月「清華大學校史館」名稱正式啟用。共三層。一層和二層的展區面積約3000平方米，分為序廳、主展區、副展區、人物展區，有六位專業工作人員。規模驚人且頗能充分顯示「北京清華」躋身世界一流學府的歷程與成果，值得「新竹清華」觀摩學習。

晚與知名紀實文學作家岳南先生等共餐；岳南先生新書《大學與大師：清華校長梅貽琦傳（全二冊）》繁體字版甫在台出版，到有《一個時代的斯文》作者鍾秀斌，籌拍《梅貽琦傳》編劇楊珺及兩位清華校友，晚宴得與北京致力於弘揚梅校長教育理念的文化界人士聚於一堂，極為難得。

6月15日一早，「第四屆國際納米能源及系統會議」正式開幕，據大會統計註冊人數超過一千人，盛況空前，早上六個報告均為大會特邀演講，各半小時：我的報告排在9:30-10:00，因團體照相等耽誤，剛好延誤了半小時，但進行尚稱順利。我的特邀報告主要對近年研究著力較多的納米發電機、太陽能電池以及光催化水裂解主題做一回顧並報導最新結果。總體而言，特邀演講堪稱甚為精彩，為大會亮點之一。

下午則開始分組研討，本會議共分七個研討會，分別是：

▲ 久別重逢，相見倍感親切

▲ 在2001年簽訂兩岸清華合作協議的「工字廳」會議室合影

一、納米發電機和能源（Nano generators and energy）；

二、自力式感測器和系統（Self-powered sensors and systems）；

三、壓電子學和壓光電子學（Piezotronics and piezo-phototronics）；

四、儲能、自充電電源系統（Energy storage and self-charging power systems）；

五、太陽能電池和混合式能源電池（Solar cells and hybridized energy cells）；

六、光催化、水裂解（Photocatalysis and water splitting）；

七、納米能源在微機電系統、電子皮膚和人工智慧領域的應用（Nano energy applications in MEMS, E-skin and AI）。

　　皆為目前納米能源及系統領域最重要而有活力的主題，讓人略為吃驚的是在我過去十年研究題材中、幾乎涵蓋了所有這些主題，說明能源是現今最迫切而重要的問題，也可見與材料科學的息息相關性。在會場邊同時有儀器、出版以及分析服務公司展攤等洽商以及壁報論文競賽等活動，也很值得徜徉逗留。

　　6月16日全天繼續進行分組研討、晚上為大會宴。熱鬧情況與整個領域欣欣向榮相呼應。晚宴表演節目中包括川劇「變臉」，恰與我在特邀報告中提及研究成果，所製備的透明可撓式奈米摩擦發電機可用於川劇變臉表演，而獲選為「奈米能源」期刊的封底圖片上的變臉臉譜，相映成趣。

▲ 與「校史館」專業工作人員合影

▲ 與北京致力於弘揚梅校長教育理念的文化界人士聚於一堂

▲①與大會主席王中林院士以及何志浩教授合影
　②川劇「變臉」
　③獲選為「奈米能源」期刊的封底圖片上的
　　變臉臉譜
　④台灣團合影

　　6月17日除進行三個特邀演講外，另由今年三位「納米能源獎」（Nano Energy Award）得主分別給一個得獎演講（Award lecture），自然有很高的水準。值得一提的是其中一位得主何志浩教授，是當年我指導而於2005年獲得清華博士學位的學生，如今在學術上已嶄露頭角，當老師的也與有榮焉。

6月16日曾抽空到會議中心附近奧運場館參觀，包括國家體育場以及水立方體育館；國家體育場工程主體建築呈空間馬鞍橢圓形，主體鋼結構形成整體的巨型空間馬鞍形鋼桁架編織式「鳥巢」結構，「水立方」的膜結構是她的最大特色，安裝上的1437塊「泡泡」，十分結實。當日「鳥巢」參觀費用120元，「水立方」則未開放。不同於6/13-6/15日，本日除早上十時前有小雨外，其他時間為陰天而清涼，是外出遊覽的最佳天氣，可謂天公作美。

　　6月17日有世界園藝博覽會（World Horticultural Exhibitions）一行：博覽會於今年4月29日—10月7日在北京舉行，園區共960公頃。主題為綠色生活，美麗家園。以園藝為媒介，提升人們尊重自然、融入自然，牢固樹立綠色、低碳、環保的生產生活理念，共同建設多姿多彩的美好家園。本會為國際園藝生產者協會（AIPH）批准的A1類世界園藝博覽會，A1類展覽會依規定舉辦每年不超過1個。A1類展覽會時間最短3個月，最長6個月。在展覽會開幕日期前6-12年提出申請，至少有10個不同國家的參展者參加。此類展覽會必須包含園藝業的所有領域。

　　博覽會位於北京市域西北部延慶區，距離市區約74公里，距離昌平新城約35公里，普通票120元，60歲以上敬老票80元。限於時間。僅參觀「國際館」與「中國館」。「國際館」由94把花傘構成，如同一片花海飄落在園區裡。花傘的上方採用新型光伏發電材料，提高光伏發電效率，用於整個建築的內照

▲ 主題為綠色生活，美麗家園

▲ 「國際館」前

明、動力等用能需求。館內有多國參展，但花卉不多，反類似土產販賣場，國際競賽區，正舉辦月季花（即玫瑰）國際競賽，很有看頭。

「中國館」則極為精彩，屋頂為「如意」造型，如抱月形狀，使用到各種鋼結構的構件，包括132根主桁梁，其中主樑最長有32米，重量達到7噸。有各省區市園藝產業成就展區，頗為雅致，花卉爭奇鬥艷，可以領略生態文化、地域特色，3D影視效果十足，另有插花藝術展區，美不勝收。同時各省輪流辦理特色日，如現正辦「江西日」，正在場邊大舞台上表演，另有51個室外展園，中華園藝展示區由省區市室外展園、公共空間和同行廣場組成。其中，江西展園和湖南展園都以「桃花源」為主題，臺灣展園，分為向山行、蘭花區、時光路、日月潭、農田裡、山之巔六大景觀節點。

◀①「中國館」前
②美不勝收
③可以領略生態文化、地域特色

▲「康陵村」全村幾乎都是「春餅宴」飯店　　▲「春餅宴」約二十個菜，由顧客自助式包春餅

　　去程中經過昌平區市區，約為二線都市規模，此區為「明十三陵」所在地，經「十三陵」水庫，稍駐足觀覽，水面極廣，景色宜人，又過「長陵」，為明成祖朱棣靈寢，沿途多「採摘果園」、「農家大飯莊」以及水果攤等。

　　在正德皇帝「康陵」附近農家餐廳吃「春餅宴」，「康陵村」全村幾乎都是「春餅宴」飯店；「春餅宴」約二十個菜。有涼有熱，以素菜為主，由顧客自助式包春餅，相當有特色，單一價每人40元，物美價廉。昌平現今盛產杏子，清甜多汁，甚為便宜；村內有800年古銀杏樹、村大門口生長著兩棵對稱合抱大槐樹等。

　　據記載「康陵」是目前發現的十三陵中，磚碑銘文最多的一個陵，但並未開放；「康陵」功德碑無字，本身則似未善加維護，附近放養「柴雞」成群。正德皇帝身後毀譽參半，但「游龍戲鳳」故事則廣為流傳，在碑前不禁發「思古之幽情」。

　　晚宴由清華EMBA劉俊麟校友作東，在「西貝莜麵村亞運村店」用餐，為一內蒙古口味特色餐店；除俊麟辦公室主任外，到有多位校友，包括一位獲工程院士榮銜的醫師、一位律師、兩位煤礦企業主、一位地毯商，一位正從事高鐵民營試點工作企業家，而俊麟本人則從事各級教育工作，座中另有一位以創作《讓淚化作相思雨》出名，目前經營文化事業的音樂人文斗，席中原習音樂的店長特別高歌一曲由席慕蓉填詞的「母親河」助興，大家開懷暢談，賓主盡歡。

18日近中午，再麻煩接機的兩位女研究生送機，在「長榮航空」櫃檯巧遇沈元壤院士夫婦，大家慶幸「長榮」空姐還沒有開始罷工，讓我等能順利返台；巧在兩日後，「長榮空服工會」宣布即刻突擊罷工，航班大亂且多停飛；我等得以逃過一劫，成為此次旅程意外的插曲。

▲「康陵」為明朝正德皇帝陵墓

▲ 發「思古之幽情」

浪漫古城德國之旅記遊（一）：
行程特色與一般印象

2019年7月31日　星期三

　　今年暑假，「清華材料旅遊團」商議到「德國」旅遊，呼朋引伴之下，迅速成團，日期為7/11-7/23，名為「浪漫古城德國之旅十三天」，雖稱十三日遊，扣除往返「德國」飛航旅途，實際約十一天，夜宿十晚。

　　扣除多次過境不算，上次到「德國」，遠在1982年。時令也是在暑假中，主要是到漢堡參加「國際電子顯微鏡學會議」，由於是首次到歐洲，又順便到「英國」與「瑞士」觀光一番，基本上是「走馬看花」，雖帶了相機，攝取了一些照片，但少存留，所以記憶相當模糊；之後到西歐開會，可能不下十次，

▲ 浪漫古城德國之旅遍歷九大城

英、法、義各有幾次，「丹麥」一次，獨缺「德國」，可能與「德國」學界在我的專業領域較不活躍有關。

旅遊之際，總不免感慨良多，回到台灣後，與一位現為同事的前學生談及「德國」之旅，盛讚是一趟「豐富知性之旅」，他笑說：「這與你那一次的旅遊經驗不同？」思之亦然。事實上，喜歡旅遊之人，如果事先對旅遊目的地有所選擇，結伴而行的皆為親朋好友，對行程安排、食宿交通得以充分表達意見並受到尊重，也許正如某位長期旅伴喜歡說的「值回票價」，是必然的經驗。

團體旅遊，限於時間與行程，所見所聞，如浮光掠影；要發抒感想，只能就觀察所及與以往綜合知識，作一整理，避免以偏概全，則是需多加省察之處。

此次旅程安排，可謂繞了德國一圈，至少對主要城市在德國東、西、南、北，三大河流域分布，得有相當概念，多了一分了解，同時加上秀麗的山川田野風光，配合別具特色建築，精美的房舍，目不暇給，造訪影響世界歷史的發生地，名人故居，史地人文，豐富多姿；到德國之前，對其歷史、地理粗略概念是：

一、形成：先後經神聖羅馬帝國（962年）、德意志邦聯（1815年）、德意志帝國（1871年）、威瑪共和國（1919年）、納粹德國（1933年）、德意志聯邦共和國（1949年）、德意志民主共和國（1949年）、成立歐洲經濟共同體（1958年）以迄兩德統一（1990年），在神聖羅馬帝國與德意志邦聯時期，主要是城邦制，多所變動，兩次世界大戰（1914-1918與1939-1945）前後，疆域變化尤大。

二、地理：德國國土面積35.7萬平方公里，南北距離為876公里，東西相距640公里，人口2019年估計為8200萬人（世界第19名），密度為每平方公里227人（第58名），地勢總體南高北低，其最高點為楚格峰（阿爾卑斯山），海拔2,962公尺；三大河流域，萊茵河、易北河與多瑙河分別流經德國東、西與南部，萊茵河有超過1000公里的河道位於德國境內，是歐洲最長的河流之一，同時也是世界上最繁忙的流域之一。此次旅遊以萊茵河為重點，包括行船遊河、近觀萊茵瀑布、渡波登湖等，易北河則經德勒斯登，至漢堡附近注入北海，多瑙河則與斯圖加特、慕尼黑、紐倫堡各有數十至一百公里距離。

行程特色與一般印象包括：

一、遍歷九大城，以人口而言，包括排名前二十名的柏林（1）、漢堡
　　（2）、慕尼黑（3）、法蘭克福（5）、斯圖加特（6）、萊比錫
　　（10）、布萊梅（11）、德勒斯登（12）、紐倫堡（14）等九個都
　　市，其中柏林人口約四百萬，漢堡與慕尼黑在150-200萬間，其餘在
　　50-75萬間，各具特色。

	城市	邦名	人口
1	柏林	柏林	3,710,156
2	漢堡	漢堡	1,787,408
3	慕尼黑	巴伐利亞	1,450,381
5	法蘭克福	黑森	732,688
6	斯圖加特	巴登－符騰堡	623,738
10	萊比錫	薩克森	557,464
11	布萊梅	布萊梅	560,472
12	德勒斯登	薩克森	543,825
14	紐倫堡	巴伐利亞	509,975

錄自維基百科

二、城堡多不勝數，德國許多地名都以堡為名，光是萊茵河約一小時遊
　　船，即經過好幾個城堡，行程中包括海德堡（Heidelberg）、新天鵝
　　堡（Schloss Neuschwanstein）、寧芬堡（Schloss Nymphenburg）、羅
　　騰堡（Rothenburg ob der Tauber）、紐倫堡（Nuremberg）、施威林水
　　上城堡（Schweriner Schloss）、漢堡（Hamburg），由於音譯中文之
　　故，burg與berg均翻譯為堡，但burg與berg分別意為堡與山；另外德
　　文Schloss為宮之意，隨主人身分，可為皇宮、侯爵宮等，通常不具
　　防禦功能。

[註] burg與berg造字源於bergen（安全的位置），人造堡壘和像山一樣的自然
　　地勢都有助於防禦攻擊。某一地方如果附近有一座著名的山和／或那座
　　山上有名的實體可能被命名為xx-berg，如果這個地方因其建堡防禦而聞
　　名，則可能被命名為xx-burg。

三、德國各地稍具規模都市都有「市政廳」。多有市政廣場，不僅為市政中心，由於本身與周邊建築各擅勝場，廣場立有紀念碑、名人雕像或建有噴水池，間有街頭藝人表演，往往成為城市地標與觀光勝地。

四、建築風格多元化，除常見哥德式建築，有文藝復興式、木骨架（Fachwerk）、巴洛克、洛可可式、現代建築等，難得的是市區房屋，多有規劃，色彩調和，許多房間陽台，植有各種鮮花，美不勝收。

五、社會整體而言，井然有序，即使在原東德區域，普遍呈現富庶氣象；據國際貨幣基金組織據估計，2019年德國GDP（PPP）人均為48,189美元（世界第18名），GDP（國際匯率）人均為42,326美元（第18名），道路清潔整齊，汽車禮讓行人，行車幾乎不按喇叭。

六、在人文藝術方面，德國在文學、哲學、音樂等方面均有輝煌成就，其文學家及哲學家對西方文化思想貢獻巨大，德國在歷史上也被稱作「詩人與思想家之國」（德文：Das Land der Dichter und Denker）。此行有機會參觀「歌德故居」，造訪「華格納歌劇院」、「侯爵歌劇院」、「巴哈」長期任職的教堂、「易北愛樂廳」、「海德堡」哲學家小徑等，印象深刻。

七、在政治歷史方面，造訪Ludwig II建的「新天鵝堡」（德文：Schloss Neuschwanstein）、「Frederick大帝之夏宮」、「萊比錫德法戰爭

▲ 兒童在市政廣場盡情歡樂（陳學安攝）

▲ 建築風格多元化，美不勝收（陳學安攝）

紀念碑」、「柏林布蘭登堡門」、「柏林勝利紀念碑」、「柏林議會」、「柏林猶太受難紀念碑」、納粹黨成立場所、納粹黨年會地點等，加深對其背後歷史、政治及相關人物的理解。

八、在大學方面，路經「柏林洪堡大學」、「海德堡大學」、「萊比錫大學」，「洪堡大學」由洪堡首倡大學除傳授知識外，也應從事創造知識的研究，為現代完整大學之先驅；「海德堡大學」於1386年成立，是德國最古老的大學，是社會學巨擘「韋伯」（Max Weber）之母校；文學家「歌德」（Goethe）與幽默大師「林語堂」曾就讀「萊比錫大學」。

九、在科技與產業方面，參觀賓士車廠博物館、寶馬車廠展售中心，賓士、寶馬車廠各有百年以上歷史，是現今高級房車的代稱，也顯示德國機械工業的先進；同時德國化工、化學、光學、電機產業也在世界上首屈一指，代表性企業有西門子（Siemens）、巴斯夫（BASF）等，這反映德國自十九世紀以來累積的科技成就。

在二十世紀初年，德國科學堪稱領先全球，美國則仍瞠乎其後，學者往往須經歐陸，尤其是德國，學界洗禮，才得登入堂奧；以二十世紀初年發展的兩大科學突破，「相對論」與「量子力學」而言，包括愛因斯坦（Einstein）、普朗克（Planck）、海森堡（Heisenberg）

▲ 積極發展綠能（陳學安攝）

及玻恩（Bonn）等德國科學家都扮演了主要角色；轉捩點是發生在納粹黨崛起之時，排斥迫害猶太裔與不認同納粹科學家，導致其出亡或甚至自殺；二次大戰德國戰敗後，美國又乘機延攬大批優秀德國科學家，如航空航天工程家馮‧布勞恩（von Braun）開發第一枚太空火箭，而後協助美國開發土星5號運載火箭，使阿波羅計畫（Apollo project）得以實現。二次大戰後至今德國科技已明顯落後美國，一個很明顯的指標是現今科學論文以德文發表的已無足輕重，世界各地科技相關科系紛紛放棄以德語為第二外國語。

十、積極發展綠能，沿途舉目可見風力發電機以及太陽能板，尤其風力發電機密度很高，據報導，2018年全年，再生能源已占德國全年總發電量40%，風力發電占總發電量20%，為燃煤以外的第二大發電能源，太陽能發電則占約8.5%，而核電約13.4%。據Global Energy Council統計，2015年德國風電裝置量達45GW，僅次於中國（145 GW）與美國（75 GW），居世界第三。2017年德國風電裝置量達52 GW，太陽能發電裝置量為42 GW。綜合而言，德國的可再生能源發電裝機占總裝機容量的53%，而煤電裝機占25%。

十一、德國以其多元的旅遊線路聞名，包括浪漫之路、葡萄酒之路、城堡之路、大道之路、德國木骨架之路等，未來似可規劃第二次德國之旅。

浪漫古城德國之旅記遊（二）：
萊茵河風情

2019年8月1日　星期四

　　「萊茵河」發源於瑞士阿爾卑斯山區，全長約1,232公里，通航區段為883公里。「萊茵河」有超過1000公里的河道位在德國境內，為德國最長的河流，是延續德國文明的生命之河。

　　「萊茵河」遊船從距發源地約770公里處Boppard上船，Boppard位於「萊茵河」峽谷中，「萊茵河」在流經Boppard北方時，形成整條萊茵河彎度最大的彎道，景觀特殊。漫步人口僅有一萬五千多人的小鎮，放眼望去，盡是清潔又漂亮的歐式房舍，各家陽台多蒔有花草，頗為賞心悅目。似為土耳其裔店家所售櫻桃新鮮、味美多汁而廉宜。

　　行船緩慢而平穩，沿岸綺麗風光盡收眼底。船行約15公里，一小時左右

▲ 萊茵河在Boppard附近景觀特殊

▲ 沿岸風光綺麗

後在著名的蘿蕾萊（Lore Lay）岩壁（高約120米）附近下船；是時陽光普照，天色湛藍，白雲朵朵，清風徐來，水流清澈，沿途兩岸山巒廣植的葡萄園與高聳城堡相間，偶見精緻、美麗民居，景色絕美；暱稱貓堡（Katz(Cat) Castle），鼠堡（Maus（Mouse）Castle）及香堡（Schönburg Castle）的古城堡皆歷歷在目。遊船在蘿蕾萊岩下播兒時習唱之「蘿蕾萊之歌」，讓人記憶飛馳回到過去。

下船後在有名的胖媽媽（Panorama）飯店享用德國豬腳，味美但分量驚人，飯店附設雜貨店似頗有口碑，生意興隆，老闆會以中文講總價，頗為有趣，也顯示華人顧客不少；離店時，巧遇冰雹轟擊，幸未傷人。

次赴黑森林（black forest，德文：Schwarzwald）區蒂蒂湖（Titisee）遊覽；蒂蒂之名一說源自羅馬將軍Titus，湖水自高山流入，再注入「萊茵河」支流，總面積約1.3平方公里，平均深20米；蒂蒂湖是山中湖，無工業汙染，湖水清澈，映照周圍黑森林與美麗小屋，景色甚為迷人，被評為「黑森林之珠」；黑森林之名來自綿密的針葉林，遠眺成黑色。分布在德國西南部長160公里，寬達50公里地區。

蒂蒂湖區一大特色是「咕咕鐘」（Cuckoo clock，德文：Kuckucksuhr）的產製地，約18世紀中葉，「咕咕鐘」在黑森林區逐漸開發與演進，在十九世紀

▲ 蘿蕾萊岩下，讓人記憶飛馳回到過去

▲ 蒂蒂湖畔黑森林

中葉開始外銷而廣為人知，成為該地圖標之一，在小鎮「咕咕鐘」展售店中，參觀「咕咕鐘」製造流程，對材質的選用以及音箱的設計，多長了一分知識。

在「咕咕鐘」店隔鄰飲食店享用「黑森林蛋糕」：黑森林區盛產黑櫻桃，當地的人會把過剩的黑櫻桃夾在巧克力蛋糕內，並塗上奶油及灑上巧克力碎片，便製成了黑森林蛋糕。有趣的是，德國對「黑森林蛋糕」的製作有嚴格要求：2003年的國家糕點管理辦法中規定，「『黑森林蛋糕』是櫻桃酒奶油蛋糕，蛋糕餡是奶油，也可以配櫻桃，加入櫻桃酒的量必須能夠明顯品嘗出酒味。蛋糕底托用薄麵餅，至少含3%的可可粉或脫油可可，也可使用酥脆蛋糕底。蛋糕外層用奶油包裹，並用巧克力碎末點綴」。只有滿足上述條件，才有資格稱為「黑森林櫻桃蛋糕」。

次往萊茵瀑布，這也是整條「萊茵河」上唯一的瀑布，並是歐洲最大的瀑布；「萊茵河」流經瑞士接近德國交界處被一塊大岩石地形所阻，形成寬約150公尺、落差約23公尺的壯麗瀑布，湍急的河水宣洩而下氣勢磅礴，附近則風景秀美，由於在瑞士境內，並夜宿於瑞士德語區小鎮Schaffenhausen（Schaffen：創造，hausen：小屋），讓此次旅遊堪稱「德、瑞十三日遊」。

Schaffenhausen為人口約33.000人小鎮，座落於萊茵瀑布旁，商船常停靠卸貨，成了貿易重鎮。街上兩側建築有各式各樣造型的凸窗（bay window），

▲「咕咕鐘」琳瑯滿目

▲ 德國對「黑森林蛋糕」的製作有嚴格要求（陳學安攝）

除實用觀察功能外，據說是該戶人家展現自己雄偉財力、富裕程度的炫富方式。

　　次日在乘渡輪過「波登湖」（德文：Bodensee）前，先到附近（不在原預定行程之中）的「忘憂島」遊覽，由於該島德文為Mainau insel，音譯為邁瑙島，台語一轉即成「忘憂島」；該島亦稱「花島」（Blumeninsel），是「波登湖」中的一個島，它是一座花園島嶼，種有各種花卉，有許多巨型花飾動物，很值得一遊。

　　「波登湖」位於瑞士、奧地利和德國三國交界處，由三國共同管理，面積536平方公里，最深處254公尺，是德語區最大的淡水湖。乘渡輪到彼岸十五分鐘即達，迎面可見許多葡萄莊園。

▲ ①歐洲最大的瀑布
　②凸窗除觀察功能外，也是炫富方式

③「花島」中有許多巨型動物花飾
④「波登湖」是德語區最大的淡水湖

浪漫古城德國之旅記遊（三）：
海德堡、賓士博物館

2019年8月1日　星期四

　　「海德堡」是因拍攝電影《學生王子》歌舞片而聞名的大學城。《學生王子》在1954年上映，風靡一時；是幼時最喜愛的影片之一，頗嚮往其中大學生無拘無束的浪漫生活。而其中幾首主題曲至今百聽不厭，女主角安白蘭絲（Ann Blyth）在劇中溫柔婉約，令人憐愛。當初拍攝主場酒館，至今仍營業中。

　　「海德堡大學」於1386年成立，為德國最古老的大學，也是神聖羅馬帝國境內所創設的第三所大學。著名師生包括哲學家黑格爾、聯邦德國前總理科爾以及社會學家馬克思·韋伯以及三十餘位諾貝爾獎物理、化學，生醫獎得主。「海德堡大學」至今在各類世界大學排行榜上皆穩居德國前三名。

　　馬克思·韋伯是社會學重要創始人之一，曾是「海德堡大學」學生及教

▲ 德國最古老大學音樂學院

▲ 「海德古堡」風采依舊

授，他質疑另一社會學奠基人馬克思的經濟階級論，認為德國人重「榮譽」與「生活格調」，社會地位對社會發展影響很大，頗有見地：而此行特別能體會德國人重「榮譽」與「生活格調」的特色。

在「海德堡大學」音樂學院附近，搭纜車上「海德古堡」，此古堡雖然已是十三世紀的建築物，但風采依舊。經過擴建後，形成歌德式、巴洛克式及文藝復興三種風格的混合體。二次大戰期間，海德堡倖免於盟軍的空襲，才得以保存古城風貌。地窖更收藏了一個可容二十二萬公升的大酒桶，深具歷史及文化特色。大文豪歌德曾經漫步環繞城堡的公園。

從古堡可清楚看到的相連的市政廳（Rathaus）、市集廣場與聖靈教堂（Heiliggeist kirche）；回到老城區，首經「玉米市場」（Kornmarkt），曾被用於農產品的收集和貿易。廣場中有一聖母（Madonna）雕像，於1718年由耶穌會士豎立，旨在鼓勵「海德堡」人民皈依天主教。

聖靈教堂的建設歷時150年，已有700年之久的歷史，有著明顯哥德式的尖拱頂及尖塔；從舊城區往橫跨內卡河（Neckar）河面美麗的老橋（Alte Bruck），橋門上面有座雙塔式的建築，高約28公尺，橋門可能是當年管控進出海德堡的行人與貨物的關卡，雙塔曾經用於囚禁犯人。

老橋前有猴子銅雕，頭部是空的，左手拿著一面鏡子，旁有小老鼠銅雕。傳說摸摸銅猴的手臂，可能會有機會再度回來海德堡，觸摸鏡子會發財，而

◀ ①從古堡遠眺橫跨「內卡河」之「老橋」
② 「老橋」橋門雙塔式的建築
（陳學安攝）

觸摸猴子旁邊的老鼠則庇佑多子多孫。猴子與小老鼠銅雕間刻有1632年Martin Zeiler詩作，大意是：

> 你為什麼老盯著我看？
> 你沒有見過海德堡的老猴子嗎？
> 多看看，你會發現更多我的類型！

頗為詼諧。

老橋對岸有哲學家小徑（德文：Philosophenweg），長約兩公里，由於天雨路滑，並滿階散落徑旁人家種植的熟透櫻桃，功虧一簣，未能效法歌德等人攻頂。

司圖加特賓士博物館（Mercedes-Benz Museum）

賓士汽車（Mercedes-Benz）以豪華與高性能成為德國精湛工藝的代名詞，而德國南部工業大城司圖加特正是賓士汽車的誕生地。司圖加特的「賓士博物館」完整記錄了賓士發展軌跡、歷史與未來展望，賓士不僅是全球豪華汽車的領導品牌，賓士博物館更收藏超過160台賓士與10000個配件，讓人嘆為觀

▲ 你為什麼老盯著我看？

▲ 哲學家小徑路口

止。建築外型與內裝皆以DNA雙螺旋形式鋪陳，反映賓士汽車品牌哲學：不斷創造全新的產品，推進人類移動的事業（to continuously create radically new products to advance the cause of human mobility）。

在時光走廊中，對自1886年以來汽車發展史，與相關重大歷史事件，作一完整簡要的巡禮；其中有1958年在比利時舉行的世界博覽會，以原子科技（Atomium）為主題，與1956年「新竹清華」梅貽琦校長以原子科技代表有益人類福祉最先進科技，而在「新竹清華」建校時最先設立「原子科學研究所」的初衷提供有力佐證。

在入口處遇見一群來自四川重慶學童，據帶隊老師告知，由五位老師引導二十餘位學生來德國十四日遊，反映出大陸確實有一部分人「先富起來」。

▲①建築以DNA雙螺旋形式鋪陳（陳學安攝）　③豪華與高性能兼具的賓士汽車（陳學安攝）
　②德國精湛工藝代名詞　　　　　　　　　　④不斷創造全新的產品，推進人類移動的事業

浪漫古城德國之旅記遊（四）：
紐倫堡（Nuremberg）

2019年8月2日　星期五

　　紐倫堡是巴伐利亞第二大城市，僅次於首府慕尼黑，是世界著名大企業集團西門子的誕生地。建城於11世紀的紐倫堡，不論是在中古時期或是近代，都在歷史上扮演了重要的角色。

　　首先到紐倫堡城堡（Nuremberg Castle），居高臨下，一覽市區。再經文藝復興風格的市政廳，步行至市集廣場（Hauptmarkt，main market）。德國著名童話作家霍夫曼（E. T. A. Hoffmann）於1816年的創作的童話故事《胡桃鉗與老鼠王》（Nußknacker und Mausekönig）就發生在聖誕夜的紐倫堡市政廳；法國文豪大仲馬（Alexandre Dumas）隨後在1844年改編並簡化內容，出版了非限制級的《胡桃鉗的故事》（Histoire d'un casse-noisette），後來被俄羅斯大作曲家柴可夫斯基（Pyotr Ilyich Tchaikovsky）譜寫成芭蕾舞劇《胡桃鉗》

▲ 紐倫堡城堡居高臨下，市區一覽無遺

（Nutcracker）而名揚天下。

市集廣場一角有美泉（Schöner Brunnen，beautiful fountain），高約19米，呈哥特式尖頂形狀，在第二次世界大戰期間，被包裹在一個混凝土護體中在轟炸中倖存下來。裝飾噴泉的有40尊塑像，代表神聖羅馬帝國的世界觀。噴泉的柵欄上有兩個黃銅環，據說旋轉它們可以帶來好運氣。在參觀時，適見男女小童爭相攀爬柵欄並轉動銅環。

廣場東側是聖母堂（Frauenkirche），為哥特式建築，並有山形牆：1934年著名導演萊尼·里芬斯塔爾（Leni Riefenstahl）製作的納粹宣傳片《意志的勝利》（Triumph des Willens）中，閱兵的最後一幕為穿過紐倫堡市中心，希特勒接受納粹部隊致敬，背景就是紐倫堡聖母堂。影片記述了1934年納粹黨在紐倫堡召開的全國黨代會，此次黨代會共有逾700,000名納粹支持者出席。在Youtube可看到約長兩小時的宣傳片，看到希特勒的狂態、多位納粹領袖的猙獰面貌與誇張動作，以及由虔敬青年組成而整齊劃一的遊行隊伍、熱烈喝采的觀眾，思及納粹造成的浩劫，也讓人對人類的愚蠢之無下限感到不可思議。

紐倫堡是納粹黨代表大會總部，也是納粹罪行的發軔之地。1933年，希特勒上台後把紐倫堡定為「納粹黨代會會址」，從1933年至1938年，作為納粹精神統治和領袖崇拜的重要活動，一年一度的納粹黨代會在第三帝國的「精神首都」紐倫堡舉行。納粹黨徒高舉火把列隊遊行，高喊希特勒的名字，聆聽他們元首煽動性的演講。第三帝國著名的反猶太「紐倫堡法案」就是在此處出爐的，掀起了種族清洗的風浪。也因此，戰後紐倫堡成為審判納粹戰犯，也就是「紐倫堡大審」之地。

在赴晚餐餐館途中，經過聖勞倫斯教堂（San Lorentz Church）；是一座中世紀哥德式教堂，自宗教改革以來一直是巴伐利亞最大的路德會教堂之一。西立面由兩座塔樓主導，有高挑門戶、塑像以及直徑9米的玫瑰窗。其中管風琴是世界上最大的管風琴之一，有12,000個風琴管和165個調音器。

紐倫堡的「日耳曼國家博物館」呈現日耳曼地區的豐富文化，也是德國乃至全歐洲最大的日耳曼文化博物館。它是在一座中世紀修道院的基礎之上改建而來。大門前是人權大街（Straße der Menschenrechte），有27根圓柱，每一根柱子用一種文字刻出一條人權宣言。這是以色列藝術家Dani Karavanm於1993年創作的藝術作品，成了保護人權的警示碑。

◀①裝飾美泉的40尊塑像，代表神聖羅馬帝國的
　世界觀
　②聖母堂曾是納粹宣傳片希特勒閱兵的背景
　③人權大街圓柱是保護人權警示碑

浪漫古城德國之旅記遊（五）：
拜羅伊特（Bayreuth）

2019年8月2日　星期五

　　「拜羅伊特」（Bayreuth）位於「美茵河」（Main river）河谷；整個城市與「理察・華格納」（Richard Wagner）息息相關，以「華格納」歌劇人物命名的街道建築商店比比皆是。「拜羅伊特」以一年一度舉行演出「華格納」音樂劇的「拜羅伊特音樂節」（德文：Bayreuth Festspiel）而聞名於世。在拜羅伊特旅遊局的網頁上，打出的旗號就是「拜羅伊特——華格納城」。

　　「拜羅伊特音樂節劇院」（Bayreuth Festival Theatre，德文：Bayreuth Festspielhaus）為1871年「華格納」為了上演其作品《尼伯龍根的指環》（Der Ring des Nibelungen）全劇，籌建專為該劇設計的歌劇院。在其贊助人Ludwig II竭力的資助下，劇院於1876年建成。同年8月，上演揭幕劇《尼伯龍根的指

▲「拜羅伊特」與「華格納」息息相關（取自「谷歌」地圖）

環》的前夜劇《萊茵的黃金》（Das Rheingold），獲得空前成功，劇院也名聲大噪。在抵達「拜羅伊特音樂節劇院」時，由於當天並不開放參觀，[1]僅得在庭園中流連巡禮。劇院外觀並不華麗，但淡雅有致，庭園中芳草如茵，飾有大型花毯，一旁有怒放的玫瑰花，別有韻味。劇院庭園草坪兩側分別有「華格納」與其第二任妻子，鋼琴家李斯特的小女兒Cosima，的青銅像。

　　「拜羅伊特音樂節」是每年在「拜羅伊特音樂節劇院」舉行的音樂節。音樂節出自「華格納」的構想與推廣一個特別節日，以展示他自己的作品，至今該節日已成為「華格納」樂迷的朝聖節日。每年7月下旬至8月舉行，音樂節

▲①「拜羅伊特音樂節劇院」外觀淡雅有致
　②「華格納」是不世出的作曲家之一
　③「侯爵歌劇院」開創了19世紀大型公共劇院的先河
　④評定為世界文化遺產，內部華麗炫奇（陳學安攝）

一般持續5至6周，每年夏天，都會吸引成千上萬的「華格納」樂迷。門票需求（估計為500,000張）大大超過供應（58,000張），自然「一票難求」；等待時間在五到十年（或更長）之間，並且規定每年夏天都要提交訂單；申請人大約十年後通常會成功，未能每年提出申請會導致被改排在隊列後面，據說觀眾以老年人居多，可能與此有關。

這種購票制度看似公平，其實頗有「巧門」，例如德國總理「梅克爾」光在此觀賞她喜愛的「崔斯坦與伊索德」（Tristan und Isolde）就有二十餘次，同時「華格納之友」（贊助者團體）會員也有相當程度的優先權，普羅大眾除了「痴痴的等」外，只有期待中「樂透」。

「華格納」是不世出的作曲家之一，但也極富爭議性。他自述「我一定要有美、輝煌和陽光相伴！我所需求的，都是這世界虧欠於我的！我不能像你們的大師巴哈那樣過著小鎮風琴師的可悲日子。如果我認為值得擁有一點自己喜歡的奢華，這奇怪嗎？實在令我費解，我是一個可以帶給這世界和千萬人這麼多享受的人啊！」極端自負與自私，尤其與納粹反猶太思想的糾結，在《音樂中的猶太文化》一文中，華格納把猶太人視為因人類墮落而產生出來的惡魔。

正是「華格納」的觀點給納粹提供了某些能夠支撐自身政治主張的論據，納粹宣傳部長戈培爾（Paul Joseph Goebbels）就曾說「他教會了我們何為猶太人」！成了納粹政治哲學的先聲。在德國長達十二年的納粹時期，「華格納」的音樂備受推崇，每次納粹黨大會或群眾集會上，特別是在「希特勒」檢閱軍隊、行納粹舉手禮時，都會播放《眾神的黃昏》。時至今天，許多年邁的猶太人堅持認為華格納對納粹的反猶罪行負有重要責任，仍然反對播放「華格納」的作品。以色列甚至禁演「華格納」的歌劇。

「華格納」選擇「拜羅伊特」的主要原因，是「拜羅伊特」擁有一座歐洲現存最美麗的巴洛克劇院——「侯爵歌劇院」（Margravial Opera House，德文：Markgräfliches Opernhaus），舞台的進深達27公尺，但後來卻因為「華格納」認為劇場的結構不符合他的要求放棄使用，而另籌建新劇院。

「侯爵歌劇院」建1745至50年間，是由普魯士女侯爵Margravine Wilhelmine委託建造。[2]這座宮廷歌劇院是作為城市元素建於公共場所，堪稱開創了19世紀大型公共劇院的先河。以當時意人利劇院為藍本，它的表演廳保留著在石材外部安裝的原有材質，如裝飾華麗的木製包廂、幻想主義的帆布畫等，可供觀

眾體驗巴洛克宮庭歌劇文化與聲學設計，適用於舉辦突顯高貴風範的慶典和盛會。2012年被聯合國教科文組織認為符合以下標準：

（i）　表現人類創造力的經典之作。（a masterwork of Baroque court theatre architecture by Giuseppe Galli Bibiena in terms of its tiered loge form and acoustic, decorative and iconological properties.）

（iv）　關於呈現人類歷史重要階段的建築類型，或者建築及技術的組合，或者景觀上的卓越典範。（an outstanding example of a Baroque court theatre. It marks a specific point in the development of opera houses, being a court opera house located not within a palace but as an urban element in the public space, foreshadowing the great public opera houses of the 19th century.）

　　評定為世界文化遺產，是18世紀巴洛克劇院建築中的傑作，該劇院甫於2018年維修完成，所以有幸進內參觀。內部華麗炫奇，美中不足的是只有德語導覽，堪稱「鴨子聽雷」。

　　「拜羅伊特」是一個人口約七萬人的小鎮，房舍精緻美麗，午餐飯店以及附近房舍甚至可以「讓人驚艷」形容，某些屋側大型畫作則頗有「博君一笑」功能。

　　此行比較可惜的是未能安排參觀離「侯爵歌劇院」僅有600公尺距離的「華格納」故居Wahnfried。此故居建於1872年至1874年，由巴伐利亞國王Ludwiig II資助，Wahnfried是由德文Whan（幻想）與Fried（安寧）合成，雕刻在門戶上的是「華格納」的座右銘：「我的幻想在這裡找到了安寧，讓這個地方被命名為Wahnfried」（Here where my delusions have found peace, let this place be named Wahnfried）。據記載，「希特勒」曾是Wahnfried常客。同時「華格納」與其妻均安葬於附近家庭墓園中。1973年「華格納」子孫將Wahnfried捐贈給政府，成為一公立「『華格納』博物館」，經過三年整修，恢復了由戰爭和氣候破壞的部分房屋原貌，並重建了圓形大廳，沙龍和客房，而於1976年正式開幕。

　　「華格納」原本「不情願」的岳父「李斯特」（Franz Liszt）晚年與女婿言歸於好，搬到Wahnfried隔壁住，其故居現也闢為「李斯特博物館」。

[1] 「拜羅伊特音樂節」，今年於7月25日至8月28日舉行，7月25日上演「唐豪瑟」（德文：Tannhäuser）開幕，8月28日以上演「崔斯坦與伊索德」（Tristan und Isolde）閉幕。

[2] Margravine Wilhelmine of Brandenburg-Bayreuth（1709-1758），是普魯士國王Frederick the Great特別親愛的姐姐。歌劇院是為慶祝其女Elisabeth Friederike Sophie於1758年大婚所建。

▲ ①是18世紀巴洛克劇院建築中的傑作
　②「拜羅伊特」房舍精緻美麗
　③屋側大型畫作頗有「博君一笑」功能

浪漫古城德國之旅記遊（六）：羅騰堡（Rothenburg）

2019年8月3日　星期六

　　在羅曼蒂克大道上的「羅騰堡」素有「中世紀寶石」美譽，建於陶伯河（Tauber）畔聳立的岩石上。Rothenburg德文含義是「紅色城堡」，乃因城內房子屋頂大多為磚紅色而得名。由於德國至少有四個Rothenburg，此處全名是「陶伯河上的紅色城堡」（Rothenburg ob der Tauber），以資區別。

　　「羅騰堡」城牆是羅曼蒂克大道上保留完整的中世紀城牆及建築規模最大的一座。在城牆外用午餐，即登城牆巡禮一番。城牆約十五米高，步道甚為狹窄，兩人並行即感困難，不若「萬里長城」寬可馳馬。在城牆上可遠眺城內外風景；有趣的是旅客欲留存「到此一遊」紀念，可訂購一定尺寸空間鑴刻大

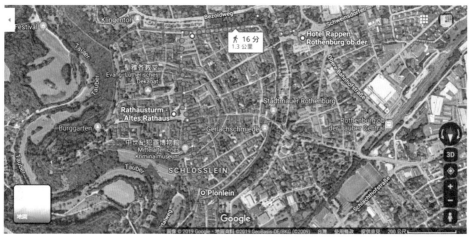

▲ 「羅騰堡」素有「中世紀寶石」美譽（取自「谷歌」地圖）

▲ ①到此一遊「紀念名牌」（陳學安攝）
　②時鐘塔木偶劇有紀念意義（陳學安攝）
　③連排房屋淡雅色澤搭配恰到好處，典雅迷人
　④著名的聖誕禮品店全年無休

名、來處，其中不乏台、港、大陸仁人志士，踴躍輸將，只不知「紀念名牌」保固期能有多久。

市內有保存完整的中世紀街道、民房、城牆、塔樓、小石路、噴泉等，令人恍如穿越時光隧道，回到歐洲中世紀的浪漫生活中。

市區觀光中心是市政廣場、市政廳，時鐘塔有紀念1631年市長救城的意義： 在該地有一個名為Meistertrunk（Master drink）的流行傳說稱，在三十年戰爭期間，一位天主教徒伯爵攻陷Rothenburg，並威脅摧毀個城市；伯爵宣稱如果有人能一口喝盡3.25公升酒，他就會饒過這座城市。當時的市長，Georg Nusch成功的讓該市逃過一劫。遊客在整點鐘時可以看到市長木偶拿桶灌酒，因而救了這個城市的木偶短劇。市政廣場旁則是保存良好的歌德式和文藝復興式的建築，連排房屋淡雅色澤搭配恰到好處，典雅迷人。

廣場一角有一Georgsbrunnen噴泉。有400多年歷史，中心有一精緻的柱子，上有騎士聖喬治和龍的的雕像，是此地的標誌性建物。

噴泉旁藥妝店Marien Apotheke（Marien Pharmacy），以販售「百靈油」（China oil，德文：China Oel）出名，據說是由「中國」學到薄荷配方之「百靈」油，使用的品種為Mentha piperita（胡椒薄荷）100%純薄荷，經過三次蒸餾而成的精油。適用於各種疼痛及不適症狀止痛，頗有口碑。

廣場邊有一著名的聖誕禮品店Käthe Wohlfahrt，全年無休，佔地很廣，擁有超過30,000件德國傳統聖誕裝飾品，琳瑯滿目，店後有一個「聖誕博物館」，讓人彷彿進入童話世界。途經一「北京酒樓」，店外特別宣示「本店由香港廚師主理，服務海峽兩岸同胞」，也屬「政治正確」，令人感慨。

本地著名小吃名為雪球（snow ball），味似台灣之「沙其馬」，美中不足的是個頭太大，尤其在飯後，吃了四分之一個，即感飽足。「沙期馬」源於滿洲，名稱由滿語轉來。

「羅騰堡」與納粹也有關聯；對於納粹思想家來說，它是德國「家鄉」的縮影，代表著所有典型的德國人。整個20世紀30年代，納粹組織「通過喜悅的力量」（Kraft durch Freude，KDF）推動整個帝國民眾定期到羅騰堡「一日遊」，作為示範。1938年10月，「羅騰堡」將其猶太公民驅逐出境，得到納粹及其支持者的讚賞。二次大戰末期，駐守「羅騰堡」的德軍，接受盟軍喊話勸告，放棄抵抗，而得以保全整個都市不受砲轟，算是功德無量。

① 「聖誕博物館」如童話世界
② 令人恍如回到歐洲中世紀的浪
　漫生活中
③ 著名小吃雪球味似台灣之「沙
　其馬」（陳學安攝）

浪漫古城德國之旅記遊（七）：
慕尼黑（Munich）

2019年8月4日　星期日

　　「慕尼黑」（Munich）是德國的第三大城，德國南部第一大城，原「巴伐利亞」王國都城。十幾年前，從「義大利佛羅倫斯」飛「奧地利維也納」在此轉機，在面積廣闊機場內，轉機僅得短短三、四十分鐘，上氣接不了下氣才及時趕到新機門，而到「維也納」時幸見托運行李也同機抵達，對機場轉運行李高效率印象很是深刻。「慕尼黑」機場是德國第二大機場，僅次於「法蘭克福」國際機場。

　　「慕尼黑」名稱意為修道院之地，市徽上表現的就是一位修道士；在「慕尼黑」王宮和「國家劇院」附近下車，立即感受到古典浪漫藝術氣息。步行至

▲「慕尼黑」名稱意為修道院之地（取自「谷歌」地圖）

市中心最熱鬧的瑪利亞或瑪麗恩廣場（Marienplatz）；「瑪利亞廣場」得名於廣場中間的「瑪利亞圓柱」（Mariensäule），圓柱修建於1638年，慶祝趕走瑞典人的軍事占領，以示對聖母的感謝。圓柱基座上有四組青銅雕像，為四個小天使斬殺人類憎恨的四個惡魔，獅子代表戰爭、蜥蜴代表瘟疫、龍代表飢餓、蛇代表無信的景象。這裡也是「啤酒館政變」納粹黨和國防軍的戰場。

「啤酒館政變」（又稱啤酒館暴動；德文為Hitlerputsch）於1923年11月9日晚上發生，由德國納粹黨在「慕尼黑」一啤酒館發動，並計畫仿效先前「墨索里尼」向羅馬進軍，進行類似行動推翻「威瑪共和國」。但最後失敗。1924年2月26日，主要策劃者納粹黨領導人「希特勒」被判處監禁五年。這次政變雖被鎮壓，卻提高了「希特勒」在黨內的地位。同時「希特勒」明白不能以武力奪權，而是應該用透過選舉的途徑。「希特勒」最後在該年12月經特赦獲釋。

「慕尼黑」「舊市政廳」（Altes Rathaus）是1874年以前的「慕尼黑」市政廳，位於「慕尼黑」市中心瑪利亞廣場東側，現在供市議會代表使用。1861-1864年又重建為新哥德式。其正立面的長度超過300英尺，以精美的石雕裝飾260英尺高的塔樓和鐘琴。1874年，市政機構遷往同一廣場上的新市政廳。1938年11月9日，納粹宣傳部長「約瑟夫‧戈培爾」（Paul Joseph Goebbels）[1]在「舊市政廳」大廳發表演說，揭開「碎玻璃之夜」（德文：kristallnacht）的序幕。當時納粹黨員與黨衛隊藉口襲擊德國全境的猶太人的事件，被認為是對猶太人有組織的迫害的開始。

華麗的「新市政廳」（Neues Rathaus）位於瑪利亞廣場北側，是19世紀末建造的棕黑哥德式建築。整個建築布局恢宏、裝飾華麗。市政廳85米高的鐘樓上有全德國最大的木偶大鐘，每天特殊時刻，會有真人大小的32個木偶演出歷史劇，持續10分鐘。據說在旅遊旺季，可能會「加場」顯出，而當天下午六點在廣場聽到鐘響，在期待中並未見到木偶演出。有趣的是，從外觀來看，「新市政廳」顯得陳舊，而「舊市政廳」則似「煥然一新」。

「慕尼黑」聖母教堂（Frauenkirche）位於廣場西北面不遠處，是慕尼黑市中心最著名的建築物，其獨特的黃銅穹頂雙塔鐘樓高達99米，其樣式屬於晚期哥德式風格，但設計亦仿效後拜占庭風格建築，構成該市天際線最獨特的特徵之一，同時慕尼黑市規定，禁止建造任何超過100米的建築物。

晚上在著名的「皇家啤酒屋」（the Hofbräuhaus）用餐；「皇家啤酒屋」為可容三千人的大型餐廳，大廳同時有樂團演奏與表演助興；它著名的黑歷史，是1920年2月24日，納粹黨人在此舉行了第一次會議。在這次聚會中，希特勒向納粹黨提出了「二十五點計畫」，擬定納粹黨的政治日程表，鋪陳種族主義，宣稱德國將統治劣等種族，並稱猶太人為種族敵人。其中的第四點總結道：「因此，任何猶太人都不可以成為國家的一員。」由於該次會議在希特勒崛起中發揮重要作用，納粹黨每年都會在「皇家啤酒屋」開慶祝會。

「慕尼黑」是德國南部的經濟中心，德國新經濟的中心之一，擁有BMW（Bavaria Motor Works）、Siemens、Allianz（安聯保險）、Infineon（英飛凌）等大公司的總部。次晨，首往BMW展售中心參觀，BMW不僅本身是頂級車的代號，更擁有Rolls-Royce勞斯萊斯汽車品牌，同行諸人不免與頂級名車合照留念。BMW總部與博物館則在展售中心對街，限於時間，並未安排入內參觀。

1972年「慕尼黑奧運」主要會場即在附近；當年發生「巴勒斯坦」武裝組織「黑色九月」，劫持「以色列」代表團11人，導致人質全部身亡。「慕尼黑奧運慘案」發生在當年要誅絕猶太人的納粹大本營之一的城市，特別令人髮指。8名武裝人員中有5名被擊斃，剩餘3名被逮捕，但在同年的一次劫機事件中，西德政府順從劫機者的要求，把3人移交「利比亞」釋放。同時「以色列」也展開了長達九年的報復暗殺行動，暗殺了11人名單中的10人，剩餘一名受到槍擊，但並未致命；2005年名導演：史蒂芬‧史匹柏（Stephen Spielberg），將描述「以色列」情報單位於事件後策劃的報復行動「天譴行動」（Operation Wrath of God）拍成電影《慕尼黑》（Munich）。也讓人感嘆「冤冤相報何時了」！

[1] 戈培爾為「海德堡大學」博士，其學位論文關於19世紀浪漫主義喜劇。1933年，他被任命為納粹宣傳部長。上任後第一件事即是將納粹黨所列禁書焚毀。在「海德堡大學」時候的戈培爾的反猶太主張尚不濃厚。他在海德堡大學的教授和博士論文的指導教授都是猶太人。

▶ ①瑪麗恩廣場曾是「啤酒館政變」戰場
　　②真人大小的32個木偶歷史劇（陳學安攝）
　　③納粹曾在「舊市政廳」揭開「碎玻璃之
　　　夜」的序幕

▶ ①聖母教堂獨特的黃銅穹頂雙塔鐘（陳學安
　　　攝）
　　②晚期哥德式風格聖母教堂，設計亦仿效後
　　　拜占庭風格建築（陳學安攝）
　　③納粹黨曾每年在「皇家啤酒屋」開慶祝會
　　④大廳有樂團演奏與表演助興（陳學安攝）
　　⑤頂級名車讓人驚艷
　　⑥BMW總部與展售中心（陳學安攝）

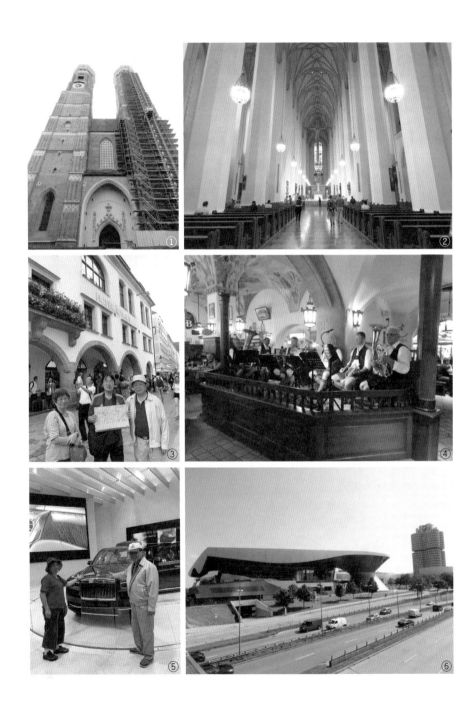

浪漫古城德國之旅記遊（八）：
新天鵝堡（New Swan Stone Castle）

2019年8月5日　星期一

　　「新天鵝堡」（New Swan Stone Castle，德文：Schloss Neuschwanstein）以成為「狄斯奈集團」圖形標誌（Logo）設計靈感來源而出名，據說「狄斯奈」的創辦人——華特・狄斯奈（Walt Disney）到歐洲發現這座羅馬復興建築式的「新天鵝堡」，因而成為其城堡故事原型。

　　「新天鵝堡」的建造，出於一段淒美傳奇，它的建造人「巴伐利亞」國王Ludwig II有「童話國王」美譽。但客觀的說是個「昏君」，與同樣雅好藝術的「亡國之君」宋徽宗差堪比擬，只是一人「亡身未亡國」，另一人「亡國未亡身」。Ludwig II是「巴伐利亞」國王Maximillian II之子，18歲時（1864年）繼

▲「新天鵝堡」是「狄斯奈集團」圖形標誌設計靈感來源（取自「谷歌」地圖）

▶ ①Ludwig II渡過童年的淺黃色的
　「舊天鵝堡」（陳學安攝）
②遠眺「新天鵝堡」最佳地點
　（陳學安攝）
③期待成為「最美麗的，神聖
　的，至高無上的的聖殿」（陳
　學安攝）

承了王位；一心熱愛藝術，除音樂、繪畫、戲劇外，癡迷於蓋城堡。

車抵「新天鵝堡」所在地，首見山上矗立著淺黃色的「舊天鵝堡」，是 Ludwig II 渡過童年的地方。乘巴士到半山腰，先步行至 Marien Bridge，是遠眺「新天鵝堡」最佳地點，然後再步行到「新天鵝堡」，在預定時間入堡參觀。根據規定，在堡內不得攝影。

「新天鵝堡」蓋在隸屬阿爾卑斯山山脈一個近一千公尺高的山頂上，三面絕壁。原規劃有360個房間，其中只有14個房間依照設計完工，其他的房間則因為 Ludwig II 在1886年猝逝而未完成。城堡全高約70米。城堡四角為圓柱形尖頂，上面設有瞭望塔。內部裝飾非常豪華，有彩色大理石地面的舞廳，金碧輝煌的大殿，名貴的古董、珠寶和藝術品。

「新天鵝堡」於1868年破土動工，期待成為「最美麗的，神聖的，至高無上的，是上帝帶來了救贖和真正的祝福的聖殿」（the location is one of the most beautiful to be found, holy and unapproachable, a worthy temple for the divine friend who has brought salvation and true blessing to the world.）。它還會讓你想起 "Tannhäuser"（歌劇院的大廳，可以看到背景中的城堡），"Lohengrin"（城堡庭院，開放式走廊，通往教堂的路徑）…… It will also remind you

▲宮殿被視為十九世紀建築的典型（陳學安攝）

▲向上指向的線條，纖細的塔樓，精緻的裝飾（陳學安攝）

of "Tannhäuser" （Singers' Hall with a view of the castle in the background）, "Lohengrin"（castle courtyard, open corridor, path to the chapel）。

　　Ludwig II雖未用公款，而是利用個人財富與借款建造新城堡，但其借款額度已接近「瘋狂」。1886年6月10日，巴伐利亞政府宣布Ludwig II精神失常且無法處理公務，三天後，國王與其私人醫生被發現溺死於慕尼黑南郊湖中，很可能是「被自殺」。「新天鵝堡」於1880年舉行宮殿封頂慶典。1884年可以入住，在17年的建築時間裡，Ludwig II僅得逗留172天。

　　宮殿可以被視為十九世紀建築的典型。羅馬式的形狀（簡單的幾何形狀，如長方體和半圓形拱門），哥特式（向上指向的線條，纖細的塔樓，精緻的裝飾）、巴洛克式（門窗、列柱迴廊），和拜占庭式的建築和藝術（王座大廳裝飾，瀝金濕壁畫）以折衷的方式混合在一起，並輔以19世紀技術成就。（The palace can be regarded as typical for nineteenth-century architecture. The shapes of Romanesque (simple geometric figures such as cuboids and semicircular arches), Gothic (upward-pointing lines, slim towers, delicate embellishments) and Byzantine architecture and art (the Throne Hall décor) were mingled in an eclectic fashion and supplemented with 19th-century technical achievements.）。建築基本風格最初計

▲ 尋幽訪勝如置身童話中

▲ 湖光山色清新如畫

畫為新哥特式，但宮殿最初主要以羅馬風格建造。歌劇主題逐漸從Tannhäuser和Lohengrin轉移到Parsifal。整個城堡中所有的水龍頭以及家具和房間配飾都是形態各異、栩栩如生的天鵝造型。

　　與德國歷史對照，德意志統一發生於1871年。在「鐵血宰相——俾斯麥」運作下，德意志諸國正式在政治上和行政上統一為民族國家。巴伐利亞與普魯士、薩克森、符騰堡（Württemberg）同為四大邦國之一，但普魯士邦國人口在四大邦國中佔了70%以上（約為3500萬人），行政權力賦予普魯士國王（皇帝），可以任命宰相。宰相只對皇帝負責，並聽命於皇帝。Ludwig II與「俾斯麥」的互動頗值得玩味：自1871年起，由於對「俾斯麥」的政治恩惠，Ludwig II獲得了祕密的額外收入，1886年初，路德維希向他的內閣要求借款600萬馬克，而被拒絕。4月，他遵循「俾斯麥」的建議向議會申請這筆錢，成為被罷黜的最後一根稻草。

　　晚宿福森（Fussen），福森是有名的觀光小鎮，不僅鄰近「新天鵝堡」，也是德國羅曼蒂克大道南端的終點。所住旅館Luitpoldpark-Hotel是Fussen最大旅館，但電梯系統似未跟上時代，導致報怨連連。

▲ 「童話國王」也是西方的「宋徽宗」

浪漫古城德國之旅記遊（九）：
萊比錫（Leipzig）

2019年8月6日　星期二

　　萊比錫（德文：Leipzig）是德國「薩克森邦」第一大城市，前「德意志民主共和國」（東德）第一大城市。位於薩克森邦萊比錫盆地中心。它的古稱來源於斯拉夫語，意思是「種『菩提樹』的地方」」。被大文豪「歌德」稱為「小巴黎」。

　　萊比錫自中世紀便發展成商業金融都市，1650年更發行了世界最早的日報《萊比錫報》；「萊比錫大學」創立於1409年，是歐洲最古老的大學之一，著名校友有「歌德」、「萊布尼茨」、「尼采」、「華格納」、「修曼」、「梅克爾」、「蔡元培」與「林語堂」等。共有18位校友及教授（包括物理學

▲ 「民族之戰紀念碑」是歐洲現存最大紀念碑（取自「谷歌」地圖）

家「海森堡」與「鮑立」）曾獲得諾貝爾獎。由於位於原「東德」區，1953年至1991年間，「萊比錫大學」曾改名為「萊比錫卡爾‧馬克思大學」（Karl-Marx University, Leipzig），現已恢復原名。

首先參觀「民族之戰紀念碑」（Völkerschlachtdenkmal, Peoples battle monument），記念1813年10月16日至19日在「萊比錫」城南為對抗「拿破崙」入侵「德意志」而發生的「萊比錫戰役」（又稱「民族之戰」），「拿破崙」的軍隊被「普魯士」、「奧地利」和「俄國」的聯軍擊敗，是當年不可一世的「拿破崙」敗落之始。為紀念這次戰役100周年，德國於1913年建立了「民族之戰紀念碑」。紀念碑高91米，為目前歐洲現存最大紀念碑。

市區行程由「奧古斯都廣場」（Augustusplatz）開始，廣場一邊為「萊比錫布商大廈」（Gewandhaus zu Leipzig），是「萊比錫交響樂團」音樂廳，該樂團除在音樂廳演奏交響樂外，也經常在著名的「聖多馬教堂」（Thomaskirche）表演，並也是在廣場正對面的「萊比錫歌劇院」的正式樂團。特別值得一提的是大音樂家「孟德爾頌」（Felix Mendelssohn）在1835-1847年擔任樂團首席指揮。同時「孟德爾頌」協助「修曼」（Robert Schumann）在1842年成立「萊比錫音樂學院」，成為首任校長，這所學校後來成為歐洲重要的音樂學校之一。

▲①記念對抗「拿破崙」入侵而發生的「萊比錫戰役」（陳學安攝）
　②「萊比錫大學」人文薈萃

▲「萊比錫大學」人文薈萃

在「萊比錫布商大廈」前廣場中的門德噴泉（Mendebrunnen, Mende Fountain）由幾個噴水青銅人物圍繞著水池中間大約18米高的花崗岩方尖碑。建於1883-86年，以捐贈者命名，是「萊比錫」最大的噴泉。

緊鄰「奧古斯都廣場」即為以泛藍色玻璃帷幕形式造型新穎別緻的「萊比錫大學」主樓（New Augusteum, new main building）以及「福音教堂」（Leipzig University Church）甫於2012年改建完成，由一位荷蘭籍建築師設計，其中有大禮堂，數學與計算機科學學院。大學辦公室。畫廊以及應用語言學與翻譯學研究所的新翻譯培訓設施等，已成為大學的地標建築。「福音教堂」亦名「聖保羅教堂」，在「東德」時期被拆毀，直至2007年才與「萊比錫大學」主樓一起重建。

在往「舊市政廳」途中，經過舊城區最著名的購物大街Grimmaische Straße，路口有一名為「不合時宜的當代人」（Untimely Contemporaries）青銅雕塑；上有五位各種姿態的裸體人物，分別持有、戴有或有鍍金的槌子、聽音管、鋸子、桂花環、金鼻子；此雕塑是東德女雕塑家Bernd Gobel在1986-1989年間（兩德統一前）作品，據猜測有諷刺專制政權意味，如拿槌子表示強行灌輸教條思想，由於涵義相當隱晦，所以未給創作者帶來麻煩。有人認為此五人分別

▲① 「聖保羅教堂」直至2007年才重建
　② 「不合時宜的當代人」青銅雕塑

代表「教師、醫生、工匠、哲學家和評論家」，也有人翻譯雕塑周圍的諺語，部分大意為：「所有五個人都不會偏離他們的原則。事實上這已經不合時宜了」，真正創作原意待考。

「舊市政廳」位於市集廣場（Markt）東側，是德國文藝復興時期最漂亮的建築之一，自1909年以來，已改闢為「城市歷史博物館」（City Historical Museum，德文：Stadtgeschichtliches Museum）。從地下室舊監獄牢房的遺骸到主樓層塔樓的房間，展示從中世紀到現在，「萊比錫」動盪的千年歷史。

有八百年歷史的「聖多馬教堂」（Thomaskirche），以「古典音樂之父」「巴哈」（Johann Sebastian Bach，1685-1750年）[1]精心培養的「聖多馬合唱團」及巴哈的指揮而聞名。巴哈於1723-1750年，長達27年間，在此擔任管風琴師兼合唱指揮。他創作的《馬太受難曲》（德文：Matthäuspassion）[2]等名曲均在這裡首演。宗教改革大師馬丁路德在此地發起改革活動；對街的「巴哈博物館」（Bach Museum），展品包括「巴哈」的樂譜手稿和當時的樂器。

以今日眼光看來，「巴哈」、「孟德爾頌」、「修曼」等音樂大師均長期在「萊比錫」工作。「萊比錫」除有「巴哈博物館」（Bach-Museum）外，還有「巴哈新、舊紀念碑」（Neu und alte Bach Denmal）、「巴哈音樂戲劇學院」（Bach Music School）、「孟德爾頌之家」（Mendelssohn-Haus）即

▲①「舊市政廳」是德國文藝復興時期最漂亮的建築之一
　②有八百年歷史的「聖多馬教堂」（陳學安攝）

「孟德爾頌博物館」、「孟德爾頌紀念碑」（Mendelssohn Denmal）、「孟德爾頌音樂戲劇學院」（Mendelssohn Akademie）、「修曼之家」（Schumann-Haus）即「修曼博物館」、「修曼紀念碑」（Robert Schumann Denkmal）、「修曼音樂學校」（Robert-Schumann-Gymnasium）等，稱「萊比錫」為「音樂之都」並不為過。最讓樂迷們驚喜的是「巴哈博物館」、「孟德爾頌博物館」與「修曼博物館」都在步行距離以內。

[1]　雖然「莫札特」、「貝多芬」等大作曲家均對「巴哈」推崇備至，「巴哈」生前與死後數十年內並未得到應有的評價，僅僅以作為管風琴演奏家與教師而聞名。

[2]　《馬太受難曲》首演於1727年，地點在「聖多馬教堂」，目前可聽到的演出是以1736年的修訂版為主。「巴哈」在世時，《馬太受難曲》並不受歡迎。直到1829年「孟德爾頌」再度演出該作品時，才獲得應有的重視。在2005年德國電視票選最偉大的德國人活動中，他排名第六，在20世紀以前的人物中僅次於「馬丁路德」與「馬克思」。

▶ ①巴哈在「聖多馬教堂」擔任管風琴師兼合唱指揮長達27年
　②「巴哈」有「古典音樂之父」美譽（陳學安攝）

▲ 千秋萬歲名，寂寞身後事

浪漫古城德國之旅記遊（十）：
德勒斯登（Dresden）

2019年8月7日　星期三

　　「德勒斯登」（德文：Dresden，意為「河邊森林的人們」）是德國「薩克森自由州」的首府，德國東部重要的文化、政治和經濟中心。是此行第一個造訪的原「東德」城市。

　　在可考的文字記錄中，「德勒斯登」最早於1206年被提及，並被發展為選帝侯以及後來的皇家領地，之後更成為歷史上的「薩克森王國」的首都，擁有數百年的繁榮史、燦爛的文化藝術，和無數精美的巴洛克建築（德勒斯登的巴洛克風格），被譽為歐洲最美麗的城市之一。作為重要的文化中心，德勒斯登又被稱為「易北河上的佛羅倫斯」。

　　在第二次世界大戰以前，「德勒斯登」是德國最發達的工商業城市之一。

▲「德勒斯登」被譽為歐洲最美麗的城市之一（取自「谷歌」地圖）

在第二次世界大戰時，該市遭到盟軍的大規模空襲，城市面貌已經面目全非。[1] 不過自1990年德國重新統一後，「德勒斯登」再度成為德國東部的文化、政治和經濟的中心，再度成為一個擁有豐富旅遊資源的城市，吸引了大批觀光遊客。2002年「德勒斯登」被列為歐洲綠化最好的大城市：有三分之一地區被森林覆蓋。

市區行程從「德勒斯登王宮」（Dresdner Residenzschloss）開始，是「德勒斯登」最古老的建築之一，是「薩克森選帝侯」（1547-1806）和「薩克森國王」（1806-1918）的宮殿。建築可看到從羅馬時期的堡壘到文藝復興時期和巴洛克時期時加蓋的部分多種風格。王宮正門有一高聳尖塔，外牆及內廳皆各有尖塔，是號稱「百塔之都」的「德勒斯登」特殊景觀的一部分。

像許多其他地方一樣，「德勒斯登王宮」也轉型為「博物館群」，內有五個博物館，分別為「新綠穹珍寶館」（Neu Grünes Gewölbe）、「歷史綠穹珍寶館」（Historische Grünes Gewölbe）、「錢幣收藏館」（Münzkabinett）、「軍械—土耳其館」（Rüstkammer mit Türckischer Cammer）和「銅版畫收藏館」（Kupferstichkabinett），皆屬於「德勒斯登國家藝術收藏館」下的分館。

次經「劇院廣場」（Theaterplatz）往「茨溫格宮」（Der Dresdner Zwinger），劇院一側即為德國最著名的「森柏歌劇院」（Semperoper）。它

▲ ①「德勒斯登王宮」是「百塔之都」特殊景觀的一部分
　②著名音樂家「韋伯」及「華格納」曾任「森柏歌劇院」音樂總監

是世界上最古老，最著名的交響樂團之一的「薩克森國家交響樂團」的所在地。文藝復興式的「歌劇院」於1838年至1841年間由Gottfried Semper建造，故名。二次大戰末期被盟軍空襲摧毀。直到1985年才重建。歌劇院正門頂上有著一頭豹與酒神雕像，很有特色。著名音樂家「韋伯」（Carl Maria von Weber）及「華格納」（Richard Wagner）分別擔任過「歌劇院」音樂總監。

「茨溫格宮」所在的位置曾經是有外牆保護的德勒斯登堡壘的一部分，「茨溫格」在德文中意為「同心城堡的外區」。薩克森選帝侯「強力王奧古斯特二世」規劃建造為壯觀的宮殿，在建築的外殼已經豎立的1719年，趁選帝侯「腓特烈・奧古斯特」舉行婚禮之際正式揭幕，內部直到1728年才完成，有「美術館」和「圖書館」的功能。

「茨溫格宮」在1945年2月13-15日盟軍地毯式的轟炸中基本被摧毀。戰後，德勒斯登市民舉行公民投票，決定重建，以恢復該市的榮耀。「茨溫格宮」中有「森柏畫廊」（Semper Gallery），亦即「早期繪畫大師美術館」（Gemäldegalerie Alte Meister），另外有「瓷器收藏館」（Porcelain Collection）以及「皇家數理儀器沙龍」（Royal Cabinet of Mathematical and Physical Instruments）。

「德勒斯登王宮」舊馬廄前有被稱為世界最大的陶瓷藝術品，長達102公尺的壁畫《王侯列隊圖》（Procession of Princes，德文：Fürstenzug）。這幅具

▲ ①世界最大陶瓷藝術品壁畫《王侯列隊圖》（陳學安攝）
　②「聖母教堂」是新教宗教建築的傑出典範（陳學安攝）

有歷史價值的壁畫是由25,000片瓷磚拼貼而成的。所描繪的是從1127到1873年曾經統領「德勒斯登」的維廷王族（Haus Wettin），騎馬前行的雄健之姿。在第二次世界大戰盟軍地毯式的轟炸中，此壁畫神奇地很大程度上毫髮無損，僅須局部修補少量被損壞的瓷磚。值得一提的是，瓷磚是由世界知名的「麥森瓷器（Meissen Porzellan）廠」（royal factory at Meissen）所燒製。

再經重建的「舊市政廳」以及「聖母教堂」（FrauenKirche）；「聖母教堂」建於1726至1743年間，是一座巴洛克式路德派建築。被認為是新教宗教建築的傑出典範，並以「阿爾卑斯山」以北最大的石製圓頂聞名。教堂在「德勒斯登大轟炸」中被摧毀。自1994年開始，教堂開始重建。其外部的重建於2004年完成，內部重建工程完成於2005年。同在2004年，教堂周邊的廣場及其許多有價值的巴洛克式建築也一同被重建。

接著漫步易北河畔的布呂爾平台（Brühlsche Terrasse），是一個有「歐洲陽台」之稱的露台，可觀賞易北河的美景。現今的露台曾是城市防禦工事的一部分，二次大戰中，被澈底炸毀。戰後重建，再次成為城市的主要地標之一。

晚上在Sophienkeller再次品嘗「德國豬腳」，飯店以「宮廷中曾經食用」廣為招徠，在圓拱型地窖古典裝潢中，由「薩克森」宮廷裝束侍者服務，別有風味。「德國豬腳」雖合口味但仍然分量太大，頗反「節省資源」之理；未來也許應點類似「兒童餐」分量晚餐。

飯後步行回Westin Bellevue酒店；途經「奧古斯都大橋」（Augustusbrücke），正巧得以觀賞「易北河」上「夕陽西下」美景，又經著名的「金色騎士」雕像，為全日「豐富之旅」畫下完美句點。

「德勒斯登」在過去的二十年以來被稱為德國的「矽谷」，是德國最大的半導體基地，「薩克森矽谷」是歐洲範圍內最大最成功的半導體和「微電子技術」的聚落。德國最大的半導體公司是「英飛凌」（Infineon）科技公司，1999年4月由「西門子」（Siemens）半導體部門拆分出來，2018年營業額約為「台積電」（TSMC）的三分之一。在半導體業方面，德國顯然不如台灣；回台後不久，參加台灣半導體「大老」胡定華先生的告別式，思及胡定華先生等的領導，創造了今日局面，不禁肅然起敬。

▲ 「易北河」分隔新舊城區（取自「谷歌」地圖）

▲ 「馬丁路德」發動宗教改革

▲ 藍天白雲下易北河美景

[1] 「德勒斯登轟炸」（1945年2月13日-2月15日）是二戰期間盟軍的大規模空襲行動。導致2萬以上的非軍事人員死亡，是二戰歷史上最受爭議的事件之一。

　　1945年2月4日至2月11日期間「雅爾達會議」，美國、英國和蘇聯三國領袖簽訂「雅爾達協定」（因當時未公布，「又稱「雅爾達密約」），碰面之前，「西方盟國」已鎖定「德勒斯登」為轟炸目標。認為劇烈的轟炸不僅能摧毀對東部「德軍」鐵路交通線運送物資設施，而且能牽制西部「德軍」的移動。許多因素湊在一起，使得「德勒斯登」大轟炸極具破壞性。

　　如果從背景來看，在二戰中，英國空軍傷亡慘重，光是「轟炸機司令部」125,000人，就約有一半陣亡。1940年，德國在八個月內向英國投下了35,000噸炸彈，估計造成39,000人死亡（與德國對英國的轟炸對照，英國和美國在7年內對德國投下約190萬噸炸彈）。英國空軍首長曾說：「不能忍受對轟炸目標的遲疑」，英國首相「丘吉爾」也寫道，他希望「轟炸具有絕對毀滅性，消滅襲擊英國重型轟炸機來自的納粹家園」。在另一封信中，他稱之為「恐怖爆炸」，它的目的是讓德國士兵士氣低落，以促進政權更迭。

　　「德勒斯登」是一個沒有太大軍事價值的平民城鎮。在戰爭結束前的幾個月裡，它沒有任何重大的作用。「丘吉爾」後來寫道，「『德勒斯登』的破壞讓人對盟軍轟炸行為嚴重質疑」。從網路照片看來，這次旅遊重點的老城區，在轟炸下已成一片廢墟，戰爭之恐怖是人人都須「戒慎恐懼」的。

　　戰爭結束後，「德勒斯登」領導人強力要求妥善重建城市中心的一部分，並將現代建築置於外面，讓「老城」被包圍在「新城」中。1990年統一後，德國對「內城」進行了廣泛的重建，讓「德勒斯登」恢復了其作為藝術和文化中心的大部分昔日輝煌。

▶ ①飯店前壁畫（陳學安攝）
②古典宮廷裝潢
③奧古斯都二世金色騎馬雕像
（陳學安攝）

浪漫古城德國之旅記遊（十一）：
威斯教堂（Wieskirche）與
楚格峰（Zugspitz）

2019年8月8日　星期四

　　位於阿爾卑斯山谷的威斯教堂（The Pilgrimage Church of Wies，德文：Wieskirche）於1983年被列為聯合國教科文組織所保護的世界遺產，為巴伐利亞洛可可式（Bavarian Rococo）建築，是18世紀德國宗教建築中最被推崇傑作，有「巴伐利亞草原奇蹟」之稱。

　　傳說1738年有一尊殘破的耶穌雕像被發現在掉淚，很快引來了禮拜和朝聖的人潮，先是於1740年建造了一座小教堂來容納雕像，其後Steingaden Abbey決定建造一個全新的教堂。建築工程於1745年至1754年之間進行，內部裝飾有壁畫和彩繪襯底，「務使超自然可見。雕塑和壁畫相結合，以可見的形式展現神聖」（Everything was done throughout the church to make the supernatural visible. Sculpture and murals combined to unleash the divine in visible form）。

　　在威斯教堂列名聯合國教科文組織世界遺產後，於1985年到1991年間曾進行廣泛的修復。現今教堂位於綠色草原上，內裝金碧輝煌，精緻優美，華麗而不失莊嚴神聖。根據聯合國教科文組織：「繪畫的生動色彩展現出雕刻的細節，在上部區域，壁畫和石膏彩繪襯底相互穿插，營造出前所未有的豐富和精緻的輕盈而生動裝飾。豐富的圖案和圖形，流暢的線條，巧妙的表面開口以及光線不斷為觀察者帶來新的驚喜。以三度空間視覺法畫的天花板看起來像一個彩色天空，天使飛翔其中，更顯現教堂整體的光輝形象」（The lively colours of the paintings bring out the sculpted detail and, in the upper areas, the frescoes and stuccowork interpenetrate to produce a light and living decor of unprecedented richness and refinement. The abundance of motifs and figures, the fluidity of the lines, the skilful

▶ ①18世紀德國宗教建築中最被
　推崇傑作
　②雕塑和壁畫相結合，以可見的
　　形式展現神聖（陳學安攝）
　③內裝金碧輝煌，精緻優美，華
　　麗而不失莊嚴神聖（陳學安
　　攝）

opening of surfaces, and the 'lights' continually offer the observer fresh surprises. The ceilings painted in trompe-l'œil appear to open to an iridescent sky, across which, angels fly, contributing to the overall lightness of the church as a whole.）。

楚格峰（Zugspitze）是德國第一高峰，高2962公尺，先自阿爾卑斯滑雪勝地加米許（Garmish）搭乘齒軌火車到海拔998米Eibsee Lake站，搭Seilbahn Zugspitze（Seil：cable，bahn：train）纜車登楚格峰。

纜車系統的建設始於2015年，並於2017年12月22日開放。它目前擁有三項世界記錄：延伸3,213米，升高1,945米，鋼塔高127米，同時單一纜車可載150人，都讓人驚嘆。

峰頂尚有積雪，能見度不高，但偶然雲霧開一面，仍能感受到其險峻；中午在峰頂餐廳用餐，餐廳取名「2,962公尺全景餐廳」（Panorama 2,962）恰如其分，而頗足紀念。同時山頂有德奧邊界，在棧道端一步之隔，即為奧地利Tirol邦，不免跨界巡遊一番，得完成此番德、瑞、奧三國之遊壯舉。棧道上見群鳥覓食，絲毫不覺寒冷，同時也能適應高山氣候，也是「眼見為信」一例。

搭乘纜車下山，秀麗的易北湖（EIB SEE）高山湖泊盡收眼簾，近觀也美麗異常。

▲ ①以三度空間視覺法畫的天花板看起來像一個彩色天空（陳學安攝）
　②滑雪勝地加米許車站

▲①易北湖纜車站
　②高處不勝寒
　③峰頂餐廳取名「2,962公尺全景餐廳」（陳
　　學安攝）
　④德奧邊界僅一步之遙
　⑤高山湖泊易北湖風景秀麗（陶雨台攝）

浪漫古城德國之旅記遊（十二）：柏林（Berlin）

2019年8月9日　星期五

　　到「柏林」可謂舊地重遊，但嚴格地說，1982年來的是「西柏林」，當時「東柏林」仍是肅殺的禁地，還須登上「瞭望台」，才能一睹「柏林圍牆」對邊的「共黨」世界。

　　「柏林」是德國首都，也是德國最大的城市，第一次有文字記載是在13世紀；自1701年起，「柏林」連續為「普魯士王國」（1701年－1870年）、「德意志帝國」（1871年－1918年）、「威瑪共和國」（1919年－1933年）、「納粹德國」（1933年－1945年）首都。第二次世界大戰後，城市被分割；「東柏林」成為「東德」的首都，而「西柏林」事實上成為「西德」在「東德」的一

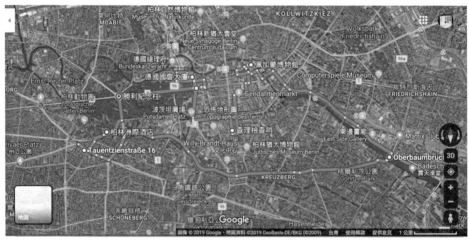

▲「柏林」有「帝王之都」氣象（取自「谷歌」地圖）

塊飛地，被「柏林圍牆」圍住。直到1990年兩德統一，「柏林」才重新成為德國首都。

在有「帝王之都」氣象的「柏林」展開市區觀光；最先參觀「國會大廈」：「國會大廈」建於1884年－1894年，1933年2月27日在此發生「國會縱火案」，當時總理「希特勒」藉機將第三大黨「德國共產黨」列為非法，並在3月5日選舉後，利用各種手段，通過《授權法》。「希特勒」立即在一個月內取締所有非納粹黨派，建立「納粹黨」一黨專政獨裁政權。

「國會大廈」在二戰中遭到嚴重破壞，後來在1950年代修復。這座建築在1990年代再度改建，在會議區上方設置玻璃穹頂，從1999年開始它是「德國聯邦議院」的會址。「國會大廈」現有門禁，需要先行在「頂樓餐廳」訂位，並由安全人員核對證件，才能入內。餐廳頗為明亮雅致，餐飲則精緻可口，地點又特殊，據本地導遊透露：「所費不貲」，屬於「買來的奢華」，訪客除用餐外，並可飽覽城市風光，一舉兩得，絕對「值回票價」。

「頂樓餐廳」旁即為「柏林」標誌性建物「玻璃拱頂」，當天由於維修，並未開放，但其透明設計讓人仍能飽覽其內部結構無遺。於1999年完成的「拱頂」，由國際知名建築師Norman Foster設計，直徑38米，高23.5米，在其內側有兩條對稱的、螺旋式的、約1.8米寬、230米長的斜坡可以走到離地面40米處的一個瞭望台。這些坡道讓人聯想到「人類基因組」（DNA）雙螺旋結構，象徵著人民高於政府。「拱頂」的未來主義和透明設計旨在象徵「柏林」試圖擺脫納粹主義的過去，轉而走向一個更加強調團結，民主的德國的未來。

大廈前另有鑄鐵製紀念牌列，組合為「被謀殺國會議員紀念碑」（Memorial to the Murdered Members of the Reichstag），紀念86位被納粹謀殺的議員。每塊牌側邊刻有被謀殺議員姓名、生年與死亡時間及地點，睹之令人傷感，對納粹的暴行造成的浩劫猶有餘悸。在不遠處，另有佔地達19,000平方米的「歐洲被害猶太人紀念碑」（Memorial to the Murdered Jews of Europe）、「柏林猶太博物館」（Jewish Museum）等；德國有識之士能「痛定思痛」，勇於面對歷史而徹底反省的務實作風很讓人佩服。想到近年包括「德國」的歐、美各國以「反移民」為訴求的「法西斯政黨」紛紛崛起，也為世局前景，多了一分擔憂。

次訪以古希臘神廟遺址聞名於世的「貝佳蒙博物館」（Pergamon Museum，德文：Pergamonmuseum），「貝佳蒙博物館」位於德國柏林「博物館島」，

▲①「國會大廈」充滿了歷史記憶（陳學安攝）

②「玻璃拱頂」象徵「柏林」與「德國」的未來（陶雨台攝）

③「被謀殺國會議員紀念碑」讓人對納粹暴行更為髮指（陳學安攝）

④「中東博物館」重建的Sam'al（Zincirli）城堡大門

⑤巴比倫的「伊什塔爾城門」（陳學安攝）

▲①「米索不達米亞」遊行街雄獅與花朵裝飾
　②「米利都」市場大門（陳學安攝）
　③「布蘭登堡門」是「柏林」的象徵
　④見證了許多重要歷史事件
　⑤「巴黎廣場」邊的「阿德隆」大酒店

興建於1910年到1930年，包括古物收藏（Antiquity Collection）、「中東博物館」（the Middle East museum），以及「伊斯蘭藝術博物館」（the museum of Islamic art），收藏有重建的原來尺寸的紀念性建築物，如來自「小亞細亞」「貝佳蒙祭壇」（Pergamon Altar）、「米利都」市場大門（Market Gate of Miletus），巴比倫的「伊什塔爾城門」（Ishtar Gate of Babylon）以及約旦的「姆夏他」門面（Mshatta Facade）。最有名的貝佳蒙祭壇（Pergamon Altar），是1878年德國考古學家在「土耳其」境內發現，將它拆成小塊運回柏林，重新組裝搭建，使人彷彿置身2000千多年前的希臘時代。

在「倫敦」參觀「大英博物館」時，一方面對館藏「重組希臘神廟」、「埃及羅賽塔石碑」（Rosetta Stone）等驚嘆不已，另一方面，也感傷於殖民者的「巧取豪奪」。在「貝佳蒙博物館」所見，也是大開眼界；西方人在各地考古發掘固然有功，「收藏」也不能完全從負面相看，如何符合公平正義，考驗人類的智慧。

「布蘭登堡門」（德文：Brandenburger Tor）興建於1788年至1791年，為紀念「普魯士」在「七年戰爭」取得勝利而建。為「新古典主義」建築，是「柏林」的象徵，也是德國的國家象徵標誌，它見證了「柏林」、德國、歐洲乃至世界的許多重要歷史事件，包括結束「東西德分裂」的象徵。它以「雅典衛城」（Acropolis）的城門作為藍本，並在門頂上複製四馬戰車上的勝利女神「維多利亞雕塑」。在1990年10月3日兩德統一之前，這裡一直是「東西柏林」之間的邊界。

東面是「巴黎廣場」（Pariser Platz）。它得名於「法國」首都「巴黎」，以紀念1814年反法同盟占領巴黎。二次大戰後，由於「柏林圍牆」的修建，這個廣場完全荒廢，成為分割城市的死亡地帶的一部分。1990年，柏林重新統一後，共識是應該重新成為精美的城市空間。大使館要遷回，旅館和藝術館要恢復，要鼓勵有聲望的商號在廣場周圍興建。建築包括美、英、法大使館，附近的阿德隆大酒店（Hotel Adlon），在有關「第三帝國」許多書籍、電影中出現，如在旅途巴士上所觀賞的2011年Liam Neeson所主演的動作片《無名殺機》（Unknown），很多場景都在此拍攝。

「6月17日大街」連接「布蘭登堡門」和Ernst-Reuter廣場，為「柏林」的東西中軸線。採用這個名稱是為了紀念1953年6月17日的「東柏林起義」。在

這條大街的中段有巨星（Greta Star，德文：Großer Stern）交通環島，中間轟立著「勝利紀念柱」（Victory Column，德文：Siegessäule），該柱是為了紀念普魯士的勝利而建，上有高達8.3米的勝利女神「維多利亞」銅像。包括銅像，全柱高則達67米。「勝利紀念柱」在1938至1939年從「國會大廈」前遷到此處，在二戰中，受損不重。附近有「俾斯麥紀念碑」，也是從「國會大廈」前遷來。

　　「柏林圍牆」是德國分裂期間「東德」政府環繞「西柏林」邊境修築的全封閉的邊防系統，以將其與「西德」領土分割開來。始建於1961年8月13日，全長167.8公里，最初以鐵絲網和磚石為材料，後期加固為由瞭望塔、混凝土牆、開放地帶以及反車輛壕溝組成的邊防設施。1989年，在蘇聯與東歐共黨解體聲中，「柏林圍牆」可謂「一夕崩塌」，讓經歷的人「恍如隔世」毫不為

▲① 「勝利紀念柱」上有勝利女神「維多利亞」銅像（陳學安攝）
　② 「柏林圍牆」可謂「一夕崩塌」

過，也在世界歷史上讓寫下「驚心動魄」珍貴的一頁。「柏林圍牆」原址僅有少部分存留，其餘幾乎被拆除殆盡。

　　限於時間，在「柏林」只能行「注目禮」的重要景點包括「柏林愛樂廳」、「波茨坦廣場」、「威廉一世紀念教堂遺跡」、「柏林大教堂」、「柏林洪堡大學」、「柏林國立歌劇院」、「歐洲被害猶太人紀念碑」等，「族繁不及備載」，也顯示「柏林」觀光資源的豐富。

▲ 讓經歷的人「恍如隔世」

浪漫古城德國之旅記遊（十三）：
寧芬堡宮（Schloss Nymphenburg）

2019年8月10日　星期六

　　「寧芬堡宮」（德文：Schloss Nymphenburg），或譯「精靈堡宮」（Nymph 有精靈之意），是德國「慕尼黑」的一座「巴洛克」式宮殿、「巴伐利亞」統治者的夏宮。建於1664年，是當時「選帝侯」斐迪南・瑪里亞（Ferdinand Maria）為慶祝剛出生孩子而建。座落在「慕尼黑」西北郊，佔地極廣，舊時可以跑馬打獵。從1701年開始，「巴伐利亞公國」國王對宮殿進行了有系統的擴建。

　　宮殿和花園都是重要的觀光點。一進宮殿即見的「大理石廳」（Marble Hall，德文：Steinerner Saal）之大廳挑高，甚為氣派，裝飾為「洛可可」風格，牆壁、天花板都有壁畫作為裝飾。頂部的壁畫描繪著住在奧林匹亞的眾

▲「寧芬堡宮」曾是「巴伐利亞」統治者的夏宮（取自「谷歌」地圖）

▲ ①「童話國王」Ludwig II在「寧芬堡宮」出生
　②「大理石廳」之大廳挑高，甚為氣派（陳學安攝）
　③將天堂帶到人間的「巴洛克」風格（陳學安攝）
　④十七世紀中葉，「巴洛克」風格轉而表現於豪華宮殿上

神。一些房間仍保留著最初的「巴洛克」風格，其餘的被重新裝飾成「洛可可」或「新古典主義」風格。[1]「新天鵝堡」建造者，「童話國王」Ludwig II不僅在「寧芬堡宮」出生，其誕生的房間也保留至今，供人憑弔。

　　「巴伐利亞」Ludwig I是Ludwig II祖父，曾一度入主「寧芬堡宮」；而宮內亮點之一是Ludwig I所收集美女畫像之「美女畫廊」（The Galleries of Beauties），收藏了36幅當時各階層的美女畫作。其中Helene Sedlmayr被認為是慕尼黑美女的縮影。而最著名的Lola Montez，為一名女舞者及交際花。Lora是國王的情婦，Ludwig I因強迫議會冊封Lora為女伯爵而使民眾對他十分反感，

最終導致革命，而在1848年時被迫退位。Ludwig I與Ludwig II祖孫兩人秉性殊異，祖父「愛美人而不愛江山」，孫子「不愛美人而鍾情藝術」，但都以被迫退位告終。而Ludwig I退位至去世的二十年間，仍然有能力作為一重要的藝術贊助人，下場要比「被自殺」的Ludwig II幸運得多。且不論其生平，Ludwig I與Ludwig II祖孫境遇堪憐，但他們留下珍貴遺產，供世人觀賞，仍很值得感謝，當然他們的後人與相關文物保存單位妥善保管「文化遺產」也功不可沒。

「寧芬堡宮花園」佔地200公頃，最終在19世紀初期以英國花園形式重做，保留了「巴洛克」式花園如「大花壇」的主要元素。宮殿前的湖畔有著成群的野雁，天鵝在湖中自在優游，毫不畏人。

在「寧芬堡宮」巧遇「北京清華附中」參訪團，更湊巧的是當日身著有清華圖標的紫色（清華校色）休閒服。在帶隊老師建議下合影留念，是「兩岸清

▲①「巴洛克」風格在建築上代表宏偉與豪華
　②亮點之一是「美女畫廊」（陳學安攝）
　③Ludwig I愛美人而不愛江山

華一家親」之又一例。

在「巴伐利亞」王朝退出歷史舞台後，「寧芬堡宮」也轉型為「博物館」群；包括南翼「馬車博物館」（Carriage Museum）：擁有歐洲最豐富的「宮廷馬車」收藏，其中並有展示精緻瓷器的「寧芬堡瓷器博物館」（Nymphenburg Porcelain Museum）；「寧芬堡瓷器製造廠」（Porcelain Factory of Nymphenburg）由Maximilian III Joseph設立，位於北翼。以作工精美馳名，目前只能通過書面預約參觀。北翼另有「自然與人博物館」（Museum of Man and Nature），為一自然歷史博物館。

[1]　「巴洛克」（Baroque）建築風格一般認為，至少在初期，與「天主教會」內部因應「宗教改革」有直接關聯：「新教教堂」講究簡單樸素，「巴洛克」時期的建築物，一方面有著更強烈的情緒感染力與震撼力，另一方面引人注目、炫耀教會的財富與權勢。「將天堂帶入人間」，其目標是增進「天主教」的普及與虔敬。十七世紀中葉，「巴洛克」風格轉而表現於豪華宮殿上。Baroque直接來自法語，意為「一種有缺陷的珍珠」，但在建築上，代表宏偉與豪華。

　　「洛可可」（Rococo）最初是為了反對宮廷的繁文縟節藝術而興起的，但「炫耀」上流社會的奢華。相比起「巴洛克」品味帶著豐富強烈的原色和暗沉色調，「洛可可」崇尚柔和的淺色和粉色調。洛可可Rococo從法文Rocaille和coquilles合併而來。Rocaille是一種混合貝殼與小石子製成的室內裝飾物，而coquilles則是貝殼。以色彩柔和、使用曲線、裝飾精緻及不對稱著稱。

　　「新古典主義」建築，由開始於18世紀中葉的「新古典主義運動」而產生，作為對「巴洛克」、「洛可可」風格的反動，主要源自於「古希臘」建築和「古羅馬」的傳統建築。

▲ 「寧芬堡宮花園」佔地200公頃

▲ 巧遇「北京清華附中」參訪團,「兩岸清華一家親」

浪漫古城德國之旅記遊（十四）：
忘憂宮（Schloss Sanssouci）

2019年8月11日　星期日

　　從「勝利紀念柱」驅車經「夏洛滕堡」（Charlottenburg）、「格林尼克橋」（Glienicker Brücke）到「波茨坦」，約四十分鐘。「格林尼克橋」連接了「柏林」和「布蘭登堡」州首府「波茨坦」（Postdam）。橋的名稱來自於附近的「格林尼克宮」。一方面是很好的景點，也因為是2015年由史蒂芬・史匹柏（Stephen Spielberg）執導、湯姆・漢克（Tom Hank）等主演的《間諜橋》（Bridge of Spies）交換間諜的場景而出名。

　　被譽為「德國的凡爾賽宮」的「忘憂宮」，為「腓特烈大帝」[1]所建，是「普魯士王室」的夏宮；「忘憂」（Sanssouci）源自於法文的sans（無）-

▲「忘憂宮」被譽為「德國的凡爾賽宮」（取自「谷歌」地圖）

▲①不拘一格的風格強化了「忘憂宮」獨特性
　（陳學安攝）
　②寬廣的公園一部分（陳學安攝）
　③宮殿組成部分包括圓拱、拱頂和橢圓型穹
　　頂（陳學安攝）
　④「科林斯」柱、彩繪天花板、白色的鍍金
　　裝飾圓頂
　⑤取各家風格之長，而調配得宜

souci（憂慮），翻成「忘憂」，更顯典雅。「腓特烈大帝」自己起草設計了「忘憂宮」，並聘請名建築師興建。[2]

「忘憂宮」位於「波茨坦」老城，佔地達500公頃，幾經擴建之後，範圍包含了宮殿主體與沿葡萄藤階梯而下組成的廣大後花園，1990年「聯合國教科文組織」將「忘憂宮」宮殿建築與其寬廣的公園列為世界文化遺產，

列入原因為：「『忘憂宮』為『腓特烈二世』於1745年至1747年期間所建，擁有500公頃的公園和150座1730年至1916年期間的建築物，『波茲坦』宮殿和庭園共同構成了一個藝術整體，其不拘一格的風格強化了其獨特性」，「宮殿與公園，可視為普魯士的凡爾賽宮」。[3]

「腓特烈大帝」被賦予「大帝」稱號並不輕得，乃由於他不但讓「普魯士」成為軍事強權，並以其才華及魅力，將許多當時歐洲最偉大的思想家吸引到他的宮廷。最著名的是法國啟蒙時代思想家，被稱為「法蘭西思想之父」的「伏爾泰」，曾在此居住幾年。曹孟德《短歌行》有云：「慨當以慷，憂思難忘。何以解憂？惟有杜康。」似以喝酒方能解憂，但他又補充；「我有嘉賓，鼓瑟吹笙。」當「腓特烈大帝」與「伏爾泰」在「忘憂宮」賓主盡歡之際，應有討論如何「忘憂」：他們的見解又是甚麼呢？

在參觀「忘憂宮」前，首由一位從「台灣」移居「德國」的導遊在立體模型前講解，隨後赴前庭參觀；有趣的是，一位身著宮廷服裝的吹長笛樂手，不知是認識導遊，還是能直接辨認「同灣團」？在大家進、出時分奏「望春風」與「高山青」，頗能增加遊興，是值得其他景點學習的。

前庭一角，有「腓特烈大帝」墓地；比較特別是墓碑上有幾粒馬鈴薯供物；他於1786年（距離法國大革命僅有3年）在「忘憂宮」中辭世，享壽七十四歲。他的遺願是在「忘憂宮」露臺他的愛犬旁下葬，但事與願違，直到德國統一後，才在他生前已建好的墓穴下安身。至於以馬鈴薯為供物，是弘揚他成功倡導「普魯士」人種植與食用從「美洲」引入的馬鈴薯這種經濟作物的功績。據說以馬鈴薯為供物，終年不斷。

宮殿組成部分包括圓拱、拱頂和橢圓型穹頂，最常使用的建築材料是磚、方形石塊和混凝土，並會對公共建築做些雕刻裝飾，還以一排排的柱廊組成建築物的正面，整個建築物規模宏大、結構堅固。

「旅遊團」在導遊引導下於預定時間進入宮殿，在各廳堂前均有服務人員

把守，每當「旅遊團」進入一特定空間，即關閉兩邊房門，而讓導遊在不受干擾的情況下講解，是很可以參考的制度。

宮殿內裝極盡豪奢，取各家風格之長，而調配得宜；包括古典外部柱廊、「科林斯」柱、彩繪天花板、白色的鍍金裝飾圓頂、大理石嵌花鑲嵌地板、水晶吊飾、各式雕像與畫作、中國風擺飾與家具等，點綴其中，配合金色的基調，作巧妙的呈現，絲毫不覺得突兀。

宮殿旁有一風車，也頗有來頭。一般說法是原來風車主人，認為作風民主的「腓特烈大帝」侵犯到他作為風車主人的權利，而到法院告狀，並獲得勝利；顯示在「德國」，私人財產是神聖不可侵犯的。後人以為，這座風車已成「德國」法制的象徵，它給「德國」人民帶來對國家法律的信心。至於如何侵權，以及風車後來如何改建，則眾說紛紜，沒有定本。1970年的「美國」傳記式戰爭電影，由「喬治‧史考特」（George C. Scott）飾演的《巴頓將軍》（Patton），在片尾曾以此風車為背景，比喻「巴頓」是未能完成理想的「堂吉柯德」（Don Quixote），向「巴頓」致敬。

由於「腓特烈大帝」長期與其妻分居，而王后從未居住過「忘憂宮」，但宮殿右翼有以「洛可可」風格裝飾而名為「王后側」（Queenside）部分，令人好奇；經查，此部分為「腓特烈大帝」子孫「腓特烈‧威廉四世」（King Frederick William IV）在1840年加蓋，或可釋疑。

[1] 「腓特烈大帝」即「腓特烈二世」（德文：Friedrich II von Preußen, der Große, 1712-1786），是「普魯士」國王（1740-1786年）。他的生平可謂傳奇，受其母親影響，其喜好文學藝術和法國文化。1730年，為反抗其父強加的婚姻，嘗試逃往「英國」，但以失敗告終。至此開始轉變，漸趨成熟。1740年初，寫下了其第一部著作《反馬基維利》（Anti-Machiavelli），標誌著其政治思想的成熟。

「腓特烈」是出色的軍事家，政治家，作家及作曲家。統治時期「普魯士」軍力大規模發展，領土大舉擴張，文化藝術得到贊助和支持，「德意志啟蒙運動」得以開展。其使「普魯士」在歐洲大陸取得大國地位，並在「德意志」內部取得霸權，向以「普魯士為中心武力統一德意志」的道

路邁出第一步。是歐洲「開明專制」君主的代表人物，並且為啟蒙運動時期的文化名人，在政治、經濟、哲學、法律、音樂等諸多方面都頗有建樹，為啟蒙運動一大重要人物。

在「奧地利王位繼承戰爭」（1740-1748年）中，「腓特烈」初次綻放光芒。「七年戰爭」（1756-1763年）中，以驚人的毅力和頑強以「普魯士」一個小國之力，獨抗法、俄、奧三大強國，贏得了「大帝」的稱號，更樹立了「軍事天才」的個人榮譽。在西方軍事歷史學家的著作中，「腓特烈」在歷代名將中的地位，可能等同於「亞歷山大大帝」、「凱撒」、「漢尼拔」、「拿破崙」這四大偉人。

在內政方面，他推行了農業改革（馬鈴薯）、軍事改革、教育改革、法律改革，廢除了刑訊還建立了廉潔高效的公務員制度。他的名言是「我是這個國家的第一公僕。」他對法律的發展貢獻良多。另外，當時「普魯士」的人民可以通過上書或求見的方式向國王求助。

奉行「法律之前人人平等」的原則，是他當政時期的特色。他對移民和小宗教信徒採取寬容開放政策，鼓勵宗教自由，也是他內政的特色之一。「普魯士」是歐洲第一個享有有限出版自由的君主國。他希望徹底廢除農奴制，但在地主的強烈反對下失敗，僅在國王的屬地上逐步實行。「普魯士」成為人類歷史上第一個普及全民教育的國家（1763年）。當政時期，「普魯士」各方面人才開始陸續出現，為「普魯士」19世紀初的改革奠定人才基礎。

「腓特烈大帝」對所有藝術都感興趣，精通多國語言，他自己起草設計了「忘憂宮」，並聘請名建築師興建。他收有很多名畫，吹得一口好長笛還作曲。他於1747年在「忘憂宮」與作曲家「巴哈」會面。

[2] 1745年「腓特烈大帝」下旨建造行宮。他不想要一座雄偉的宮殿。而是一座帶有「洛可可」風格的滿足他個人需求的私密居住宮殿，一座以山為基座的一層建築，一座讓他可以不必走很多台階就可以到達寬敞的露台並到達花園的，和大自然無限接近的個人宮殿。

在所有「腓特烈大帝」時期建造的宮殿中，都有他在行政上和藝術上進行的干預。根據他的指示，設計圖被重新設計並進行了成本預算。在得到他的授權許可後，工程開始了。「腓特烈大帝」經常親自監工，並不斷

強調在細節上那些他和建築師們意見的分歧之處。

　　1747年5月1日，在「忘憂宮」舉行了落成典禮。除了戰爭時期，「腓特烈大帝」每年從4月底到10月初一直都居住在「忘憂宮」。

　　「忘憂宮」著名的園林風景是由「腓特烈大帝」決定在Bornstedt的南側山坡上建立梯形的葡萄山開始的。1744年「腓特烈大帝」下令，將當時的「沙漠之山」開墾成葡萄梯形露台。

　　1745年山下的空地上被建起了一座「巴洛克」風格的觀賞花園。從1748年開始，花園的正中心建起了一個帶有噴泉的蓄水池。從1750年開始有大理石雕刻成的羅馬神話人物，被放置在水池的四周。這個完整的法式圓形花壇廣場只保持到了1764年。

　　山坡上的「忘憂宮」風車建於1736年，而它則成為了當時田園風情的一個標誌。「腓特烈大帝」曾說過：「風車裝點了我的宮殿」。

[3] 根據「聯合國教科文組織」，將「忘憂宮」宮殿建築與其寬廣的公園列為「世界文化遺產」的理由是它符合以下標準：

（一）：「波茨坦宮殿和公園」的組合體是一項特殊的藝術成就，其不拘一格和演變特徵增強了它的獨特性：一系列建築和景觀美化的傑作已建成單一的空間，說明了對立的和聲稱不可調和的風格，並不會減損隨著時間的推移逐步設計的一般構圖的和諧。1845年「和平教堂」（Friedenskirche）建築的開始是「權衡歷史主義」的象徵：模仿「羅馬聖克萊門特大教堂」於1745年4月14日奠基，成為一卓越「洛可可」式宮殿。

（二）：「忘憂宮」常被稱為「普魯士凡爾賽宮」：是受意大利、英格蘭、法蘭德斯、巴黎和德勒斯登風格等很多影響的結晶品。綜合18世紀歐洲城市和法院的藝術趨勢，其城堡和公園大大地影響了「奧得河」以東的紀念性藝術和空間組織的發展，並提供了新的模式。

（三）：「忘憂宮」是建築創作和園林綠化發展的傑出典範，與歐洲內部的君主權力概念相關。由於該計畫牽涉廣泛，其組合屬於非常獨特的王室住宅類別，與以往已列入「世界遺產名錄」的維爾茨堡（Würzburg）和布倫海姆（Blenheim）相似。

▲①配合金色的基調，作巧妙的呈現，絲毫不覺得突兀（陳學安攝）
②「腓特烈大帝」曾邀請「伏爾泰」在「忘憂宮」居住幾年
③長笛樂手演奏台灣民謠，頗能增加遊興（陳學安攝）
④「腓特烈大帝」墓碑上有幾粒馬鈴薯供物
⑤宮殿旁風車頗有來頭

浪漫古城德國之旅記遊（十五）：
漢堡（Hamburg）

2019年8月14日　星期三

　　到「漢堡」也算是「舊地重遊」。1982年曾到此開學術會議，留下主要的記憶，是市區布滿了河道，另外則是在大會會場陳列而被材料學者列為「神器」的世界第一部「穿透式電子顯微鏡」，頗值回味。[1]

　　「漢堡」為德國第二大城。全名為「漢堡漢薩自由市」（Free and Hanseatic City of Hamburg，德文：Freie und Hansestadt Hamburg），反應其早年是「漢薩同盟」的一個自由市[2]；自1815年以來，「漢堡」成為德國聯邦的成員，到1871年併入「德意志帝國」。它是河港而非海港，「易北河」從此要到一百多公里外才流入「北海」（North Sea），但是深水港，並為歐洲第三大港、歐洲

▲「漢堡」被稱為「通往世界的門戶」（取自「谷歌」地圖）

主要物流中心之一，因而被稱為「通往世界的門戶」（德文：Tor zur Welt），而它的邦徽即為城門。

　　首先參觀「易北愛樂廳」（Elbphilharmonie），它是世界上最大，音響效果最先進的「音樂廳」之一，耗資約8億歐元，歷經十年興建才完成，於2017年開幕，是「漢堡」最新的代表性地標，通常被暱稱為Elphi。「愛樂廳」屋頂的造型模仿波浪的形狀，上頭覆蓋著大型亮片，猶如「玻璃皇冠」。而四面由1000片板狀玻璃面板組成，新的玻璃結構類似於懸掛的帆、水波、冰山或石英晶體，使整棟建築隨不同光線呈現出豐富迷人的色彩變化。建築物中有大、中、小三個「音樂廳」，當天雖可進入「愛樂廳」內部參觀，頗為遺憾的是各「音樂廳」均不開放，只有在「音樂廳」外徜徉與攝影，並至8樓「觀景台」觀景，「漢堡」和「易北河」的綺麗風光，盡收眼底。當天參觀完「易北愛樂廳」後，適見「國王碼頭」（德文：Am Kaiserkai）邊「甘地橋」（德文：Mahatma-Gandhi-Brücke）橋面向一側升起，讓渡輪通過。

　　「易北愛樂廳」位於「倉庫城」（City of Warehouse，德文：Speicherstadt），該地因在港城中有保存完善並持續使用的古蹟，於2015年為「聯合國教育、科學及文化組織」（UNESCO）評為世界遺產。

　　一大早參觀「聖米歇爾教堂」（St. Michael's Church，德文：Hauptkirche

▲①「易北愛樂廳」是世界上最大，音響效果最先進的「音樂廳」之一
　②「易北河」風光綺麗

Sankt Michaelis）；該教堂是「漢堡」最著名的一座教堂，該市的主要地標，也被認為是最好的「漢薩新教」「巴洛克」式教堂之一。高約132公尺，18世紀時曾是世界最高的教堂，有德國最大的鐘塔。尖塔完全被銅覆蓋，是漢堡天際線的一大特色。教堂是以天使長「米歇爾」命名。在教堂正門上方，有表現「米歇爾」戰勝魔鬼的大型青銅雕塑。大作曲家和鋼琴家「約翰尼斯‧布拉姆斯」（Johannes Brahms）於1833年出生後曾在這座教堂受洗。

　　搭乘「聖米歇爾教堂」電梯至82米高頂樓，頂樓風大同時頗清冷，但得以一覽無遺清晨「易北河」、「漢堡港」美麗景致。

　　隨後前往位於「阿爾斯塔」（Old town，德文：Altstadt）運河畔的「市政廳」，這座建築外觀的建築風格為「新文藝復興」式樣，建築於19世紀後期「德意志帝國」成立、富有和繁榮的時期，因此新市政廳表現了「漢堡」的財富，塔樓高達112米，非常堂皇氣派。「市政廳」旁即為「內阿爾斯特」（Inner Alster，德文：Binnenaltster）湖，為一人工湖，風景秀麗，旁有名店街。

　　附近的「聖佩特利教堂」（St. Peter's Church，德文：Hauptkirche St. Petri），是漢堡最古老的一座教堂。於1844至1849年，被重建為磚造的「新哥德式」教堂，並在1878年加上132公尺高的鐘樓，使其成為當今世上第17高的教堂建築。教堂最古老的藝術品是大門上，於1342年製作的獅型銅製門扣，傳

▲①望「大音樂廳」而興嘆（陳學安攝）
　②「甘地橋」橋面向一側升起，讓渡輪通過（陳學安攝）

說撫摸可帶來好運，果見其鼻頭髮亮，顯然是大受遊人青睞所致。

在「漢堡」晚上住的是「李奧納多」旅館（Leonardo Hotel），「李奧納多」近年因當紅影星「李奧納多‧狄卡皮歐」（Leonardo DiCaprio）而家喻戶曉，但旅館是以「文藝復興」三傑老大哥「李奧納多‧達文西」（Leonardo da Vinci）命名。旅館中有多紀念「李奧納多」小物，而今年適為「李奧納多」逝世五百周年，這些小物也就別具紀念價值，彌足珍貴。

[1] 德國科學家「魯斯卡」（Ernst Ruska）於1933年構建世界第一部「穿透式電子顯微鏡」，並因而在1986年獲得「諾貝爾物理學獎」。

[2] 「漢薩」（Hansa、或Hanse）一詞，德文意為「公所」或者「會館」。「漢薩同盟」（Hanseatic League），是12-13世紀中歐的「神聖羅馬帝國」與「條頓騎士團」諸城市之間形成的商業、政治聯盟，以「德意志」北部城市為主。加盟城市最多達到160個。1367年成立以「呂貝克」城為首的領導機構，1669年解體。現今德國的國家航空公司「漢薩航空」（Lufthansa）即是以「漢薩同盟」命名的。

▲①「聖米歇爾教堂」是「漢堡」主要地標
②教堂正門上方有表現「米歇爾」戰勝魔鬼的大型青銅雕塑

▲①「新市政廳」表現了「漢堡」的財富，非常堂皇氣派
　②「市政廳」旁有名店街
　③「聖佩特利教堂」是漢堡最古老的教堂
　④教堂大門上獅型銅製門扣，大受遊人青睞
　⑤此「李奧納多」非彼「李奧納多」
　⑥今年適為「李奧納多・達文西」逝世五百周年

浪漫古城德國之旅記遊（十六）：
法蘭克福（Frankfurt）

2019年8月16日　星期五

　　從「漢堡」搭火車到「法蘭克福」，約四小時可達，一般來說，要比乘巴士須六小時，省時且舒適的多，而且是一種「在德國搭火車」新體驗。不巧的是，當天原來所坐車廂冷氣故障，雖然室外氣溫不高，在密閉空間，待上一小時後，仍感燥熱，幸好其他車廂尚有空位，移座以後，才得再度「清爽宜人」，這段插曲屬於「情願不要」的體驗。

　　「法蘭克福」的英文是Frankfurt，Frankfurter則是「法蘭克福腸」（德文：Frankfurter Würstchen），是一種由豬肉（有時會混合其他肉類）摻入羊腸衣製成的香腸，起源於「法蘭克福」，因而得名。與「漢堡」（Hamburg）和「漢堡包」（Hamburger）的關係有異曲同工之妙，所以當天搭火車是從

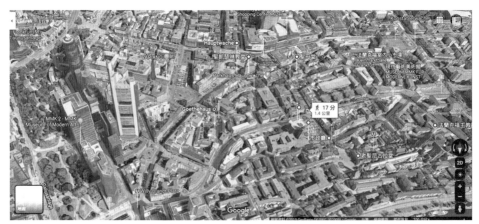

▲「法蘭克福」是「德國」文化與經濟的重鎮（取自「谷歌」地圖）

▲①面向「羅馬廣場」立面山形階梯式外牆，
　色澤搭配適中，甚為美觀
②「正義女神」手持天秤與劍，法相莊嚴
　（陳學安攝）
③「老尼可拉教堂」粉白牆以紅磚鑲邊，相
　當顯眼

「漢堡包」之鄉到「法蘭克福腸」發源地,相當巧合有趣。

　　「法蘭克福」是「德國」文化與經濟的重鎮,正式全名為「美茵河畔法蘭克福」(Frankfurt am Main)[1],以城區人口而言,是「德國」第五大城。由於位居德國中部,「法蘭克福」也成為重要的交通樞紐。「法蘭克福」火車總站為德國流量第二大的火車站,「萊茵—美茵國際機場」為「德國」規模最大的商用民航機場,也是歐洲重要的航空轉運站。這次旅程,是從「法蘭克福」進出「德國」,從「台北」直飛「法蘭克福」,是真正「直飛」,中間不在任何其他機場停留,甚為方便。

　　在市區觀光,自「羅馬廣場」(Römerberg)開始。「羅馬廣場」之名尤其西側之三棟建築中間的「羅馬廳」(Römer)而來。Römer是「德國」姓氏(英文為Roman)。商人「羅馬」家族首先建造「羅馬廳」,而於1405年將其與第二座建築物「金天鵝廳」(Goldener Schwan)一起出售給「市議會」,經改建為「市政廳」。所以「羅馬廣場」也成為自中世紀以來「法蘭克福」的「市政廳廣場」。以「羅馬廳」為中心的三棟建築物,面向「廣場」立面為「新哥特式」山形階梯式外牆,色澤搭配適中,甚為美觀。「羅馬廳」現已改為他用,不再具有「市政廳」功能。

　　廣場正中央的「正義女神」噴泉(Minervabrunnen),「正義女神」手持

▲①法蘭克福市的發源地「主教座堂」(陳學安攝)
　②「聖保羅教堂」不再作為教堂使用

天秤與劍，法相莊嚴。南側為「老尼可拉教堂」（Alte Nicolaikirche），有早期的「哥特式塔樓」和拱形窗戶，粉白牆以紅磚鑲邊，相當顯眼。東面200米外就是該市的發源地「法蘭克福主教座堂」（Kaiserdom St. Bartholomäus），塔頂在廣場中，清晰可見。

由「羅馬廣場」往「歌德故居」，經「聖保羅教堂」（德文：Paulskirche）。教堂在第二次世界大戰中，幾近炸毀，戰後得到重建，但不再作為教堂使用，著名的「法蘭克福書展」期間的「德國書籍交易會和平獎」頒獎典禮即在此舉行。1963年，美國總統「約翰・甘迺迪」在訪問「法蘭克福」期間，也在此發表演說。教堂前立有「德國革命紀念碑」（Denkmal der Deutschen Revolution），紀念1848年「德國革命」，迫使德國各地舉行「國民議會」選舉，而於1848年5月18日在「聖保羅教堂」開議。[2]

幾步之遙，又經「哥德式」風格「聖母堂」（Liebfrauenkirche），再經「巴洛克」風格「聖凱瑟琳教堂」（St. Katharinenkirche）。因此在一公里步程內，前後即經過四座教堂，說「老城區」教堂林立，並不誇張。

「聖凱瑟琳教堂」靠近「法蘭克福」最著名的廣場之一，「衛戍大本營」（Hauptwache）。[3]此區得名於一座建於1730年的「巴洛克」建築。原是「城防總部」的軍營和監獄。1904年，這座建築改為咖啡館。二戰中遭到嚴重損

▲①1848年「德國革命紀念碑」（陳學安攝）
②「哥德式」風格「聖母堂」（陳學安攝）

壞，輾轉於1967年，重建於「地鐵車站」上方，目前「巴洛克」風格的「衛戍營咖啡館」（Café Hauptwache）已成為遊客熱點。

　　「法蘭克福」是世界級大文豪、思想家「歌德」（Johann Wolfgang von Goethe）[4]的誕生地，「法蘭克福」的「歌德故居」（Goethe-Haus）[註五]，連同隔壁的「歌德博物館」，自然成為世人「朝聖」的地方。如果到「法蘭克福」錯過了「歌德故居」，猶如「入寶山而空返」。

　　「歌德」生於富裕之家，「歌德故居」是一座的「巴洛克」式的漂亮四層建築，淡雅有致，「歌德」在十六歲前以及二十多歲時有好幾年都在此居住。「故居」中房間很多，儘量維持原始模樣。雖然參觀時間很短，仍留下不少深刻印象，事後對照所攝照片再加一番資料收尋與參酌，也頗能領略一些門道。

一樓

　　「藍色廳」為餐廳，壁紙與椅背、椅墊均採用當時的時尚色彩「暗藍色」（bleumourant），故名。「巴洛克」式鏡框雕刻細緻精美；「歌德」自述名作《鐵拳騎士戈茨‧馮‧貝利辛根》（Götz von Berlichingen）是埋頭在圓形餐桌上寫作的。

▲①「巴洛克」風格「聖凱瑟琳教堂」（陳學安攝）
　②「巴洛克」風格的「衛戍營咖啡館」為遊客熱點

二樓

　　「北京廳」用於家庭和重要訪客聚會。「北京廳」壁紙、各式彩繪瓷器暖爐以及家具反映了的18世紀時尚中國風格。由於窗簾以及座椅用深紅色絲綢面料，以紅色為基調，也被稱為「紅色房間」。牆壁上有多幅肖像畫。方形桌上有水晶吊燈，顯得華麗氣派。

　　「音樂室」：「歌德」家族多人擅長演奏樂器與演唱。在紅色擊弦古鋼琴之上是展示歌德家族相聚的田園風格畫作。

三樓

　　「歌德母親」（Catharina Elisabeth Goethe）的房間，她的粉彩畫像懸掛於書寫兼梳妝台上，背景為漂亮的淡黃色底帶繽紛花朵壁紙，燭台上的蠟燭可能有今日「走廊燈」功能。另一牆面壁櫃中陳列有包含屬於「歌德母親」的瓷器。

　　「書房」原為「歌德父親」（Johann Caspar Goethe）收集了大約2,000冊圖書的「圖書館」，書籍涵蓋幾乎所有知識領域。「歌德」本人也在此找到了很多靈感。

▲①「歌德故居」為世人「朝聖」的地方
　②向「歌德」請益

「歌德父親」收集了當代「法蘭克福」藝術家的畫作，這些畫作均鑲嵌在黑色和金色相框中，布滿在牆壁上。房中有青花瓷暖爐，既實用又有裝飾功能。

「歌德妹妹——科妮莉亞」（Cornelia）的房間。擊弦古鋼琴上的年輕人的畫像，可能即是「歌德」。在抽屜櫃上方是她的朋友Charitas Meixner的畫像。不同於其他房間，花壁紙底色為淡青色。

四樓

「木偶劇院屋」：在房間的中間矗立著「木偶劇院」，是「歌德」四歲時的禮物，激發了他的想像力和創造性。

「寫作室」：「歌德」在書桌上寫了他的早期作品，包括「少年維特的煩惱」、詩歌、戲劇、抒情劇、諷刺作品等。

[1] 「法蘭克福」（Frankfurt）名稱中，Frank指「法蘭克」人，是「古日耳曼」人的一支，「Furt」在德語中是淺灘的意思。「美茵河畔的法蘭克福」意為「法蘭克人在美茵河畔涉水而過的地方」。同時德國有兩個「法蘭克福」，一個在美茵河畔。另一個在位於「德國」東部，與「波蘭」的國界線「奧德河」上，即「奧得河畔法蘭克福」（Frankfurt am Oder）。

[2] 1848年「德國革命」在1849被「普魯士」和「奧地利」軍隊鎮壓而失敗。成千上萬「革命人士」逃離「德國」各州，成為海外難民。在「澳洲」和「美國」，有一個名詞「48人」（Forty-Eighters）即指此期間在19世紀40年代末到1850年代中期之間逃離「德國」各州的移民。

[3] 「衛戍大本營廣場」（Hauptwache Paltz）原名為「席勒廣場」（Schillerplatz），座落於「歌德廣場」（Goetheplatz）旁，象徵「歌德」與「席勒」兩大「德意志」文化的國寶級人物交相輝映，蔚為佳話。20世紀初，依具有「法蘭克福」在地歷史意義的「衛戍營」重新命名。

[4] 「歌德」是「德國」最受景仰的「人文思想家」，他的名字與「德意志」文化的傳承及傳播緊緊相連，在德語文化世界具備國粹瑰寶的地位。

[5] 「歌德故居」原建築自1733年到1795年是歌德家族的住所。「歌德」本人

於1749年出生於此，直到1765年16歲時到「萊比錫」學習法律。1944年「法蘭克福」大轟炸被摧毀，戰爭結束後1947年至1951年按原狀修復，反映18世紀法蘭克福富裕居民的生活。連同隔壁的「歌德博物館」，在1954年向公眾開放。

▲①以紅色為基調的「北京廳」（陳學安攝）
　②水晶吊燈華麗氣派（陳學安攝）
　③「書房」兼「圖書館」
　④「歌德」在書桌上寫了他的早期作品（陳學安攝）

浪漫古城德國之旅記遊（十七）：
呂貝克（Lubeck）

2019年8月20日　星期二

　　傍晚才抵達「呂貝克」（德文：Lübeck），已呈暮色。在所宿旅館Radisson Blu Senator Hotel大廳旁的Caffè/ Bar Dante餐館用晚餐，旅館的露台直接位於「特拉維」（Trave）河上，夕陽美景，令人陶醉。

　　「呂貝克」是1982年到「漢堡」開會，大會特別安排的旅遊地；主要印象是「水鄉澤國」中的「豪斯登城門」，另外著名的學者日本「橋本初次郎」（Hatsujiro Hashimoto）教授沿途以「彩繪素描」自娛；「橋本」教授後來與我成了「忘年之交」，曾多次應邀訪問台灣，在他於1999年送給我的畫冊裡，還可找到他畫的「呂貝克市政廳」，上署1982.8.22 Lübeck Rathhaus字樣。

▲ 「呂貝克」素有「漢薩同盟女王」之稱（取自「谷歌」地圖）

「橋本」教授已於2017年以95歲高齡仙逝，睹畫思人，倍感懷念。

「呂貝克」位於「德國」北部「波羅的海」與「特拉維」（Trave）河沿岸，歷史上是「漢薩同盟」的「首都」、「德國」在「波羅的海」最大的港口。舊城部分是被「特拉維」河和「易北河」—「呂貝克運河」圍繞起來的一個島嶼，面積約81公頃。1987年，由於其整個城市廣泛的「哥特」式磚造結構，經聯合國教科文組織將「漢薩同盟城市呂貝克」列為「世界文化遺產」，

▲①夕陽美景，令人陶醉
　②「橋本初次郎」教授「呂貝克市政廳」彩繪素描
　③「市政廳」風華依舊（陳學安攝）
　④「豪斯登城門」是「呂貝克」的象徵

是歐洲北部第一個入列「世界文化遺產」的城市。素有「波羅的海」女王及「漢薩同盟女王」（Queen of the Hanse）之稱。

沿Radisson Blu Senator旅館前「布蘭特巷」（Willy Brandt Allee）往南約100公尺即為「豪斯登廣場」，「布蘭特」曾擔任「德國」總理，並為1971年「諾貝爾和平獎」得主[1]。「呂貝克」另外還有兩位「諾貝爾獎」得主，分別是1929年「諾貝爾文學獎」得主「湯瑪斯・曼」（Thomas Mann）[2]與1999年「諾貝爾文學獎」得主「君特・葛拉斯」（Günter Grass）。一個人口約二十萬的小城，出了三位「諾貝爾獎」得主，可謂人傑地靈[3]。

著名的「豪斯登城門」（Holsten Gate，德文：Holstentor），在「豪斯登廣場」一側，可經由其拱門進入城區。「廣場」入口兩旁，分有一隻睡獅與一隻醒獅大型銅雕，醒獅似專注地看著睡獅，頗為逗趣。

「豪斯登城門」是這個城市的象徵，建於1464年，由南、北兩塔和中央建築組成。它有四層，在面向城市的一側，兩座塔樓和中央街區呈現為一體結構。從另一側看，這兩座塔形成半圓形，最寬處延伸至中央區域外3.5米處。塔樓有圓錐形屋頂；中央街區有一個山形牆。拱門上有燙金拉丁字銘文CONCORDIA DOMI FORIS PAX，意為「內部和諧，外有和平」，頗有深意。

據歷史記載，「豪斯登城門」是四層城門僅餘的一個門，也一度有人力主拆除，以利城市開發。幸好到1863年，「呂貝克」市民以一票多數決定不拆除建築物而是廣泛地恢復舊建築物時，才作出保留決定。其後漸被接受是一個可「引以為傲」的歷史象徵，而不再談拆除。「納粹德國」將其闢建成「博物館」，稱其為「榮譽與榮耀殿堂」，從納粹意識形態的角度看待「呂貝克」和「德國」歷史。如今的「博物館」則主要展示來自歷史長河中的「呂貝克」的遺物以及「漢薩同盟」船舶和旗艦「呂貝克之鷹」的模型。

從「豪斯登城門」入城，直通「豪斯登街」，由於旅遊行程未安排城市導遊，所以只有在早餐與出發往「漢堡」前約一小時時間「按圖索驥」，匆匆看幾個景點。清晨的「呂貝克」特別顯得清新寧靜，踏在古雅石板路上，觀賞沿途中世紀建築，別有一番感受。

首先是「市政廳」，主要由深色磚塊砌成的「哥特」式建築，曾是「漢薩同盟」總部，風華依舊。花崗岩柱飾、砂岩山牆、「新哥特」式拱廊、盾牆、街邊「文藝復興時期」的樓梯、凸窗，均很有特色。另外面向市場的立面裝飾

牆上的圓孔具有通風以保護立面免受過大風壓。

「市政廳」北邊即為「聖馬利亞教堂」（德文：Lübecker Marienkirche），興建於1250年到1350年。是「呂貝克」的最高建築、「德國」第三大教堂，且是「德國」北部和「波羅的海」地區磚砌「哥德」式風格的代表，擁有世界最高的磚拱頂（38.5米）。計入風向標，其雙塔高達124.95米和124.75米，是「呂貝克」的最高建築。多年以來，它是「漢薩同盟」首府財富和權勢的象徵。

[1] 「威利・布蘭特」（Willy Brandt），於1969-1974年擔任「德國」總理。1970年在「波蘭華沙」「猶太區起義紀念碑」前「驚天一跪」，引起全球矚目，為此他在1971年成為「諾貝爾和平獎」得主。

[2] 「湯瑪斯・曼」（Thomas Mann），1929年「諾貝爾文學獎」得主。他的最主要得獎作是在1901年出版的第一部小說《布登勃洛克家族》（Buddenbrooks）。小說一經發行很快就「洛陽紙貴」。小說當中的大家族以及所提及的人物並非完全虛構，而可與「呂貝克」的「真人真事」對照，讓人得以一窺當地富貴家族的生活。「湯瑪斯・曼紀念博物館」名為「布登勃洛克之屋」（Buddenbrooks Haus），即在「聖馬利亞教堂」旁。

[3] 君特・葛拉斯（Günter Grass），1999「諾貝爾文學獎」得主，傳世之作是《鐵皮鼓》（Die Blechtrommel），故事以第一人稱描述，小說的主要素材則是作者本人的經歷與見聞。

▲①清晨的「呂貝克」顯得清新寧靜
　②「特拉維」河邊
　③「布登勃洛克之屋」內景（陳學安攝）

浪漫古城德國之旅記遊（十八）：
布萊梅（Bremen）

2019年8月22日　星期四

　　到「德國」約足足十一天旅遊，要到十幾個地方，「走馬看花」在所難免，但到「布萊梅」則更堪稱「蜻蜓點水」，除用中餐外，前後只有一個多小時，主要集中在「市政廣場」附近。

　　「布萊梅」是德國北部的觀光重鎮，位於「威薩河」（River Weser）畔，是「德國」第二大都市，也是僅次於「漢堡」的「德國」第二大港。「布萊梅」港是「布萊梅」市區的飛地，共同組成「布萊梅」州，是「德國」最小的一州，而兩地相距有五十公里。「布萊梅」港由「威薩河」注入「北海」，但與「漢堡」河港出海口不同。有趣的是，「布萊梅」市徽是一把銀鑰匙，而「漢堡」的市徽是一座城門，因此有：「漢堡是通往世界的大門，『布萊梅』

▲ 「布萊梅」是通往世界大門的鑰匙（取自「谷歌」地圖）

▶ ①「市政廣場」故事多
　②「布萊梅」市中心除電車道外
　　步行區
　③「市政廳」是「布萊梅」市長
　　兼參議院議長辦公處所（陳學
　　安攝）

是這扇門的鑰匙」的說法。

所以會安排到「布萊梅」行程，不僅因為它是「德國」北部重鎮，主要還是因為它是一個有故事的都市，包括源於「格林兄弟童話」中一則以「布萊梅」為背景的「布萊梅流浪動物音樂師」童話[1]以及「羅蘭騎士」[2]傳說故事，而這兩個故事代表性雕塑就分別豎立在「市政廣場」邊。而「布萊梅」「市政廳」和「羅蘭騎士」雕像同於2004年榮列「聯合國教科文組織世界遺產」，所以「到此一遊」的理路就更清楚了。[3]

「布萊梅」市中心除電車道外，似有相當多的步行區。因此當旅遊巴士抵達「布萊梅」後，得以輕鬆步行到餐館，用完餐後再步行到「市政廣場」。回程主要沿當地主要的「商店街──高上街」（High Street），由於是星期六下午，人來熙往。

「市政廳」位於「市政廣場」東北角，建於1405年至1410年間，採用「哥特式」風格，但外牆建於兩個世紀後（1609-12），以「文藝復興」風格建造，是「布萊梅」市長兼參議院議長辦公處所[4]。在東南側是「市議會」（Burgeer-Schaft）所在地；在「市政廳」的對面，則為著名的商會（Haus Schütting）大樓，擁有華麗的「文藝復興」時期外牆。

在「市政廳」附近豎立了兩個雕像：立面前方是「羅蘭騎士」雕像[2]，右手持「正義之劍」，左手拿著裝飾有「帝國鷹」的盾牌，英武異常。另一是在西側的「布萊梅流浪動物音樂師」青銅雕塑[1]，將「格林兄弟童話」故事中的驢、狗、貓和公雞堆疊在一起，是很好的示意方式，也饒有趣味。

廣場北面為「哥特式」風格「聖母教堂」（The Church of Our Lady，德文：Kirche Unser Lieben Frauen），有一高一低雙塔，可追溯到十三世紀，是一個福音派新教堂，也作為「市議會」的教堂。東側則有「布萊梅主教座堂」（Bremen Cathedral, St. Petri Dom Bremen），是歐洲最大的歷史磚建築之一，可以歸入「磚哥特式」風格。旁有「海神噴泉」（Neptunbrunnen）以及「俾斯麥騎馬紀念雕像」（Bismarck monument）。

[1] 「流浪動物音樂師」（Die Bremer Stadtmusikanten）是「格林兄弟童話」中一則以「布萊梅」為背景的故事，童話是講包括公雞、貓、狗、驢子各

一隻共四隻年老被棄養的動物，打算到「布萊梅」街頭賣藝維生，在途中遇到強盜，合力智退強盜的故事。

[2] 「羅蘭騎士」是「查理曼」（Charlemagne）的聖騎士，他的事蹟，經長期傳頌，成為代表自由的象徵。

[3] 「聯合國教科文組織」對這個遺產地的描述為：「布萊梅」「市政廳」和「羅蘭雕像」是一個代表公民自治和市場自由的傑出組合體。「市政廳」是中世紀的大廳建築的代表；「羅蘭」是「查理曼」（Charlemagne）的聖騎士，是法國「英雄詩歌」和其他「中世紀」和「文藝復興」時期史詩的來源。

[4] 「布萊梅」市長兼「參議院」議長由議會選舉產生，「參議院」議員等同局處長。

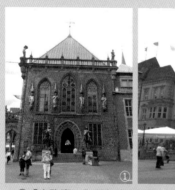

▲ ①「市政廳」入口有武士把關（陳學安攝）
　②「商會大樓」擁有華麗的「文藝復興」時期外牆（陳學安攝）

▲①「羅蘭騎士」代表自由的象徵（陶雨台攝）
②「流浪動物音樂師」疊羅漢（陳學安攝）
③「哥特式」風格「聖母教堂」（陳學安攝）
④「布萊梅主教座堂」是歐洲最大的歷史磚建築之一（陳學安攝）

浪漫古城德國之旅記遊（十九）：
施威林宮（Schweriner Schloss）

2019年8月24日　星期六

　　「施威林宮」（Schwerin Palace，德文：Schweriner Schloss）位於山明水秀的「施威林湖區」（Schwerin Innensee）中的湖心小島，僅以兩座橋樑與陸地相連，所以又名「施威林水上城堡」，擁有365座高塔壯麗外觀，城堡優美的倒影映在碧綠的湖面上更顯浪漫風情而博得「北方新天鵝堡」、「灰姑娘城堡」、「童話城堡」的美稱，並以文化申請為「聯合國教科文組織世界遺產」（申遺）。[1]同時也作為好幾部電影的背景。[2]

　　「施威林市」是「德國」「梅克倫堡—前波莫瑞州」（Mecklenburg-Western Pomerania，MV State，德文：Mecklenburg-Vorpommern State）的首都，「施

▲ ① 「施威林宮」又名「施威林水上城堡」（陶雨台攝）
　 ② 「施威林宮」有「北方新天鵝堡」美稱（陳學安攝）

威林宮」是「州議會」的會址，過去它長時期是「梅克倫堡」公爵和大公的王宮。MV州面積約23,000平方公里，人口僅約165萬人，在德國十六州中，人口密度與GDP皆最低（如導遊說的「沒錢」州，與「梅前」諧音），與其原屬「東德」工業不發達有關，但旅遊資源非常豐富。值得注意的是，它的最大移民群，約一萬餘人，來自受戰火蹂躪的「敘利亞」，可能是受「德國」政府收容難民政策影響。

「施威林宮」是經過一千多年不斷地改建、擴展逐漸形成的。它的環狀結構是最初斯拉夫人城堡城牆的遺蹟。今天的王宮主要是1845年到1857年在「老王宮」的基礎上改建和擴建的，它被看作是「浪漫歷史主義」（Romantic Historism）建築的代表作。[3]在改建過程中參考「法國文藝復興式」宮殿建築，像在「盧瓦爾河谷」的城堡如「香波堡」（Renaissance châteaux of the Loire Valley such as Chambord），極為壯觀。

「梅克倫堡」公爵和大公一脈，統治期間長達八世紀，但以「小國寡民」，得以營造如此一個華麗的宮殿，仍讓人驚訝。據記載，在王宮改建和擴建期間，「梅克倫堡─施威林」大公是Frederick Francis II，他於西元1842-1883年在位，驍勇善戰，在多次「普魯士」對外戰爭中戰功彪炳；他建堡的財富重何而來？是由於橫徵暴斂、征戰劫掠，還是別有「生財之道」，令人好

▲ ①寬廣石板橋頭有頗為生動的馴馬雕飾（陳學安攝）
　②「浪漫歷史主義」建築的代表作

奇。事實上同樣問題，可適用許許多多「德國」其他地方的壯麗城堡「建造人」身上，很值得史家探究。

1919年「施威林宮」轉為國有，從1921年開始開放為「城堡博物館」，並不斷改變型態。從1990年秋起MV「州議會」重新搬到「施威林宮」，並成為「施威林」州立博物館的一部分。

從「施威林市」市區沿「宮廷街」至盡頭經由兩座頗為生動的馴馬雕像裝飾橋頭的寬廣石板橋，即直達「施威林宮」前，正中塔尖有一金色「勝利女神」雕像，正前方高處則有「施威林宮」建造始祖「尼可洛特」（Niklot）騎馬英姿雕像。淡黃色立面雕工精緻氣派。當天抵達時已過內部參觀時間，只有在周圍花園欣賞城堡外觀與花園。

城堡後有「橘園」，是19世紀建築的獨特典範，也是「德國」獨一無二的建築之一，園中有精緻的噴泉、雕塑、環廊、石階、露台以及多樣觀賞植物。雕像包括兩座「勝利女神」、「海格力斯鬥公牛」、「牧羊人與豹」、「大衛與哥利亞頭」。玻璃屋被用作精緻盆栽植物和花卉的溫室，「橘園」咖啡館遠近馳名，在其上遠眺湖景，頗足「賞心悅目」。

「施威林宮」花園被認為是德國北部最令人印象深刻的「巴洛克」式花園之一。佔地1.8公頃，擁有最好的花園設計，可惜由於必須驅車往「呂北克」，未能進內觀賞。

在往「施威林市」一側，有「施威林州立美術館」（Staatliches Museum Schwerin），建築為「希臘文藝復興」式風格，上有精緻山牆飾帶；緊鄰即為「梅克倫堡州立劇院」（Mecklenburg State Theater），它建於1883年至1886年，立面為「新文藝復興時期」風格，兩者與「施威林宮」共同「申遺」。

[1]　「施威林宮」在2015年「申遺」時，主要論述為：「從10世紀到現在，施威林宮」處於一個歷史悠久，政治和建築中心位置（大公宮殿或議會會址）擁有劃時代的傳統。「申遺」部分包括城堡、劇院、博物館、城堡教堂、馬廄、洗衣房和花園。

[2]　最著名的是2017年的電影「金牌特務：機密對決」（Kingsman: The Golden Circle），在影片中作為Tilde公主父母、瑞典國王夫婦的城堡。

[3] 「歷史主義」藝術風格,是從再現歷史風格或模仿以往藝術家的作品中汲
取靈感。「浪漫歷史主義」重新定位從浪漫主義時代繼承的歷史觀念。

▲①「施威林宮」正面淡黃色立面雕工精緻氣派
　　(陳學安攝)
②城堡後「橘園」是19世紀建築的獨特典範
　　(陳學安攝)
③「橘園」環廊上有「海格力斯鬥公牛」雕像
　　(陳學安攝)
④「希臘文藝復興」式風格「施威林州立美術
　　館」(陳學安攝)
⑤「新文藝復興時期」風格「梅克倫堡州立劇
　　院」立面(陳學安攝)

浪漫古城德國之旅記遊（二十）：後記

　　自「德國」返台後，一口氣寫了十九篇「記遊」，有人或會覺得「有完沒完」？此篇「後記」代表封筆作，「德國記遊」就此告一段落，未來有機會再與大家分享其他地方的「旅遊心得」。

　　有感於今年一月與六月分別到「寮國」與「北京」後，都寫了遊記的經驗，深覺將旅途見聞與感想作一記述，大大豐富了旅遊體驗。同時拜沿途攝取的大量照片，配合「谷歌地圖」高解析「衛星圖」之賜，可以很清晰回溯旅遊當時場景，並進一步了解旅遊路線，再加上現時方便的網路收尋，參酌一些相關資料，整理起來，不啻「二次深度旅遊」，「收穫滿滿」。所以這次「德國之旅」，事前即有寫遊記的打算，但每天「努力」遊玩，晚上回到旅館後，再

▲①「德國之旅」堪稱「豐富知性之旅」（陶雨台攝）
　②「日有所思，夜有所想」（陳學安攝）

無精力提筆寫遊記，所以只有等結束旅程後，抽空補記。

這次「德國之旅」堪稱「豐富知性之旅」，感觸良多，所以回台料理諸事後，也就「興味盎然」的開始「振筆直書」，原本以為大約寫一萬字，很快就發現以此篇幅無法適當呈現旅遊的精彩之處，改為且走且寫。本來打算每天就旅遊重點寫一篇，最初尚能逐日完稿，但有時必須處理一些工作上的要務，就難免有些耽誤，所以前後共二十篇，略多於四萬字，要到約一個月後才正式封筆。

由於「記遊」逐篇完成，很適合上載新媒體「部落格」發布，以與親朋好友共享。期間得到不少友善回應，頗足增加續寫動力，有朋友說開始「追劇」，相當程度的鞭策達成每日完成一篇的目標。執筆期間，容易「日有所思，夜有所想」，因而旅遊經常入夢，而有各種情節，醒來常啞然失笑，可謂「第三度旅遊」，也屬「一樂也」。同時於九月中時決定將「德國之旅」遊記納入「清華行思與隨筆」下冊書中後，在編輯整理過程中，似又回到旅途，也頗能再次「樂在其中」，美好的「記遊」經驗，取之不盡，用之不竭，是很值得推廣宣揚的。

此次「德國之旅」頗得天時、地利與人和，「德國」地處溫帶，夏天白晝時間很長，又剛好避開熱浪衝擊，全日涼爽宜人，而且通常風和日麗，除精

▲ ①美好的「記遊」經驗，取之不盡，用之不竭（陳學安攝）
　②「浪漫古堡德國」之旅可謂「追遺」之旅（陳學安攝）

彩景點外，沿途綠意盎然，或深林密布，或綠草如茵，襯以明麗房舍，賞心悅目之餘，真正「捨不得閉上眼睛」。人和方面，團員幾乎全是多年「相招來剃頭（迢迢）」的旅遊「老戰友」，「共振」機會很多，導遊也是「老相好」，照應周到體貼，同時配備「空軍」與「陸軍」，發揮軍人冒險犯難精神。「空軍」拍得不少珍貴「空照圖」，「陸軍」則代大家在凌晨與晚間到既定旅途外「尋幽訪勝」，多看了不少景點。「空軍」的第三隻眼與「陸軍」的第四隻眼，讓大家「眼界」更高更廣。

目前社會上流行「追星」，而這次「浪漫古堡德國」之旅，可謂「追遺」之旅，也就是多沿「聯合國教科文組織」（UNESCO）核定的「世界文化遺產」尋幽訪勝。依旅程前後計有：「萊茵河中上遊河谷」（列「遺」年份：2002）、「威斯朝聖教堂」（1990）、「拜羅伊特的侯爵歌劇院」（2012）、「柏林的博物館島」（1999）、「波茨坦與柏林的宮殿與庭園」（1983）、「漢薩同盟」城市「呂貝克」（1987）、「倉庫城和辦公區以及智利大樓」（2015）與「不萊梅市政廳和羅蘭雕像」（2004），共有八處。

同時進入「世界遺產預備名單」有兩地：「施威林城堡」（2015）與「新天鵝堡」（2015）。[1]另外提交申請但未通過的有「海德堡城堡的歷史城鎮」（第一次1999，第二次2007）。最特別的是「德勒斯登易北河谷」，2004年7月由UNESCO指定為「世界遺產」，並於2005年7月授予官方證明，但其在2009年6月25日被UNESCO認定新建工程（建橋工程）破壞了景觀而被除名。顯示「世界遺產」不只是一種榮譽，或是旅遊金字招牌，更是對遺產保護的鄭重承諾。

「台灣」因不是「聯合國」會員國，所以無法直接「申遺」，政治上也不容許透過「中國大陸」提出申請，甚為可惜。在「德國」經歷上十個「世界文化遺產」後，「台灣」是否有同等級的遺產，是值得我們收尋與檢討的好問題。

前人有言：「行萬里路，讀萬卷書」，從「台灣」到「德國」自然不止萬里，但也確實學習到不少。例如在廣播中，聽到國際知名的大提琴手「馬友友」，將從「萊比錫」出發，展開全球三十六場的「巴哈提琴手組曲」巡迴演奏，馬上引起了「非比尋常」的興趣。經查他將在「萊比錫」「聖尼古拉教堂」，而非「巴哈」任職的「聖多瑪斯教堂」演出，但實際上「巴哈」是「萊比錫」的音樂總監，負責監督各教堂音樂事務的職責，尤其是「聖多瑪斯教

堂」和「聖尼古拉教堂」周日禮拜儀式。同時在「忘憂宮」之旅後，了解到「巴哈」之子曾在「忘憂宮」任職，並引介「巴哈」與「腓德烈大帝」見面，其中關連也是以前不會注意的。所以說「旅遊足以長知識」，良有以也。

「德國之旅」也有差強人意之處，主要是餐飲，堪稱美味的「屈指可數」，細數僅「蘿蕾萊」「胖媽媽」以及「德勒斯登」的「德國豬腳」、「慕尼黑」「皇家啤酒館」的烤雞以及「柏林國會大廈」白梭吻鱸魚套餐，另外幾次中餐較合口味外。其餘大致上屬於「雖不滿意，但可接受」，這可能要怪從未聽過「德國」進世界「美食榜」有關。另一方面，沿途各旅店的早餐都相當豐富可口。

「德國」社會整體上給人先進、富裕與有文化的印象，但通訊建設似有待加強。由於近幾次旅遊，旅行社都很貼心的提供兩人一部的「無線收訊機」（WiFi機），供網路「癮君子們」在旅途中上網收訊，但在「德國」各地常常收訊不良，情況比在「北歐四國」與「英國」差。推測原因，可能是「基地台」不夠密集，另一說是「德國」各地「通訊協定」不一致，在旅途中跳接不順，尚有待證實。「德國」是「工業4.0」的倡導者與先進國，而「工業4.0」要靠機器間的即時通訊，此間是否存有矛盾，也有待查證。

「無線通訊」下一步發展是目前叫得「震天價響」的「5G通訊」，現今世界最先進的「5G通訊」基礎建設公司是大陸的「華為」，「美國」為打壓「華為」，一直對「德國」施壓，要求禁用「華為」產品，而「德國」抗拒至今，可能與其不願在通訊建設上落後，影響競爭力有關。美國紐約時報作家Anna Sauerbrey在今年初曾以「德國的中國問題」（Germany's China Problem）為題撰文探討在中美間「走鋼絲」，「德國」還能堅持多久？很值得一讀。

在「德勒斯登」曾有感於「德國」發展「半導體產業」，並未能在世界領先，是一個值得探究的問題。現今世界製造「半導體」硬體「積體電路」技術三強分別是美國「英特爾」、韓國「三星」與台灣「台積電」，歐洲科技先進國家包括「德國」、「英國」、「法國」以及亞洲的「日本」，雖都曾積極發展而如今仍是「半導體產業」強國，但已不能居領先地位，則是事實。台灣「台積電」在哪些地方走對了？「歐洲」科技先進國與「日本」又走了哪些誤區？當然是引人入勝的話題。

在「德國」優美的自然與人文景觀中，不時仍會感受到「納粹」的陰影。「兩德」政府在戰後作了很多努力，希望消除夢魘，很值得讚揚。但以「希特勒」一介莽夫，能在短期內崛起，在「文明昌盛」的「德國」呼風喚雨，所向披靡，而又倒行逆施，殘害猶太人以及異己人士，挑起世界大戰，導致「德國」幾近全毀浩劫，讓人思之「不寒而慄」。如今包括「德國」、「美國」右翼極端分子，猶如當年的「法西斯份子」，紛紛走向台前，是深深值得世人警惕的。

回台後，網購到一本「為第三帝國服務：希特勒與科學家的拉鋸戰」翻譯書，[2]很有深度的探討當科學家面對納粹統治，應該共謀還是抵抗？選擇三位諾貝爾獎得主：「彼得‧德拜」（Peter Debye）、「馬克斯‧普朗克」（Max Planck）和「韋納‧海森堡」（Werner Heisenberg）為主角。由他們的個人歷史讓我們以不同角度審視，當猶太科學家包括「愛因斯坦」等人被迫害出走時，這些「非猶太」的科學家們選擇留下來，最後成了納粹政權的「幫兇」。正因為這三位科學家既非英雄也不是惡人，所以關於他們生活在「第三帝國」的現實，或是有關科學與政治之間的關係，都引人深思。另一方面，「德拜」與「海森堡」曾在「萊比錫」大學與「慕尼黑」大學兩度同事，讓剛從兩地歸來的旅人，特別有感。（該書閱讀筆記：https：//lihjchen1004.blogspot.

▲①栩栩如生
　②花香撲鼻、景色宜人

com/2019/08/blog-post_26.html）

　　「中國」在二次世界大戰，主要是抗日，未與「德國」正面交戰，但對「法西斯」並不陌生，在戰前，「蔣介石」大量聘請「納粹德國」軍事顧問、購買「德國」軍事裝備，訓練「德式」軍隊，幾乎將在「蘇區」的中共消滅，後來由於「德日同盟」，才切斷軍事聯繫。另一方面，「蔣介石」對「希特勒」在短期內富國強兵，印象深刻，認為以中國傳統文化加上「法西斯主義」理論，就是可以讓中國由亂變治的法寶，但兩國國情極為不同，並未成功。而「法西斯」定領袖於一尊的思想影響仍在；例如美國「西點軍校」的校訓是「責任、榮譽、國家」，我國國軍曾以「主義、領袖、國家、責任、榮譽」做為精神戰力的「五大信念」，源自於民國四十二年「蔣介石」的講話。當時他指出，革命時期必有主義，才有領袖，才有國家。

　　在「德國」看到的是一片繁榮景象，回到國內卻看到「紐約時報」報導，「德國」經濟有進入「蕭條」（連兩季負成長）之虞，並指出長期問題是「工作年齡人口」減少所致，再加上由於中東戰亂，大批流離失所的難民湧入，造成嚴重的社會問題，未來將不會是一切平順，將考驗「德國」人面對新世局的能力，對於剛完成「豐富之旅」的旅人來說，能做的就是由衷的祝福。

▲ ①行萬里路，讀萬卷書（陳學安攝）
　②未來將考驗「德國」人面對新世局的能力（陳學安攝）

[1] 申請「世界遺產」，一個國家需要首先對本國有價值的文化和自然遺產列出一份詳細的目錄。這被稱為「預備名單」，沒有列入「預備名單」的遺產不能進行申報。然後該國可以從「預備名單」中篩選出一處遺產，列入「提名表」中。

由於UNESCO「世界遺產委員會」近年來規定，每年各國在「自然遺產」與「文化遺產」項下，最多只能提名各一件（原來兩件），所以競爭極為激烈，目前「德國」「預備名單」中有十幾個候選地，通常要十年左右，才能「申遺」成功。「施威林城堡」與「新天鵝堡」均在2015年列入「預備名單」，希望能夠早獲佳音。

同時「德國」列入「世界遺產」件數高達46件，也表示值得「到此一遊」的地方還很多，或可考慮「再見德國」之旅。另一方面，此次旅遊，對許多寶貴景點僅能行注目禮，很讓人扼腕，但實際上也無法花雙倍時間旅遊，這就是精彩旅遊「兩難」之處了。

[2] 菲利浦‧鮑爾（Philip Ball）《為第三帝國服務：希特勒與科學家的拉鋸戰》（Serving the Reich：The Struggle for the Soul of Physics under Hitler），張毓如譯，麥田出版社（2017）

「普朗克」為謙謙君子，為人正直大度，但認為與「納粹」合作是兩害之中取其輕，與他最接近的二兒子「埃爾溫‧普朗克」（Erwin Planck）因參與1944年暗殺「希特勒」的密謀案，於1945年1月23日被殺害，是他晚年最大的傷痛。

「德拜」是「荷蘭」人，但在「德國」任職，擔任研究所所長以及學會會長職務，公文上依法要寫「向希特勒致敬」（Heil Hitler）！同時也簽署辭退「猶太科學家」的公文。有作者認為「德拜」是「弄髒雙手的諾貝爾獎得主」、「協助政權的志願者」，並且對「希特勒最重要的軍事研究計畫」做出了貢獻。由於這些爭議，「荷蘭」以「德拜」冠名的研究所以及獎項紛紛將其除名。同時「德拜」於二次大戰期間直到他於1966年去世之前在美國「康乃爾」大學任教，而「康乃爾」大學經調查後，仍保留其榮譽。另一方面，「德拜」也冒險協助「猶太」女科學家莉澤‧邁特納（Lise Meitner）出逃。雖然「一個誠實的人在邪惡政權的脅迫下不得不妥協」，而這樣的暴行終於迫使「德拜」流亡。

「海森堡」是否有積極幫助「納粹」發展核子武器，一直有爭議。[3]「海森堡」尋求官方的認同，卻又拒絕承認自己的妥協所帶來的後果。對他來說，希望在第一次世界大戰的屈辱後能夠再現「德國」精神，「海森堡」毫不猶豫的將創新的「量子理論」放入對於之前一切都有所懷疑的世界觀中，所以他不覺得自己效忠於「普魯士文化」的保守主義。另一方面，他是「納粹」發展核子武器負責人，很多跡象顯示，「德國」科學家在所處狀況下，落後盟國，並無證據顯示，他們因反對「納粹」，而故意延緩發展進度。

[3] 電影《捕手間諜》改編自Nicholas Dawidoff的1994年傳記書《The Catcher Was A Spy: The Mysterious Life of Moe Berg》。Berg曾被授予美國「總統自由勳章」（Presidential Medal of Freedom）。書中記述1943年，美國獲知「海森堡」將於12月初在「瑞士蘇黎士」演講的消息，指派Berg前往聽講，並且判定「海森堡」的演說內容中是否使他確信德國已經接近完成核彈。如果Berg得出此結論，他被授權槍殺「海森堡」；然而Berg確定答案是否定的。

生命紀念與追思

　　記述對先賢、摯友與同僚等人的紀念追思文章，除對逝者生平行誼及風範逸事加以傳載，亦表達個人與逝者的機緣交往。緬懷先哲，以承繼偉業為己任；追思友朋，以真摯情意為懷想，抒發對生命的敬畏感慨與點滴光采。

悼念徐聰仁教授

1997年12月3日　星期三

　　十月底出國開會前夕，突接逢甲大學龔志榮教授來電，告以徐聰仁教授於日前不幸因車禍逝世。在痛失良友震驚之餘，不禁懷往思昔，悼念不已。

　　與聰仁兄結交可追溯到十六年前，當時聰仁兄返國服務不久，到清華參加一項研討會。由於一九八零年代初期國內研究風氣初開，口頭發表論文經驗不足，研究人員在提出報告時許多是直接將論文原封不動做成投影片，而照本宣科，效果很差。聰仁兄在其報告結尾時即針對此現象呼籲應加改進。會後與聰仁兄晤談，親聆其對國內材料科技教育與研究發展頗多期許，快人快語與虛懷若谷之心令人印象深刻。

　　多年來在很多場合有與聰仁兄見面共事的機會，其為人熱心並樂於助人，總予人有無比的親和感。尤其有關公共事務，有所請求無不熱心協助，有古君子「溫、良、恭、儉、讓」之風。日前在整理來往文件之時，不經意就看到兩件與聰仁兄有關近事的文字，簡敘於此，或可略見聰仁兄的行誼風範：

　　一是去年大學與研究所材料科技教育與行政研討會議決議請逢甲大學主辦下一屆會議。聰仁兄首先以問卷方式多方咨詢收集議題以及對前次會議結論檢討意見，加以整理，供各界卓參，同時在獲知教育部亦有意將下屆會議延至明年舉行時，即在致相關人士公開函中指出「逢甲大學雖樂於接辦此項會議，但會議太頻繁，不容易看出成效。由到目前為止咨詢收集之資料，可看出會議結論不易落實，而且收集之議題與去年雷同者約佔一半，因此建議：一、可將材料科技教育之改進及推廣兩項，納入教育部材料科技人才培育計畫，由教育部顧問室執行，二、有關材料科技研究方向及資源之有效應用，可提供給中國材料科學學會處理，如此避免資源浪費。」一方面展現出聰仁兄勤於任事之一面，另一方面也顯現出其力求實效的作風。

第二件事是前幾天在處理材料科學學會主編國際性學術期刊「材料化學與物理」稿件時，正巧處理到聰仁兄生前審閱的一篇論文。與助理編輯張小姐談及聰仁兄審稿一向仔細而用心，通常都能在期限內審閱完畢，因此也分擔了遠多於一般審稿委員的工作。而聰仁兄反而不止一次對我們表示因其妻子與兒女分別在美工作與就學，所以他在寒、暑假中總要赴美探望，有時或會稍微延誤審稿工作而深覺抱歉，感念之際，不勝唏噓。

　　在國內大眾對公共事務久已形成「制度化之冷漠」之際，聰仁兄長期堅守教學、研究崗位，熱心服務，盡心盡力，樹立了良好的榜樣，將永久為人懷念。至於較詳盡之聰仁兄生平行誼，請見本期轉載之逢甲大學材料科學系所發佈之文稿。

追憶張永山教授

追憶Austin

　　以年齡算起來，Austin是我的長輩，但在我與張永山教授多年的交往中，都是以Austin稱呼他，這與他平易近人不無關係，在此，我也就稱他Austin吧。

　　在認識Austin以前，從不同的管道得到的訊息，早知在美國威斯康辛大學材料系，有一位學問非常好的華人教授；後來才弄清楚，Austin於1967年起任教於威斯康辛大學密爾瓦基分校（University of Wisconsin, Milwaukee, UW-Milwaukee），1971年至1977年間任材料工程系主任，1978年至1980年間任研究生院副院長。1980年起赴威斯康辛大學邁迪森分校（University of Wisconsin, Madison, UW-Madison）任教，1982年至1991年間擔任材料科學與工程系主任。而在1970到1980年代，能在美國一流名校，如UW-Madison材料系任教的華人教授屈指可數，尤其Austin在該系擔任系主任有九年之久（1982-1991），更屬難得，所以印象非常深刻。

　　與Austin結識，是我於1986-87年在美國矽谷的全錄研究中心（Xerox Palo Alto Research Center, Xerox-PARC）擔任訪問學者期間，橋樑則是我指導的碩士班學生蕭復元博士。復元於1986年到UW-Madison攻讀博士，投入Austin門下。在他與Austin討論博士論文題目時，將從事三五半導體金屬接觸研究，定為一個可能的方向，而復元碩士論文是研究矽晶的金屬接觸，不僅頗有相關性，而且成果相當優異，發表於當時台灣學者論文罕見得以發表的一流期刊《應用物理快訊》（Applied Physics Letters）（1984年全台僅兩篇，1984-1988

五年間全台亦僅四十篇，而該論文為1984兩篇中的一篇）中。大概是Austin授意，復元與我聯絡探詢合作的可能性，由於久仰Austin盛名，而金屬薄膜與三五半導體反應正在Austin專長的熱力學模型的建構、相圖計算領域範圍，而我在材料製成與微結構分析上，也有些經驗，自然欣然同意合作之建議，而三人合作的成果「鈷薄膜與砷化鎵介面反應研究」也很順利地於1988年在相當好的學術期刊中發表。

與Austin第一次見面是於1987年間，他趁在矽谷擔任Hewlett-Packard（HP）公司顧問之便，到隔鄰的Xerox-PARC與我見面。在此之前，我們僅經由電話通過話，但見面時毫無陌生感，可謂一見如故。猶憶Austin帶著慣有的微笑，開朗的聲調，耳上掛著用帶子繫住的眼鏡架，這初見的印象，在往後屢次會見時，始終如一；第二次見面則是我於次年赴美參加學術會議時，蒙Austin邀請到UW-Madison材料系演講，並盛情接待，從此接觸漸多，成為較熟稔的前輩學者。

復元獲得博士學位後，不久即返國服務，而Austin的其他幾位高足，如清華大學陳信文教授、中山大學謝克昌教授、成功大學蔡文達教授、中央大學（後轉台灣大學）高振宏教授等也陸續返國，連帶著使Austin在台的聯繫較多，開始到台灣講學。我手邊有較詳細紀錄的是於2001-2005年，Austin在清華大學擔任榮譽講座教授，並分別於2002與2004年，任清華大學「國聯光電講座」，而該講座要求主持人須駐校至少一週並發表三場演講；同時Austin也曾在中山大學與成功大學講學，並受邀在國內舉辦的國際會議中擔任邀請講席。

另一方面，我有多次與Austin在美國召開的國際會議交會的機會。說來略有些複雜，Austin與我雖同是材料大領域學者，但因專長不同，Austin主要活躍的學會是TMS（全名為The Minerals，Metals and Materials Society，即礦物、金屬與材料學會），並曾為該會會長，而我較常參加MRS（全名Materials Research Society，即材料研究學會），尤其MRS與中國材料科學學會（亦稱台灣材料研究學會，MRS-T），同屬國際材料研究學會聯合會（International Union of Materials Research Societies, IUMRS）會員，而我也在MRS-T與IUMRS擔任過會長與副會長等職，所以原各有主要學會活動場域。但也主要是因與Austin與其子弟兵的淵源，我在2003-2008年連續六年均受邀擔任TMS研討會受邀主講人，尤其在2007年，包括於美國佛羅里達州奧蘭多市

（Orlando, Florida）為Austin正式從UW-Madison榮退舉辦的研討會，創了在同一TMS會議擔任三次講座的紀錄，最為經典。

同時我在2008年獲TMS的Hume-Rothery Award（Hume-Rothery獎）大獎；Hume-Rothery是材料科學大師，Hume-Rothery法則（Hume-Rothery Rule）是材料科學入門經典熟知的法則，而我從未想過會與Hume-Rothery有深刻關聯。當初接受提名是因為盛情難卻，加以我與TMS淵源不深，又與其主要領域不合，想不到當年即獲獎，這與貴人加持必有關係。後來也間接得知Austin在TMS獎項委員會中有力的陳言產生決定性的影響，才能在許多知名學者候選人的競爭下脫穎而出。

另一方面，Austin於2010年方當選中央研究院（中研院）院士。按說Austin在1996年即為美國國家工程學院院士，在美國材料界屬泰斗級的人物，得到許多難得的學術大獎，當選中央研究院院士應是實至名歸，但反而有些曲折。這與中研院的生態與選舉院士考慮因素有關。中研院自1948年在南京選舉第一屆院士以來，院士一直是國內學者最高的桂冠。但因國民政府於1949年即倉皇遷台，渡台院士極少，再加上當初政經與學術環境，直到1958年才恢復選舉；而其後，尤其是數理科學組，每兩年至多選舉十人中，海外學人始終占多數。以2014年院士名單而言（2016年院士選舉將在7月方舉行），於2006年以前（含）選出的院士有86人，其中海外64人，國內22人，不僅工程科學背景者較少，而工程科學院士又集中於電機、機械等大領域，較新興之材料科學領域院士僅二人，偏偏在2008年，包括Austin在內，被提名的材料科學領域美國國家工程學院院士即有三人，都屬一時之選，由於院士選舉要順利過關，同組同意票需要超過三分之二，而中研院院士都是學術地位很高的一時碩彥，不是對候選人有相當的熟稔度，不會輕易投同意票，因此難度很高，支持票數一再分散，導致三人都未能當選，但從首輪投票來看，Austin得到支持最多。

次屆（2010年）Austin捲土重來之時，由於在前、後屆間隔兩年當中，Austin又獲得一些難得的國際學術大獎，另外在他培育人才以及回國講學、提攜國內後進參與國際學會會務等方面對台灣學術界的貢獻，也獲得院士們較清楚的認識，得以在第二次獲得提名時如願當選。客觀來看，以Austin的學識與學術地位，應該早就當選才對，但據知，Austin對於這個遲來的大獎，仍很感高興與安慰。令人萬分惋惜的是，依照中研院往例，新科院士參加的第一次院

士會議是兩年後的次屆會議，而Austin於2011年8月溘然長逝，不及參加，而成永憾，也是中研院的巨大損失。

　　綜觀Austin一生，不僅學術卓越，同時備受同儕高度推崇肯定、學生與晚輩欽敬愛戴、家庭美滿幸福，可謂豐富圓滿。個人與Austin相交近三十年，回想過往生涯，如果沒有良師益友Austin多方加持，增添許多溫潤綺麗，將會黯然失色不少，在此我要向Austin致最深的謝意，也祝福張夫人與家人未來平安喜樂。

追思沈君山校長

2018年12月21日　星期五

　　沈君山校長在清華校園沉睡了十一年後，終於在107年9月12上午因器官衰竭離開人世。在清華為沈前校長辦理追思會之際，整理一下個人與其之機緣，與所知逸事，略抒緬懷之情。

　　沈校長早享盛名，在台灣大學念書時就是鋒頭人物，不僅精於橋牌與圍棋，也是足球校隊主將，但大學念了五年才畢業，原因是必修的德文在大四時不及格，必須到第二年補考。由於當初台大物理系學生多為各方菁英，我在大二上學期修德文時，全班三十幾人，竟有二十六人得滿分，所以有才子之稱的沈校長德文會不及格，就相當有傳奇性了。據其同班同學轉述，沈校長原來在該學期開始後一直翹課，到將近期末考時才來上課，剛好被任教的德籍神父點名唸一段課文，而沈校長將德文陰性冠詞die（音低）念成dye（音帶），馬上穿幫，所以該學期德文慘遭死當，最後導致延期一年畢業。

　　我在念大四的時候，適逢沈校長自美返國講學，所以有幸修習其所講授的「天文物理」課程。當時沈校長在美國普渡大學任教，意氣風發，進入課堂時，修長英挺的身材配上合身的西服，身攜當年風行的007手提箱。以歸國學人身分，而具翩翩公子之姿，又文（橋棋）武（運動）雙全，不成為後進學子羨煞的偶像也難。而沈校長授課，深入淺出，趣味盎然，也是我大學時代難得的體驗。同時他在學期末邀請選課同學到當年學子很少有經濟能力涉足的西餐廳享用精緻的茶點，也讓人終身難忘。

　　民國六十六年，我自美返國到清華任教，當時沈校長在清華擔任理學院院長（1973-1979，1984-1987），但私人見面接觸的機會並不多，只偶然會在教職員餐廳碰面，倒在報章雜誌中頗看到一些沈校長與名媛交往的花邊。當年清華規模不大，張明哲校長會定期與全校教師在百齡堂（現蘇格貓底餐廳）談話

並餐敘，通常到會不過三、四十人；印象特別深刻的是，有一位頗具爭議性的大砲型教授，曾在會中當面針對沈校長做人身攻擊，而沈校長則並未有直接反擊的大動作。該教授也是在之前沈校長邀請詩人余光中到清華演講，批評詩人新詩「今夜天空很希臘」句把名詞作形容詞用，而讓詩人認為清華是「文化的沙漠，瘋子的樂園」同一位仁兄。

往後多年，在校並無與沈校長有許多交集的機會，在校外則有一次在共同友人家餐聚，沈校長除在席中談笑風生，並慨允贈字一幅，不久後即著人送來，該墨寶錄朱熹《觀書有感》：「昨夜江邊春水生，艨艟巨艦一毛輕。向來枉費推移力，此日中流自在行。」大意是說，人的思想、學識、悟道都有一個成長的過程，有了積累，在一定的契機下，就會豁然開朗，舉重若輕，暢通無阻，適用棋局與人生，或人生棋局，深富哲理，發人深省，頗有嘉勉之意。二十多年來，沈校長墨寶一直懸掛於我的書房內，見之每思故人。

沈校長在1988年7月20日至1989年5月31日擔任十個月的行政院政務委員，據他自述不知為何被任命也不知為何卸職；如果考據一下，俞國華先生於1984年6月1日－1989年6月1日擔任行政院院長；所以沈校長卸任只不過隨內閣總辭，並無特別之處，倒是沈校長常以此自我揶揄。我在擔任國科會副主委超過十個月時，也得以就擔任政務官較沈校長久博君一笑。

據沈校長自述1990年後的兩年內，以個人身分，到大陸三晤當時主政的江澤民，每次都談數小時。他反覆說明台灣目前不能接受統一的原因，及台灣必需要有自主空間的理由。他還為雙方提出各種設計構想，如「志願統一」——先求一個中國，其他問題留待以後解決。他致力於兩岸和平的論述也讓人見識到他精湛的文字修為。

民國八十二年，依修正後的「大學法」，清華大學首次遴選校長，我適為工學院同仁推舉擔任「校長遴選委員會」委員，沈校長則為候選人之一；當時台灣學界氛圍是認為校長除學經歷要俱佳外，需要具備一定的為學校募款能力；沈校長是台灣坊間公認的「四大公子」之一，黨政與民間關係可謂無人能出其右，最後脫穎而出也就不足為奇了。

沈校長擔任清華校長三年任期（1994-1997），據他自述，並不十分順遂；原因之一是出於其「溫良恭儉讓」的性格，而在應付學校極少數個性強烈的教師作為上，不喜與人衝突，顯得過於謙讓；另一方面，沈校長雖有與前聯

華電子曹興誠董事長對奕，贏得一千五百萬元捐款的佳話，但整體募款成績並不出色，據推測沈校長有其孤傲的一面，不願有求於人，拉不下臉，難於啟齒勸募所致。

在沈校長任期內，我與他的接觸多在學校會議中，記得比較清楚的是，一次沈校長在校內教職員餐廳宴請當年獲得校外獎項的教師，他在席中歷數當時清華連得五次國科會傑出研究獎的教師，而席過一半後，其夫人才從台北在下班後匆匆趕到。另外是不只一次，在傍晚開車行經清華東院門口時，見到沈校長手牽當年可能尚未上小學的幼子，似乎正要到學校對面用晚餐，親愛之情，洋溢於父子互動之間。

在公務方面，一次因為工學院一位教師與生科院一群學生因故鬧到法院，沈校長曾電請我與其他兩位教師以「公正人士」身分擔任調人，最後得以圓滿落幕。還有於一周末，我在學校散步之際，適逢沈校長乘車經過，也許因為他正擔任中研院評議員（1993.5-1999.4）的原因，曾下車關心當年中研院院士提名與選舉問題。

沈校長卸任後，不久即從清華正式退休；1999年6月他首度中風；2001年4月，兩岸清華在北京同慶創校90周年，我正擔任工學院院長，躬逢兩校校長在「工字廳」簽署合作協議，猶憶沈校長也在場見證。2005年8月一晚夜間他第二度中風，剛巧當晚我擔任副召集人的清華遴選第三任校長「遴選委員會」在台北世貿大樓晚宴，在電梯中與沈校長不期而遇，據同行一位委員事後轉述，曾覺沈校長臉色有異；沈校長出院後，須由看護攙扶在清華校園中復健，有好幾次在我散步途中與其相遇，並略作攀談，一次與其談及朱經武院士希望得到他一本簽名新書，蒙沈校長隔日即親筆簽名請我代贈。同時在學校重要活動場合，尚能看到他坐輪椅的身影。沈校長病情穩定後，曾撰《二進宮》一文，敘述發病與就醫經過，並明言未來如病篤，不願以插管維生，展現其灑脫的一面。

2007年7月第三次中風。經治療後，些許好轉，長期處於昏迷狀態。我到加護病房看他時，家屬因不忍，已決定不遵照其遺囑拔管，未料如此一躺就達十一年餘。2010年二月一日我接任校長，當日下午即安排到宿舍探望沈校長，獲悉其在管家與看護照顧下，身體狀況尚佳，同時瞭解是否有學校要配合的地方。期間多次陪同沈校長的故友如馬英九總統、林海峰圍棋大師等看望沉睡中的沈校長。

在沈校長長臥清華校園期間，親友當然盼望奇蹟出現，各方努力不斷。我個人則得知原來就認識的台大電機系某教授，自行研習推拿之術，得以治癒症狀其與沈校長相似之母親，也蒙該教授多次來清華試為沈校長推拿，惜並不見成效。

沈校長在2006年第三次中風不省人事前，曾手書略為：「余自1956年與清華結緣，1973年長期返台，迄今已33年，以後亦不會離開清華園，故對新竹清華有特殊感情，擬捐助奕園，原則如下：一、地址須在清華校園，二、園中不砍一樹，全園少用水泥（最好不用）」；在劉炯朗與陳文村前校長努力下，於本校南校區生態區建設「奕亭」，已於2010年元月20日揭牌啟用；而進一步造景建設「奕園」則在沈前校長昔年棋友蔣亨進教授等倡議下，於2011年十月起開始啟動；籌建小組提議蒐集圍棋大師墨寶及珍貴棋局展現於園中，同時公開徵求設計團隊，在蒐集圍棋高手墨寶及經典棋局方面，在林海峰國手協助下，在2011年12月蒐集到包括吳清源、林海峰、日本木古實、韓國曹薰鉉、中國大陸聶衛平以及陳祖德大師墨寶及經典棋局，讓奕園深具潛力成為未來的世界圍棋勝地；在其後「奕園」規劃討論會並決議由藝術中心主辦，結合圍棋主題與融合於環境的公共藝術方式進行，採公共藝術邀請比件方式，而由楊尊智老師率領團隊脫穎而出，並順利完成；另一方面，沈前校長胞妹慈源女士與妹婿盧博榮博士在得知學校規劃後，決定將他們代管的沈前校長在美國的退休金匯回作為興建「奕園」費用，因此也完成了沈前校長捐款興建「奕園」的心願，別具意義。

「奕園」於2013年6月1日正式揭幕。園內除有大草原區以圍棋子造型為基礎的公共藝術創作「對奕‧對藝」外，並有本校名譽博士金庸先生親手提寫「奕園」二字立於入口。包括林海峰、聶衛平、曹薰鉉等大師及吳清源大師的長女吳佳澄女士齊聚於清華一同為「奕園」揭幕。典禮結束後林海峰、聶衛平及曹薰鉉三位大師史無前例，於奕亭內聯手進行奕紀念棋。「奕園」揭幕至今，已吸引圍棋界多次在清華舉辦重要活動，正如當初規劃時所寄望的，儼然已成為圍棋聖地。

在沈校長去世前兩天，接到沈校長病危通知，立即趕到醫院，只見沈校長一如他第三次中風以來狀況，安詳地躺在安寧病房床上，據管家告知，沈校長器官已近衰竭，醫生已經宣告不久人世。不到兩天後，接賀陳校長來電，知沈

校長已永離人世，一個璀璨的生命，在不省人事十一年後，終於劃上了句點，命運的弔詭，讓人不得不歸諸天命。

前年冬天，在安徽之旅中，曾往「敬亭山」一遊；而「敬亭山」由唐朝大詩人李白名詩「獨坐敬亭山」而聞名，詩曰「眾鳥高飛盡，孤雲獨去閒。相看兩不厭，只有敬亭山。」在清華大學「沈君山校長追思會」請柬背面，錄有「眾鳥高飛盡，孤雲亦不閒，相看兩不厭，仍是沈君山。」詩句，是對沈校長行誼，從友人觀點，做了部分適切的詮釋。另一方面，對於沈校長的立言與功業，未來自另有春秋之筆有所發抒。

高希均先生在追思會上，讚揚沈校長「他把心留給了中國，把愛留給了台灣，把情留給了清華，把一生的典範留在人間」，千古風流人物，又有多少人當得起這樣崇隆的評語。清華曾有這樣一位才情洋溢，愛國愛人的校長，值得我們慶幸，緬懷先哲，尤應以承繼偉業為己任，發揚光大其遺澤。

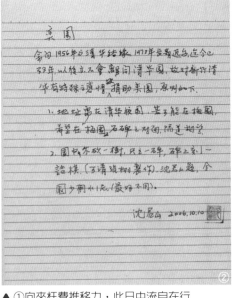

▲ ①向來枉費推移力，此日中流自在行
②自1956年與清華結緣
③致力於兩岸交流

▲ ①馬英九總統探望老友
　②紀政女士探望昔年戰友
　③圍棋大師齊聚以表感念
　④眾鳥高飛盡，孤雲亦不閒

▲ ①贏得生前身後名
　②相看兩不厭，仍是沈君山
　③把一生的典範留在人間
　④才情洋溢，愛國愛人的校長

紀念黃延復教授兼為「梅貽琦校長逝世五十周年紀念會」文集序

2013年8月31日　星期六

　　「梅貽琦校長逝世五十周年紀念會」於2012年10月26及27日兩天在新竹清華隆重舉行；承蒙北京清華的顧秉林前校長與諸位師長、廈門大學的鄔大光副校長、雲南師大葉燎原書記與諸位師長、鄧昌黎院士、鍾秀斌先生、岳南先生、陳守信院士遠道蒞臨以及國內許多專家學者共襄盛舉，對一代教育家、兩岸清華的永久校長致敬並做了最佳紀念，本人在紀念會文集出版時刻，要再次對各位表達深重感謝之忱。

　　梅校長的風範與功業，在紀念會中有相當的陳述與闡釋；我在致詞時曾特別提及北京清華黃延復教授，多年來專志研究、著述關於梅校長行宜，長期致力於發揚光大一代教育家精神，功不可沒；黃教授曾說過：「此生最大的願望是弘揚梅校長教育思想與道德文章」；由於感佩黃教授的義行，我於次月3日趁赴北京參加「國立西南聯合大學建校七十五周年紀念大會」之便，會同前年與黃延復教授合著「一個時代的斯文」專書紀念梅校長的鍾秀斌先生一起拜訪黃教授；可能基於對清華與梅校長的共同孺慕之情，兩人一見如故，而黃教授在欣慰之餘，說出：「於願足矣，可以安心的走了」感人之語；當時雖隱覺話說得重了一些，但以黃教授至情至性，並不太以為意；不料黃教授一語成讖，在三個月後，也就是本年2月12日，因腦梗塞在北京逝世，享年85歲。據鍾秀斌先生來函：「您去年11月去看他，他非常高興，覺得自己所做工作得到您的認可，將您視為知音，為此寫了好幾篇詩文表達他內心的喜悅。近年來，他每到年底都會製作賀年書，向要好的親友們祝賀新春，並告知一年來他的重要行誼。1月底我們倆見面時，他囑咐我到台灣一定要帶份賀年書給您，祝您新春快樂！現在只能先在附件中發給您」，鍾先生已著手在編輯整理他晚年所寫的

文章，他說出書只是為了將他看明白的道理告訴後人。

在黃教授賀年書中，有一篇「窮在深山有遠知──新竹清華陳力俊校長垂訪留影」文章，略為「2012年11月3日，新竹清華大學校長陳力俊先生光臨寒舍垂訪。他剛在新竹主持完『梅貽琦校長逝世50周年學術論壇』，又應邀趕來參加北京清華承辦的『西南聯大』建校75周年校友聚會；記得在北京清華紀念建校80周年期間，我曾親耳所聞已故劉達老校長曾有言：『在兩地政府沒聯合以前，兩個學校可以先聯合起來嘛！』今日喜見，老校長此理想正在逐日實現，實為兩地清華在校師生之幸也。當然，要『聯合』就要切於實際，不要滿足於形式。……據悉，陳校長3日凌晨抵京，5日晨返台；行旅匆匆，行前特意給我的青年伙伴鐘秀斌君、又給清華校方通電告知他的意向──抵達後上午開會，下午即安排垂訪我及其他兩位清華（聯大）老校友，其意可嘉復可敬也！特別是我，雖經常關心新竹清華的發展，但所知甚少，例如在此以前，竟不知新竹校長大名及其事跡。這次新竹開梅校長的紀念會及學術論壇，我事前已知，秀斌君並也應約參加。他回來提到，陳校長在致開會詞時曾提到了我。但我沒料到他此行匆匆，竟會有此安排。知道了這一通知，立刻萌發出『人生得一知己足矣』的嘆喟。所以我在這篇文章中套用古人『貧居鬧市無人問』的『俗語』，改為『窮在深山有遠知』。

這次『交際』（陳校長的垂訪和秀斌、徐江二君的也參加接待）收穫頗豐。特別是對有意研究新竹清華和了解梅校長的人：秀斌新竹之行，曾拍了一些紀念會和瞻仰『梅園』（梅校長的墓園）的照片：這次陳校長來，又應我們的要求，返回後立刻寄來了梅校長於1962年4月26日（離辭世只有不到一個月的時間）校慶時答謝校友的講話錄音。」

如今黃教授乘鶴西去，遙祝在天之靈能與未曾有一面之緣，但窮數十年心力弘揚的梅校長，以「忘年之交」，長伴左右，看顧他們共同深愛的清華。

▲ 清華之子，清華之師

▲ 人在深山有遠知

生命之句——紀念辛志平校長

2014年2月9日　星期日

　　母校畢業40年的學弟們，編纂第41期《新竹中學校友會會刊》，盛情邀稿，身為「竹中人」，以往只要有新竹中學校友邀稿要求，我直覺的反應都是一口答應，這次自然也不例外；不久前學弟們來催稿，要動筆時，才想到歷年來，寫了有關竹中與辛志平校長好幾篇文章；這篇文章，也許可談談校長生平對學子的啟發。

　　我心目中的新竹中學，自然與辛志平校長連結在一起；在竹中三年多，從新生訓練時看見他彎腰撿垃圾，到朝會與週會諄諄善誘，身教言教，竹中學生在優良的師資授業解惑下，接受五育並重、文理兼修的完善教育，都與辛校長以全部心力辦學，息息相關，而這種關聯，在越是年長之際，感受越深切，越覺其可貴。

　　最近從閱讀中，看到所謂life sentence（生命之句）的說法。英文無期徒刑的判決，常作sentenced to life，結了婚，一路相守，白首偕老，也可戲稱sentenced to life，但此處life sentence是以一句話，總結一個人的一生；大物理學家Boltzmann的墓碑上刻的是$S=k\log W$公式，道盡他對熱力學第二定律劃時代的貢獻；美國大學籃球賽保持得到冠軍次數記錄的教練John Wooden說，他希望熟人記得他「對待別人的方式是『和藹與體貼』（kindness and considerateness）」；每個人的生命之句，

▲ 生命之句是「辦好新竹中學」

代表一個傳承（legacy），設想在生命終了時，熟人以一句話總結一個人的一生，他們會說什麼？從另一方面來看，我們會留下什麼？希望認識的人怎麼記得我們？

那辛校長的生命之句是什麼？他曾說（大意）：「一生以兩件事為榮，一是抗日，一是辦新竹中學」。所以應可以說，他的生命之句在早期是「抗日有功」，到後期則是「辦好新竹中學」。竹中的校友們很多會同意辛校長的生命之句是「把新竹中學辦成讓莘莘學子五育並進的中學」。多少人敬佩他、感念他；大家可曾想過，如果我們的生命中少了辛校長，會有什麼不一樣？

約在我唸新竹中學時期崛起的「披頭四」（Beatles）樂團，至今普遍被認為是對世界社會與文化最有影響力的樂團，他們有一首告別曲「漫長與曲折的路」（The Long and Windy Road），比喻人生是一段漫長與曲折的旅程，難於掌控並預見終點；美國知名的領導專家、演說家John Maxwell說：「人們會以一句話總結你的一生」（People will summarize your life in one sentence, pick it now），勉勵人及早擇定目標並努力以赴；辛校長在青少年時期寫「我的志願」作文時，很可能沒有發願做「一個偉大的校長」，但在新竹中學辦學有成，名聞遐邇之時，也很可能沒有想過以做「一個偉大的校長」為「生命之句」；大家應熟知辛校長曾獲選天下雜誌「百年來台灣最具影響力人物」之一，顯示不止竹中人，同時是台灣民眾普遍推崇的教育家；雖說生涯不一定是規劃來的，只要方向正確，成事畢竟在人。所有竹中人經過竹中「誠慧健毅」洗禮，至少是辛校長「無心插柳」下而得為成蔭之柳，何其有幸，當思索自己的生命之句是什麼？如果以此為念，豈不應該從今天起選擇我們的生活方式，用心開創傳承，在身後仍能影響別人？辛校長典範在昔，是很好的指引。

生命之句

■ 17屆 陳力俊校長

母校畢業 40 年的學弟們，扁纂第 41 期《新竹中學校友會會刊》，盛情邀稿，身為「竹中人」，以往只要有新竹中學校友邀稿要求，我直覺的反應都是一口答應，這次自然也不例外；不久前學弟們來催稿，要動筆時，才想到歷年來，寫了有關竹中與辛志平校長好幾篇文章；這篇文章，也許可談談辛校長生平對學子的啟發。

我 心目中的新竹中學，自然與辛志平校長連結在一起；在竹中三年多，到校的校長時看見他彎腰撿垃圾，到初會與週會時的諄諄善誘，現今其身教言教，竹中學生在優良的師資授業薰陶下，接受五育並進、文理兼修的完善教育，都與辛校長以全部心力辦學息息相關，而說難關聯，愈是年長，感受愈深切，越叠珍可貴。

最近突然間心中，記到所謂 life sentence（生命之句）的說法，英文無懈使用的例子有二解，一作為 sentenced to life：結了婚，一語相守，白首偕老；也可顧釋 sentenced to life：但此處 life sentence 是以一句總結個人的一生；大勒埋事實 Boltzmann 的墓碑上刻的是 S= klogW 公式，這涵蓋到物理熱力學第二定律嗎時代的貢獻；美國大學籃球賽贏得冠軍次數記錄的教練 John Wooden 說，他希望別人記得他「對待別人的方式是「和藹與體貼」（kindness and considerateness）；每個人的生命之

句，代表一個傳承（legacy），故都在生命終了時，別人以一句話總結某人的一生，他們會說什麼？相對來看，我們會省下什麼？希望認識的人得我們什麼？

那辛校長的生命之句是什麼？杜甫表示：一生以照什麼為樂，一是抗戰，一是舊新竹中學。所以應可說成，他的生命之句在平淡是「抗日有功」，到後期則是「辦好新竹中學」。竹中的校友們要多少辦同屬辛校長的生命之句是「把新竹中學辦成華莘莘學子五育並進的學校」，多少人敬佩他、感念他；大家可管想起，如果我們的生命中少了辛校長，會有什麼不一樣？

約在我唸新竹中學時期編輯起的「敬國四」，披頭四（Beatles）樂團，至今普遍被譽為是對世社會與文化最有影響力的樂團，他們有一首歌則為「漫長與曲折的路」（The Long and Windy Road），比喻人生是一段漫長與曲折的旅程，富於家庭、寓呆結點；美籍知名的領導專

圖片摘自：文化部地方文化館

家、演說家 John Maxwell 說：「人們會以一句話總結你的一生」（People will summarize your life in one sentence，pink it now）；如同人及早釐清自標並努力以赴，辛校長在青少年時期寫「我的志願」作文時，很可能沒有發願做「一個偉大的校長」；在新竹中學辦學有成，名留瞻瞻之時，也很可能沒有想過以破「一個偉大的校長」為「生命之句」；大凱熟知辛校長曾接遷為下榜選「百年來台灣最具影響力人物」之一，顯見本不止竹中人，同時也是台灣民眾擁戴崇的教育家；離從生涯不一定是威劇本的，但如果我們的生命以中少了辛校長，會有什麼不一樣？所有竹中人經過母校「誠懇樸毅」洗禮，至少辛校長「無心插柳」下，而得為成竟之道，辛校長能傳承；何其有幸。益眾承自己的生命之句是什麼呢，如果以我為念念，當不要做從今天起起決定自己的生活方式，用心開創，舊遷傳承；在身後您能影響他人？辛校長典範在昔，是很好的指引。

17屆的陳力俊學長，在卸任新竹大校長之際，有「生命之句」如此深刻的感悟，不知能在清大的數送會上，希望同仁們給他那一個生命之句呢？

葉健祥：
這不勞妳操心，不透我倒想送他「扁抱北海，駕越崑山」置作生命之句，企劃力俊學長能縱而不休，繼續投注心力關懷貽給讓清的台灣教育！

楊美慧：
哨……！看不出學長「拍馬」的功夫也顒有學問、深「藏」，不露喔！

葉健祥：
我祇學妳朝「妳就別諧謔！我這是「諍誓」，不是「拍馬」，妳應瘦懂我，也不怕它了舌頭！

楊美慧：
好不就是我偏偏擔任執行編輯的小時偉嗎！讓學長海涵喜！

▲①把新竹中學辦成讓莘莘學子五育並進的中學
　②辛校長典範在昔，是很好的指引

追思侯王淑昭女士

2019年1月11日　星期五

一月十日早聽到侯王淑昭女士不幸於八日去世的消息，不禁悵然，感傷不已。中午回到家裡，躊躇很久終於鼓勇告訴內人，只見她頻頻拭淚，一家陷入憂戚的氣氛中，久久難以散去。

侯王淑昭女士的朋友都叫她侯太太，與她見最後一面，是去年十二月十七日「侯金堆基金會董事會」後；當時我在「東和大樓」門口正要上車，只見她走出並很高興的告訴我要趕赴餐廳與自國外返台的孫兒共進午餐。燦爛的笑容，令人永遠難以忘懷。

在當天董事會中，侯太太首先告訴董事們「貞雄復健情形良好，最近開始會自動說單語，明年傑出獎頒獎典禮一定會出席」，同時暢談她對原住民的關心；而她今年分贈的年曆，就是以「排灣族」為主題；她也表示將陸續推出以其他所有原住民部族為主題的年曆。「侯太太，妳還有十二本原住民年曆沒有完成，怎麼就可以撒手走了呢？」讓人思之為之惻然。

在之前一次見面，是在十一月十三日「春之清華藝術教育發展基金捐贈典禮」；侯太太當天春風滿面，捐贈一億元給清華，成立「春之清華藝術教育發展基金」，支持清華發展藝術教育，包括聘請一流師資、獎助優秀學生、舉辦科技藝術展覽及藝術季活動。並以「清華藝術學院」榮譽院長身分期許「喜好藝術的頂尖學生都將前來清華學習。」侯太太為台灣推動藝術的第一人，希望藉由自己的力量讓每個行業、每個人的心理都能感受到藝術的美好。清華有高人指點、貴人相助，將讓藝術學院突飛猛進，典禮充滿歡樂氣氛。「侯太太，妳還未眼見清華藝術學院在妳的扶持下，成為頂尖藝術殿堂，可能會有些許遺憾吧？」

在一次談話中，侯太太表示有意為南島音樂盡些心力，剛好我與中研院南島語言專家李壬癸院士為舊識，經李院士推介台灣藝術大學音樂系吳榮順教授

在侯太太猝逝前兩天，與其見面並洽談甚歡，正準備積極進行，驟然辭世，讓一向劍及履及的侯太太又多了一項未了心願。

我與侯氏夫婦結緣，始於1993年獲得「侯金堆基金會」材料科學類榮譽傑出獎，承蒙不棄，也受邀擔任多年「侯金堆基金會」董事。在我擔任清華校長後，貞雄兄更以私人名義，捐贈清華兩億元，設立「侯金堆講座」，作為延攬及留任一流人才，提昇教學與研究品質，朝學術卓越之頂尖大學邁進之經費，情意深重，緣分非淺，可謂貴人中的貴人，讓人終生銘感。

與侯氏夫婦見面，以往多在「侯金堆基金會」董事會或「侯金堆榮譽傑出獎」頒獎典禮中；在貞雄兄中風後，從2016年七月起，約有一年多時間每週到清華復建，並多半由侯太太陪同，多了許多見面的機會；而侯太太本人也與清華情誼漸深，曾多次說「越來越喜歡清華」；另一方面，我也多次應邀參加侯太太主辦的各種活動，包括在「東和鋼鐵國際藝術家駐廠創作成果發表會」上以「科學與藝術」為題演講，為貞雄兄傳記《誠與義》寫序與在新書發表會致詞，聆聽「歲末感恩音樂會」，以及龍潭高爾夫球場與茶園參訪等，與侯氏夫婦相知更深，景仰之外，更多了十分溫暖。

侯太太一直是藝術文化界的大善人，她曾說：「不論是什麼樣的藝術形式，只要能感動人，她都願意盡她最大能力給與協助」。知者稱她為「鋼鐵界女子豪傑」，「女巨人」，「在藝術與企業之間游刃有餘」，「她把藝術當生活，主動支持藝術家，為社會帶來正面能量」，「有如冬季暖陽」，「集熱情、眼光與智慧於一身」，「是贊助支持台灣藝術界的最大支持者，是企業贊助藝術的典範」。「是當代標誌性的人物」，絕非過譽。一個到走那天還在歡喜做善事的人，是最高貴，值得大家尊敬與懷念的人。

侯太太，妳必然希望繼續出版原住民主題年曆，繼續扶持「清華藝術學院」成長，積極展開南島音樂計畫，繼續「東和鋼鐵國際藝術家駐廠創作計畫」，也許還有許許多多其他的規劃，妳的遽然長逝，固然代表一種中輟，但多年來受妳感化的親朋好友，或能承先啟後，以不同形式發揚光大妳的善行，請不必太加掛念。妳與貞雄五十二年來夫妻恩愛、家庭和樂，事業成功，悠遊於藝術與企業經營之間，博得廣大友朋與藝術愛好者的愛戴，人生夫復何求；貞雄叱吒彪炳，行善積福，有幸得到妳這理想伴侶，自有命格，人生無常，只有接受；請一路好走，相信妳在天之靈，一定會含笑俯視人間。

▶ ①燦爛的笑容，令人難以忘懷
　②情意深重，緣分非淺
　③景仰之外，更多了十分溫暖

▲ ①越來越喜歡清華
　②貴人中的貴人，讓人終生銘感
　③與侯氏夫婦結緣，始於1993 年
　④是最高貴，值得大家尊敬與懷念的人

追思劉國雄教授

2019年5月12日　星期日

　　清華大學材料系資深劉國雄教授於上月29日與世長辭，消息傳來，令人十分不捨。

　　國雄兄是清華材料系於1972年創系教授之一，1975-1982年擔任系主任。我於1977年加入材料系，1982年更接任系主任，與國雄兄有相當的緣分。

　　初到材料系時，也許與他的留日背景有關，感覺到國雄兄一派日本紳士風度，穿著講究，頭髮始終整齊油亮，講話不疾不徐，做事慢斯調理。清華大學材料系創系後有好幾年系裡專任教授一直是個位數，且流動性很高，但在國雄兄當家之下，逐漸步入正軌，成為台灣材料科技重鎮。

　　早年與國雄兄共事，在爭取經費、擴充儀器設備方面，頗有成效。1980年，行政院將材料科技列為四大重點科技之一，寬列經費；印象較深刻的是，材料系首度申請對當時認為是天價（800萬元）的新型電子顯微鏡並不順利；到第二年李國鼎政委到校視察，經我與國雄兄在工學院院長室詳細說明後，才得於當年申請成功。

　　同時在期間接觸最多的是參與新建材料系館（工四館）的規劃，而且被國雄兄交付了比較多的工作，由於人力與專業的限制，可謂相當艱辛；令人印象最深刻的是國雄兄的耐心，常常已過了用餐時間，仍不厭其詳地與建築師就細節仔細討論。值得一提的是，在我對清華校史較為了解後，才知負責工四館設計、監工的張昌華建築師大有來頭；他是清華老校友，在清華的代表性作品有大禮堂、舊體育館、百齡堂、梅校長陵墓、月涵堂等，不花俏而固實；工四館後來順利完工，甚獲好評，而材料系也在我擔任系主任任內進駐，有了寬敞舒適的家。

　　國雄兄卸任後，專心教學、研究與服務工作；對於系務，始終抱持理與直

的態度，不偏不倚，令人敬佩，堪稱中流砥柱。劉教授研究領域涵蓋金屬材料與電子陶瓷，一生發表一百餘篇刊載於著名國際期刊學術論文，並著有《材料科學導論》與《鋁及鋁合金製造》兩本教科書，廣為各界使用與推崇；更多次獲國科會優等獎，並獲材料界傑出研究之「侯金堆傑出榮譽獎」，同時培育出很多在學術界及產業界表現優秀的門生。

於教學與研究外，劉教授用心推動材料界公共事務，與我長期同在「中國材料科學學會」服務；歷任「中國材料科學學會」期刊總編輯、總幹事、常務理監事，獲頒「榮譽會員」、「傑出服務獎章」及材料人最高榮譽「陸志鴻先生紀念獎章」。

民國1999至2001年間，劉教授主持教育部顧問室委託之「材料科技人才培育教育改進計畫」審查、訪視與評估計畫，除到各校計畫執行單位進行評鑑並舉辦計畫研討會、製作教學錄影帶外，也為國內各校材料相關系所爭取每年三千多萬的儀器設備費，對推動材料科技教育有莫大貢獻。

2002年國雄兄自清華退休後，曾至東和企業集團子公司「嘉德技術開發公司」擔任董事長多年，從事資源回收工作；在2016年自「嘉德」退休後，仍定期到台北擔任顧問工作，同時因住學校宿舍，在清華園內含飴弄孫，其樂融融。

我與國雄兄也許因為年齡略有差距，私人交往並不密切；但在共同友人、日籍學者如松村源太郎、橋本初次郎、平林真教授等來訪時，總會相約餐敘；松村教授曾在清華擔任訪問教授兩年，與我最為相得，不幸一次於北部橫貫公路健走後在所住招待所房間內中風，在由其女兒伴送返日時尚不省人事，幾個月後如奇蹟般甦醒；期間國雄兄熱心的為其發動募捐，所得款項則託我於訪日之便交付；松村教授在病床上仍念念不忘台灣，尤其他指導的幾位學生，希望再度來台灣任教，可惜不久後即溘然長逝，未能如願。

國雄兄家庭美滿，夫人范女士是清華園有名的「模範太太」、「模範母親」，二女一男均已成家立業；國雄兄在高齡與世長辭，應了無遺憾，請一路好走。

▲ ①與橋本初次郎教授是「忘年之交」
　②松村源太郎教授由女兒伴送返日
　③平林真教授熱誠感人
　④「材料科技聯合會」成立餐會

驚聞蔡安邦院士辭世

2019年6月1日　星期六

在「清華材料系」教師的手機通訊群組訊息中，驚聞蔡安邦院士已於上月25日辭世；猶憶5月13日才收到蔡院士給最近被接受發表論文共同作者電子郵件中的公開留言：

> It is indeed a great news !
> Thanks !
> An Pang

如今已天人永隔，人生之無常，令人慨嘆。

蔡安邦院士是於2018年7月當選「中央研究院數理組」第32屆院士；他的當選很特別的是，正如「台北科技大學」校長在2018年頒贈蔡院士名譽博士學位時所說：「是北科大建校百年來第一位中研院院士」。同時他也是歷年來極少數，如果不是唯一的話，在日本發展而當選中研院院士的華人學者。

蔡院士於1979年畢業於台北工專（台北科大前身）礦冶工程科，曾服務於三陽工業，先後在日本秋田大學、東北大學取得學位，最後職位是「日本東北大學」多元物質科學研究所特聘教授。

蔡院士以研究準晶材料（quasi-crystalline materials）知名，也因此以台籍身分在2014年獲得日本天皇頒贈給科學，藝術和體育領域的傑出學者的「紫綬褒章」。

他與準晶物質發現者，2011年諾貝爾化學獎得主丹·謝特曼（Dan Shechtman）有相當好的交情，促成謝特曼教授在獲頒諾貝爾獎之前即與北科大交流，其後更牽線設置北科大「Dr. Shechtman年輕學者研究獎勵」；「清

華大學」在2012年5月14日曾「搭（北科大）便車」邀請到謝特曼教授到校訪問，並發表「準晶體的發現」演講，[1]只是我在接待謝特曼教授時，並不知道蔡院士牽線有功。

　　與蔡院士上次見面是他於今年1月9日在「清華材料系」以「金屬間化合物和多孔金的催化效應新見解」（New Insights into Catalysis of Intermetallic Compounds and Porous Au）為題演講時。其演講主要內容是通過能帶計算和X射線光電子能譜證實，提出電子結構和微結構的催化的新見解，尤其是價電子密度相似時，金屬間化合物與純Cu催化功能相同；在多孔金方面，通過脫合金Al2Au製備的低配位原子位點多孔Au，展示對CO氧化具有高催化反應特性。同時也證實多孔Au的晶格中常見的彎晶缺陷與催化活性顯著相關，深入淺出，且發人深省，相當精彩。

　　記憶所及，與蔡院士前兩次見面，都與「清華大學」與「日本東北大學」交流有關。一次是多年前，日本東北大學教授等一行，到清華訪問；另一次則是我在2013年5月10日以會長身分，主持在「日本東北大學」召開的第32屆「東亞研究型大學協會」（Association of East Asian Research Universities）理事會的場合；[2]與理見進（Susumu Satomi）校長和蔡院士餐敘時，頗可見理見校長對蔡院士的推崇。同時值得一提的是，「清華大學」與「日本東北大學」校色均為紫色。

　　另一方面，前面提到與蔡院士共同發表論文，則是對於「清華材料系」一位同事的研究工作，略有貢獻，而忝列共同作者，也是別有緣分。

　　由於「中央研究院」院士選舉，每兩年才舉辦一次，各屆當選院士要在兩年後次屆「院士會議」首度與會，並由院長授證；在1月聽完蔡院士演講後，因有他事，匆匆握別，相約明年「院士會議」見；萬萬沒有想到蔡院士還來不及參加「院士會議」，即以英年遽逝，享年僅六十一歲，令人感傷不已。願蔡院士在天之靈，了無遺憾，一路好走。

[1]　https://lihjchen1001.blogspot.com/2012/05/2011dr-dan-shechtman.html

[2]　https://lihjchen1001.blogspot.com/2013/05/32.html

▲ ①是北科大建校百年來第一位中研院院士
　②與日本東北大學理見進校長共同頒獎
　③諾貝爾化學獎得主謝特曼訪問清華

2019年演講詞

　　繼《一個校長的思考》系列書籍後，收入2019年10月前的演講致詞，從清華材料系相關活動到百人會晚宴；從書報討論到研討會致詞，多樣活動的參與，展現作者對生活思考與學術知識的熱情，生命動能仍持續進行，未完待續。

2019年清華材料系尾牙致詞

2019年1月4日　星期五

　　一年容易又尾牙，也讓一起工作多年的伙伴攜眷重聚，是一個歡樂的場合，尾牙也是我們應珍惜的優良風俗。

　　今年一年材料系喜事連連，首先是完成了一部精美的介紹材料系的宣傳影片，在游翠蓉製片兼導演精心策劃下，幾乎動員全體同仁與許多學生，最後產品令人驚艷，讓人充分感受到材料系是一個具有國際競爭力、欣欣向榮的泱泱大系，非常難得，我們應該給游導以及全體師生同仁熱烈的掌聲。

　　「中國材料學會」為歡慶五十周年，在上個月出版了一本《台灣材料人，成就世界事：20位領航者的人生故事》新書。其中收錄清華材料系校友／教師張懋中、鄭志凱、張有德、彭宗平、簡朝和、謝詠芬、薛富盛及本人，高達七人之故事。而其他人中，有兩位是長年在國外工作的學者，有約八位一般並不

▲ 今年一年材料系喜事連連

▲ 大展歌喉，自娛娛人

歸類為材料人，所以清華材料系校友／教師在該書所列台灣材料人領航者十佔其七，意義重大。表示清華材料系建系四十餘年來，在台灣材料界的無可匹擬的主導與龍頭地位，讓我們也同為這些出類拔萃的清華材料人掌聲鼓勵。

俗語說：「長江後浪推前浪，一代新人換舊人」；這幾年有約三分之一的教師達到退休年齡，有人以中生代同仁是否能順利接棒，而感到憂心；在過去一年，喜見有不少中生代同仁屢屢獲得國內外大獎，同時也出了不少在頂尖期刊出版的傑出論文，很顯然的呈現後繼有人的趨勢，而能繼續維持清大材料系的傲人地位，我們也要在此為這些表現優異的同仁以掌聲鼓勵。

去年四月，材料系的「雙百會」正式成立，據最新統計的數字，承諾的捐獻已超過兩千八百萬元，實收則已超過兩千兩百萬元，不久後，第一筆永續基金投資收入將可提供材料系使用；去年九月底，科技管理學院也仿「雙百會」成立了「厚德會」跟進，但別的院系仍多所顧慮，力有未逮或躊躇不前。從以往在百年校慶成立的「百人會」中，材料系系友就以四十一位會員，捐輸三千五百萬元的記錄高居全校第一，到現在的「雙百會」，在在顯示材料系的系友向心力，在清華始終是首屈一指，今天可惜「雙百會」系外的會員沒有來參加，但系內有葉均蔚與游翠蓉教授為會員，讓我們為這兩位同仁與其他熱心的系友以如雷掌聲表示感謝。

材料系在去年一年，由於嚴大任主任高升全球長，吳志明副主任代理半年，再由張手一主任接棒，過程辛苦，但也靠他們努力為材料系打拼，材料系同仁全力配合，讓整體表現仍然十分亮麗；今天有很多退休同仁趕來參加，材料系有今天的成就，他們往年努力的付出，同樣功不可沒，我們也應該為大家自己鼓掌加油。

展望來年，我們期盼材料系系運昌隆，能更上層樓，大家闔府健康快樂。

岳南先生來台發表《大學與大師》
繁體字版與祭梅午宴致詞

2019年2月14日　星期四

　　著名寫實文學作家岳南先生此次來台，主要是因新書《大學與大師——清華校長梅貽琦傳》繁體字版出版，在「時報出版公司」與「清華出版社」通力合作下在台灣年度書展期間問世，很適切的於初抵台灣時即於今早經特別安排到梅校長墓園「梅園」拜祭。

　　岳南先生是大陸非虛構文學類排名第四的作家，如果大家知道排名前三的作者分別是習近平、鄧小平與毛澤東，可能真的要「肅然起敬」了。同時他的大作《南渡北歸（三部曲）》目前銷售已逾一百萬部，並且仍在以每月一萬部速度增加，著實驚人。清華能請到大師級的作家，窮六年之力，完成長達一百

▲ 與岳南先生結緣因其2011年到梅園向梅校長
　致敬而起

▲ 熱誠地投入弘揚梅校長風範
　的大業

一十萬字的《大學與大師——清華校長梅貽琦傳》，是一種對梅校長感恩的最好的表達方式。除了緣分，同時也要感謝岳南先生的熱誠地投入弘揚梅校長風範的大業，

新竹清華與岳南先生結緣也正因與其2011年到梅園向梅校長致敬而起。當時我已拜讀他所著的幾部寫實小說，包括《風雪定陵》、《復活的軍團》、《陳寅恪與傅斯年》、《南渡北歸（三部曲）》等，深為感佩。尤其《南渡北歸》，以民初到內戰時期知識份子遭遇為主題，是「一部二十世紀學術大師們的情感命運之書」；從一個「清華人」的觀點來看本書，感覺處處皆見清華人，時時皆聞清華事，劇力萬鈞，內心震撼不已，是一個難得的閱讀經驗。所以特別購置二十餘部，分贈清華一級主管。由於有這段因緣，當我在台北開會，獲知岳南先生恰到新竹清華到校長室拜會，順利地安排在《南渡北歸》繁體字版出版公司「時報出版社」見面，並參與當晚「時報出版社」主辦的簽書會對談；其後也很高興能請到岳南先生擔任為期一年的駐校作家；岳南先生於2011年10月初到校，除講學外，並積極主導及參與各項兩岸清華活動。

新竹清華大學邀請岳南先生擔任駐校作家，部分構想是希望借重岳南先生的才華與見識，完成一部以「兩岸清華永久校長」梅貽琦為中心的大書，承蒙岳南先生首肯，以約六年時間完成這部巨作。除詳細刻記梅校長之生平外，

▲ 發揚光大一代教育家精神的功績

▲ 值得深深感謝與讚揚

並將清華大學從建校到梅校長逝世歷史沿革做了一番精要的爬梳。「使用的材料來自海峽兩岸，而對新竹清華大學的材料特別注意並加以引用，力爭實事求是，探尋歷史真相」，「讓讀者對梅貽琦以及他那個時代的清華大學，以及相關人事有一個清晰、明瞭的認識」。「就該著的形式與創作內容而言，目前所能見到、查到的材料，幾乎一網打盡。以後或許有新的材料出現，並有超過該著作者，但可以相信的是，近期不會有了。」發揚光大一代教育家精神的功績，是對華人教育與清華大學最珍貴的獻禮，是值得我們深深感謝與讚揚的。

由於《大學與大師》長達一百一十萬字，在面臨出版業的寒冬的台灣，要找到適當出版社出版也並不容易，幸好在林副校長的穿針引線下，由「時報出版公司」與「清華出版社」共同發行，校友會慷慨認購，各路貴人相助，才促成繁體字版得以問世，是大家要共同感謝的。

岳南先生此行，另一原因是為遠流出版《那時的先生：1941-1946大師們在李莊沉默而光榮的歷程》繁體字版簽書會，行程緊湊，可惜格於兩岸情勢緊張，不便作公開演講，只能留待他日，讓廣大讀者能再次分享大師的智慧。

▲ 是對華人教育與清華大學最珍貴的獻禮

▲ 各路貴人相助，促成繁體字版問世

馬英九前總統演講致詞

2019年3月7日　星期四

　　很感謝馬英九前總統今天蒞臨清華演講。馬總統與清華可謂淵源匪淺，尤其在擔任總統以後，以我所知以及記憶所及，就有2011年擔任清華慶祝建校百周年嘉賓，2012年與王力宏先生在清華對談，2015年參加清華環校路跑；由於馬前總統與沈君山前校長是「忘年之交」的知友，在沈校長臥病期間，多次來清華探望；同時在沈前校長於去年九月往生後，在第一時間到清華來致祭，也參加了去年十二月二十二日清華舉辦的追思會，與清華有相當多的交集與互動，我們也感謝馬總統多年來對清華的重視與支持。特別值得一提的是，以往馬總統來清華，除了私人行程外，都是參加全校性的活動，今天應是首次到個別系所演講，是材料系師生的榮幸，我們應為馬總統的「別具慧眼」報以熱烈的掌聲。

▲ 馬前總統與清華淵源匪淺　　　　　　　▲ 馬前總統與沈君山前校長是「忘年之交」的知友

對清華材料系，馬總統是真正「慧眼識英雄」；清華材料系是台灣第一個材料科學工程學系，在1972年成立時，國際上只有屈指可數的材料科學工程學系，要感佩當時學校當局的遠見，開風氣之先；而五十多年來，由於師資優良、設備完善、學生優秀，在學術研究上，一直在台灣材料科系中居龍頭地位，並且已培育了超過3000位學士，2500位碩士及650名博士。不僅在數量上高人一等，更先聲奪人，系友遍佈產、官、學、研各界，多有傑出表現。

　　今天馬總統的講題是從「馬同學、馬老師、到馬總統：一個青年夢想的實現」；我與馬總統第一次對話，剛好是由一位學生、一位老師與總統候選人而起，相信馬總統一定沒有印象；緣起我在台南參加一個清華博士生的婚宴，我是以論文指導教授的身分擔任證婚人，而馬總統當時則是總統候選人，經安排於婚宴中致電道賀，而與我在電話中短暫交談。馬總統在2008年順利當選總統，並於當年5月20日就職，而我也被延攬到國科會擔任副主委，同日上任。有句話說：「不到台北不知自己官小」，我到國科會就職後，本以為必是總統就職典禮座上嘉賓，後來才發現並不一定要參加典禮，而在當天下午回到新竹主持「新竹科學園區管理局長」交接。由於我在國科會主要工作之一是督導科學園區的發展，而馬總統對園區的發展以及青年就業特別重視，所以除多次陪同馬總統參加園區的重要活動，如「中科」的「二林園區」動土典禮、「竹科」的青年就業博覽會、「南科」管理局周年慶等，同時參訪園區廠商如竹科的台積電、旺宏、中科的聯相等，很能感受到馬總統勤政親民的一面。

　　馬總統在求學期間，一路唸建國中學、台灣大學名校，到拿到美國哈佛大學的博士學位，一直是優等生，是同儕艷羨的馬同學，他學成歸國後，曾在政治大學任教，是深受學生歡迎的馬老師。做為同學與老師，可能與許多人的經驗相似，但做到馬總統，那就是非常獨特的際遇；每個青年人都有夢，而馬總統從馬同學、馬老師、到馬總統，逐步實現一個青年夢想，一定特別引人入勝，讓我們以熱烈的掌聲歡迎馬總統給我們演講。

▲ ①很能感受到馬總統勤政親民
②馬前總統「別具慧眼」
③逐步實現一個青年夢想，特別引人入勝

「人工智慧時代社科文教之變革與創新思維」研討會開幕致詞

2019年3月13日　星期三

　　歡迎大家來參加今天的研討會，去年二月份「中技社」曾舉辦「AI對科技經濟社會政治暨產業之挑戰及影響研討會」，主要針對與所有人息息相關的活動主題大方向加以研討，今天的研討會「AI時代社科文教之變革與創新思維」重點則擴及生活各層面行業的變革，由於行業牽涉很廣，如在明朝時即有「三百六十行」之說，所以可選擇的重要議題很多，而本研討會涵蓋的醫學、國防、傳播、金融、藝術、教育與行政管理面向，雖是重中之重，選擇也不無受到能邀請到適當的專家學者為講員的影響，在此要特別感謝今天受邀的講員能「共襄盛舉」，與大家分享他們的智慧。

　　從去年研討會到現在，處處可見人工智慧（AI）的影響已深入許多領域，並日益展現更強大威力。據估計，全球人工智慧市場目前為1.2兆美元，而在未來十年左右增長十倍，潛力無窮。公元2000年美國總統克林頓推出《奈米科技推動方案》（National Nanotechnology Initiative, NNI）帶動全球奈米科技風潮，至今方興未艾，據統計總計撥款已超過美金三百億元。今年2月11日美國總統川普提出「加強基礎設施與技術以維護美國人工智慧領導力的行政指令」，可視為《美國AI推動方案（American AI Initiative）》，要求聯邦政府AI研發計畫，預算優先，並試圖整合相關事務，向民眾展示AI技術前景。但它沒有為其目標分配任何聯邦經費。同時該指令並沒有很清楚說明這個以AI為中心的振興將如何發生的細節，同時沒有提供任何具體的推進藍圖，另外似乎只強調AI效應的光明面，後續措施還要看未來發展。歐盟委員會即將推出自己的路線圖，最終版本將於2019年3月發布，目標是在2019年中期之前推出自己的聯邦人工智慧「路線圖」。同時日、韓等國，都針對人工智慧發佈相

關的重要政策，以作為國家資源投入及推動政策的重點方向。日本於2017年3月公佈《人工智慧三階段工程》，韓國於2016年8月「第二次科技技術戰略會議」選定AI為國家戰略計畫之一，提出《人工智慧國家策略計畫》。俄羅斯去年人工智慧資金較前年增加了一倍。

根據國際智庫「麥肯錫」（McKinsey & Company）於2017年3月報告指出，中國大陸和美國目前是全球AI發展的領導者。大陸於2017年7月首次推出《新一代人工智能發展規劃》（「規劃」），提出了面向2030年中國新一代人工智能發展的實施創新驅動發展的指導思想、三步走戰略目標、六個重點任務和六個保障措施，部署構築中國人工智能發展的先發優勢，承諾初期投資至少70億美元，強調「加快人工智慧創新應用」。

「規劃」在人才培育方面，要求「利用智慧技術加快推動人才培養模式、教學方法改革，構建包含智慧學習、互動式學習的新型教育體系」；「開展智慧校園建設，推動人工智慧在教學、管理、資源建設等全流程應用」；「廣泛開展人工智慧科普活動」，「實施全民智慧教育專案，在中小學階段設置人工智慧相關課程」；「支持開展人工智慧競賽，開發立體綜合教學場、基於大資料智慧的線上學習教育平臺」，對人工智慧教育提出了新的任務。去年三月並首先推出針對高中生「人工智能基礎」教材。

同時在「規劃」中，也強調人工智慧發展的不確定性帶來新挑戰。人工智慧是影響面廣的顛覆性技術，可能帶來改變就業結構、衝擊法律與社會倫理、侵犯個人隱私、挑戰國際關係準則等問題，將對政府管理、經濟安全和社會穩定乃至全球治理產生深遠影響。在大力發展人工智慧的同時，必須高度重視可能帶來的安全風險挑戰，加強前瞻預防與約束引導，最大限度降低風險，確保人工智慧安全、可靠、可控發展，推動以人類可持續發展為中心的智慧化。

台灣是在半導體與資訊產業方面，有相當的實力，在AI發展上應有許多機會。行政院《推動台灣AI（人工智慧）行動計畫》，預計從2018年至2021年，每年投入近新台幣100億元預算。科技部以5年為期，推動AI創新研究中心計畫，致力促進開發AI核心關鍵技術及深耕智慧應用領域，並建置相關大數據資料庫，培育具專業能力之跨領域人才。經濟部技術處規劃《AI新創領航計畫》，期能扮演新創領航之角色，鼓勵新創業者能產出具有國際競爭力的系統應用與創新服務解決方案。經濟部工業局以5+2產業及服務業創新需求為

導向，規劃《產業出題×人才解題》機制，提供AI人才場域試煉機會，以同步於實作中培養AI應用技能之人才，強化AI人才之數位製造、服務及應用相關知識及技能，同時引導企業投資人才資本，提升員工或AI人才之AI領域跨域數位技能，以解決產學落差與AI技術缺口等問題，進而加速推動企業發展創新應用服務，為國家產業數位經濟化轉型所需之人才準備。教育部推出《人工智慧技術及應用人才培育計畫》從課程、實作、場域學習、競賽等面向投入相關資源，協助大學校院建構發展人工智慧相關教研量能。同時也規劃推動人工智慧之科普教育及規劃發展中小學AI教材。同時在中研院也與其他機構支持下，成立民間性質的「台灣人工智慧學校」（Taiwan AI Academy），積極培育科研及產業所需之人工智慧人才，並推動人才與機會的媒合，估計一年可培訓7500位AI人才。由於各種努力均在起始階段，具體成效尚無法看出，但各部會間整合協調似待加強，以共同達成明確的重點目標，為台灣產業發展創造新的契機。

「中技社」多年來扮演民間智庫的角色，近年來從能源、環保領域，更積極擴展到推動創新科技以及產業發展，與人工智慧領域有自然的關聯，包括2017年「促進智慧機械產業發展之研議」議題，探討國際AI科技發展及IOT在智慧機械及機器人產業發展之重要性；2017年「科技人才之引進與培育」議題，也對台灣AI科技人才之育留進行探討；2018年「AI對科技經濟社會政治暨產業

▲ 人工智慧的影響已深入許多領域，並日益展現　▲ 從專業觀點，思索人工智慧的前景
　更強大威力

之挑戰及影響研討會」，以及「台灣發展自駕車之挑戰與影響」，包含場域規劃、政策法規制定等，作為國家與產業提早因應，擬定相關應用策略之參考。

在此值得一提的是，「中技社」成立於1959年，幾經轉型，現今在專注前瞻探索，聚焦智庫研討方面：加強產學合作研發，落實研發成果技轉，開拓新創產業契機。凝聚公眾利益公正論辯，提供國家可行性政策建言，期與產業相輔而成。在獎掖優異人才，擴大公益效能方面：獎掖重點大學青年學子，舉辦國際交流觀摩，涵育具創意巧思及高階科技人力資源。襄贊科技與文創相關活動，實踐公益法人回饋社會之理念。五十二年來，獎勵研創傑出之國內青年學子逾3,700位，發放獎學金及學者講座新台幣壹億餘元。近年增置境外生研究獎學金及境外生生活助學金，並舉辦台陸青年學子交流互訪，以及在台境外研究生參訪國內企業等活動；綜合雙效，導引台灣青年加入全球競逐，以及國際人才進入台灣企業的意願，數額每年達一千萬元以上。

由於AI現在已成顯學，但多偏重在技術層面，「中技社」研討會則注重對未來的挑戰及影響，以及帶動的變革與創新思維；特色是講員背景幾乎都是各相關議題領域知名專家學者，希望能從專業觀點，思索AI的前景，不僅與社會大眾共用，也希望能引起AI從業人員的注目，在發展過程能有所規範，發揮正面功能，而抑止負面效應。研討會成果將彙集成冊，提供政府相關單位可行性政策建言以及社會大眾參考。

「人工智慧時代社科文教之變革與創新思維」研討會閉幕致詞

2019年3月13日　星期三

　　首先再次感謝大家來參加今天的研討會，尤其是各主持人與受邀的主講人能共襄盛舉，與大家共享他們的智慧。

　　由於今天的賢主「中技社」對舉辦研討會輕車熟路，同仁們多年經驗評估一個研討會是否成功，一方面要看報名是否踴躍，一方面則看將近結束時，還剩多少聽眾。從這兩個觀點，今天的研討會，應可算是相當成功的，這也要感謝在場各位貴賓的熱烈參與與熱心支持。

　　根據聯合報「一〇七年民眾閱讀行為調查」，有高達近四成一的人，去年一本書都沒看過，而在去年沒看過紙本書的受訪者中，平均而言最近一次看紙本書已是七年多前，可推論探究新知興趣低落。在此驚人數據之前，各位在座嘉賓

▲ 現今有「百工百業」，人工智慧「百花齊放」

▲ 研討人工智慧帶來的變革、衝擊與挑戰，至為重要

能以整天時間全程參與充滿腦力激盪的研討會，用心研習之情令人格外感佩。

在一月份的時候，「中技社」曾召開一個討論會，邀請今天的主講人共同討論，一方面了解各主講人的演講主題大綱，一方面就初步構想交換意見，當時已可預見今天的研討會「精彩可期」，今天聽到各主講人較完整的論述，我相信大多數人都會與我「獲益良多」深有同感。

最近國內流行「金句」之說，對一個演講來說，就是讓人印象最深刻的論見，我個人的感受是：

鄭志凱創辦人「The Great Game of the 21st Century and Taiwan's Positioning in the is AI Race」：推介《Life 3.0：人工智慧時代，人類的蛻變與重生》新書；要注意七個大黑洞；global supply chain will be silo-ized；Taiwan in the AI great game shall play like a Swiss；proceed with caution，

李友專院長「運用AI創造醫學的新未來」：醫學誤診率偏高；預防醫學為AI應用最可發揮之處；以健保資料而言，台灣有如坐在金礦上的乞丐，

鍾堅教授「AI帶動國防科技變革及對國家安全之影響」：國家安全設密特質，有些事是能做不能說，有些是能說不能做，有些是絕對不能說；我國石油、煤、天然氣遭完全斷源期間各為二、四、七個月，

翁曉玲主任「AI對傳媒產業及政府治理之影響」：機器寫作漸漸成熟；新聞主播真假難辨；媒體運用AI多有疑慮；鼓勵發展新技術反制假新聞，

王可言董事長「雲端大數據、AI、區塊鏈科技驅動的數位轉型與普惠金融」：智慧創新驅動產業發展，大數據與AI民主化，代幣經濟崛起；跨業來的網路電商資訊豐富、速度快、無成本概念，

丁川康教授「以AI打開藝術的新視野」：define AI as acts rationally；solving problem by simulating natural selection；rule-based evaluation；survey on ptt；enabled by AI technology plus human knowledge，

彭森明教授「AI在教育行政與教學的應用」：AI在教育行政上的應用遠遠落後於其他領域；AI能達成以前做不到的教育目標，施行目前難以實踐的教育理念；適性適才教學；期許政府與學界和業界合作，設立AI教育應用研發中心，

朱景鵬副校長「AI對公共行政之影響」：公共行政是一切涉及政府及公部門營運業務有關的政策規劃、組織管理、決策指導、協調控制；AI舒緩標準化工作任務、自動化分解工作任務、化繁為簡的支援系統、增能以處理公眾

事務；台灣是小國家、大政府；以資料導向的運算及分析優化決策品質；AI已經動搖民主政治，

剛才朱景鵬副校長曾提問：「What is next?」。「中技社」做為民間智庫，秉持開拓新創產業契機。凝聚公眾利益公正論辯宗旨，研討會成果將彙集成冊，完整且深度介紹主題，將研討結果提供政府相關單位可行性政策建言以及社會大眾參考。在一月份的討論會中，「中技社」陳綠蔚執行長曾提議考慮在今天研討會後，再召開一個主講人的討論會，以進一步就與會心得交換意見，參酌研討會各位發言貴賓內容，落實成果並提供建言。會後當再徵詢主講人的意見，作後續處理。

在後續工作中，除出版本研討會論文集外，另外一重要考量是是否於半年與一年內舉辦一個後續的AI研討會；早上我曾提過大陸在去年三月出了一本針對高中生的「人工智能基礎」教材。是由大陸最亮眼的AI獨角獸之一的「商湯科技」創辦人湯曉鷗與陳玉琨主編，內容深入淺出，將AI發展史、基本概念及應用，包括AI圖形辨識、析音賞樂、看懂視頻、分門別類、理解文本、創作圖畫、對弈鬥智等，同時以「手腦結合」為主要學習方式，在提供必要的基礎知識之後，並輔導動手做一些實驗，期望在此一過程中能夠享受到創造的樂趣，更深入地理解人工智慧技術的原理、能力，特別是資料、演算法與應用之間的相互關係，以及在實用中面臨的挑戰，有相當的水準，可啟迪學生瞭解人工智慧相關知識。美中不足的是，幾乎完全沒有討論AI科技帶來變革的影響、衝擊與挑戰。

近兩年台灣各機構或單位舉辦的各式AI研討會很多，但「中技社」在於去年二月與今天舉辦的研討會則是別具特色，也就是邀請非資訊領域頂尖專家，就各自專業探討相關AI議題；由於現今有「百工百業」，AI又是「百花齊放」，所以值得探討的議題很多，包括文學、運動、農業、治安、交通、長照、家居、防疫等都是很重要而值得探討的議題，各位貴賓如果有高見或建議，敬請與主辦單位或本人聯絡。

最後我要代表在場所有主持人、主講人以及貴賓，感謝「中技社」的支持舉辦此次的研討會，尤其是王釿鎔主任領導的工作團隊，不辭辛勞，盡心盡力，以很專業的方式辦理研討會從籌劃到執行各項工作，力求盡善盡美，讓我們報以最熱烈的掌聲，同時並祝大家身體健康，一切順利。

2019年「清華百人會」晚會致詞

2019年4月27日　星期六

在一年一度的「清華百人會」晚會上，大家也許沒有想到，「百人會」成立已進入第十年。如果要問「清華百人會」何時成立？今年是第幾次舉行「百人會」晚會？不見得每位會員都能得滿分，事實上第一個問題並沒有標準答案；但可以說成立於2010年，當年我在校長就職典禮中，提出希望利用成立「百人會」的概念，召集100位校友，每人最少捐贈100萬元，來促成多功能體育館的建造；特別感謝校友會曾子章會長，當場就宣布一人獨捐5個單位，讓「百人會」順利上路；而在三個月內，即當年校慶前，已經達到初期目標一半以上，其餘的則已成為清華光輝校史的一部分。

至於第二個問題答案則很明確，第一次「清華百人會」晚會是在次年，也就是2011年4月23日舉行，到今晚是第九次舉行，成為每年校慶前夕，對清華有特殊感情的事業達人與貴人，最大規模集會的優良傳統，值得我們共慶。明年是十周年大慶，希望大家一定來共同慶祝。

在去年晚會上，大家記憶猶新的應包括玉女歌星獻唱，很可能大部分人並沒有特別注意到的是，由於台灣高教界在之前一日發生教育部長宣布駁回管中閔當選台大校長的遴選結果的大事，我與賀陳校長在晚會中商量清華的因應方案，因而有校慶當天下午，由賀陳校長與三位前校長等同仁發表「清華宣言」，呼籲政治人物應自我節制，不該介入大學自治，捍衛大學自主，讓人欣慰的是，管中閔校長已於今年1月8日就任，而我與賀陳校長都特地前往祝賀。清華是第一個甚至是唯一一個由現任校長與幾位前任校長共同發表宣言，強力捍衛大學自主的高校，是我們可以引以為傲的。

今年清華的大事之一，應是著名寫實文學作家，曾在本校擔任駐校作家一年，岳南先生新書《大學與大師——清華校長梅貽琦傳》繁體字版出版；岳南

先生二月初抵台灣參加台灣年度書展新書發表會，曾提及大作《南渡北歸（三部曲）》，目前銷售已逾一百萬部，在大陸「新華書局」非虛構文學類排名第四，而排名前三的作者分別是習近平、鄧小平與毛澤東。最近我接到最新訊息是，該套書在「人物傳記類」高居第一，以每月一萬部速度增加，著實驚人。清華能請到大師級的作家，窮六年之力，完成長達一百一十萬字的《大學與大師——清華校長梅貽琦傳》，除詳細刻記梅校長之生平外，並將清華大學從建校到梅校長逝世歷史沿革做了一番精要的爬梳。「就該著的形式與創作內容而言，目前所能見到、查到的材料，幾乎一網打盡。以後或許有新的材料出現，並有超過該著作者，但可以相信的是，近期不會有了。」發揚光大一代教育家精神的功績，是對華人教育與清華大學最珍貴的獻禮，同時對梅校長感恩的最好的表達方式，我們應深深感謝與讚揚岳南先生的熱誠投入弘揚梅校長風範的大業。

由於《大學與大師》長達一百一十萬字，在面臨出版業的寒冬的台灣，要找到適當出版社來出版也並不容易。幸好在林聖芬副校長的穿針引線下，由「時報出版公司」與「清華出版社」共同發行，校友會慷慨認購，各路貴人相助，才促成繁體字版得以問世，是大家要共同感謝的。

最後是本人的演講集「一個校長的思考」系列「第一冊」於2018年九月底出版；在去年晚會中，我曾提到出書動機主要是對個人過往行述，留個紀念，並與親朋好友分享，因此以贈送為主，因為百人會會員自然算是親朋好友，所以透過各種管道，贈送出一百多本；系列「第二冊」與「第三冊」即將於近日出版。由於目前「第一冊」手頭與通路存書所剩無幾，以現有出版方式，可以說已瀕臨「絕版」。出書以「書贈有緣人」為理想，但不希望被「束諸高閣」，因此「第二、三冊」改以主要藉助出版商電子通路行銷，希望出版的書籍能真正為「愛書人」所持有，所以這次會在「清華百人會通訊上」公告週知，敬請有興趣的會員選購，同時不吝指教。

▲ ①已成為清華光輝校史的一部分
　②明年是十周年大慶，希望大家一定來共同慶祝
　③「一代女皇」英氣逼人

▲ 清華是第一個甚至是唯一一個強力捍衛大學自主的高校

▲ 欣見管中閔院士就任台大校長

「堅毅之心」陳繼仁傑出校友紀念雕塑揭幕致詞

2019年4月28日　星期日

　　一轉眼，繼仁離開人間已有四年半，今天很欣慰看到紀念雕塑揭幕。最近在整理本人擔任校長時期演講集的第二與第三冊，與去年九月底出版的第一冊一樣，不很意外地發現在許多場合都有繼仁的積極參與，而且很多合影照片繼仁都在我旁邊，可見繼仁與清華以及本人的深厚關係，令人感念不已。

　　今天中午在材料系館另有一個「材料雙百會」勒石揭幕典禮，繼仁夫人黃祇予女士延續他愛護清華的心意代表參加，與繼仁同列發起會員芳名錄上；如果我們稍微注意，在清華名人堂前以及校友體育館前「百人會」、「永續基金」勒石，都可看到繼仁大名，就是因為繼仁生前對學校各種活動最為支持，因此在清華處處可見繼仁遺澤；去年五月啟用的「清華實驗室」也是由繼仁率先一舉捐款五千萬元促成。所以今天紀念雕塑在學習資源中心圖書館南側出口廣場揭幕，是適得其所，而有特別意義。

　　去年七月看到學校發出的藝術品設置之基礎版灌漿施工公告，原來名為「承先啟後」，約一個多月前，喜見雕塑安座，而以「堅毅之心」為名；最近幾週我多次路過或特別來觀賞這深具紀念意義的藝術作品，一方面思索「堅毅之心」與繼仁的關聯，一方面對雕塑的幾何形狀與材質充滿好奇；從流程表知道藝術團隊隨後會簡介作品，我個人的解讀是繼仁對事業、家庭與清華都有一顆「堅毅之心」；大家都能體會「創業維艱」，繼仁在得到兄長全力支持下，有兩次創業成功的經驗；他維持家庭的和樂，如夫人悼詞中所言：「為人建業，為子立功。」這幾年，喜見廷嘉與明鴻兩位世侄都學業有成與事母至孝，同時繼仁不僅是「三清子弟」，也是「清華人」的典範，全力奉獻與支持母校。

從材料科學觀點，鋼鐵當然代表堅毅。今天如果繼仁在場，可以想像他會津津樂道鋼鐵的特性；簡而言之，一般所稱的鋼鐵，是碳鋼，即含碳的鐵，經過適當處理後，可大幅改變機械性質，包括硬度；如果摻加一些其他合金元素，則可生成耐候鋼、不鏽鋼等合金鋼。耐候鋼含有少量合金元素，在鐵氧化物銹層和基材之間形成一層緻密的含合金元素原子鐵氧化物層，阻止大氣中氧和水滲入鋼鐵基材，從而提高耐大氣腐蝕能力。耐候性為普碳鋼的好幾倍，鋼材的壽命可達80年以上。同時由於氧化層厚度隨時間變化，隨著時間的推移耐候鋼呈現不同的色澤。不鏽鋼則含有較高且昂貴的合金成分，耐蝕性較耐候鋼更強，但價格較昂，同時色澤少變化。所以耐候鋼與不鏽鋼都是耐久而堅硬的材質，適合戶外雕塑作品。兩種不同色澤的鋼材分別代表堅強沉穩與創新銳氣。

雕塑是以樸石造型，但是經過琢磨的多面體；大家熟知自宋朝即開始流傳的《三字經》中有「玉不琢，不成器；人不學，不知義」之句；事實上漢代《禮記‧學記》中即有「玉不琢，不成器；人不學，不知道」句，有一字之差，但意義相同，一方面代表繼仁心地質樸，一方面適切象徵繼仁是一塊經過精雕細琢的美玉。

另一方面，雕塑作品的多面性也很適合作益智幾何考題；到底多面體共有幾面、幾邊、幾個端點，由多少個三角形、四角形與六角形組成，我多次從各不同角度，甚至在學習資源中心樓梯上俯瞰揣摩，摸出一點門道，等一下或可與設計團隊對一對，是否正確，繼仁當年是聯考數理組高手，相信同樣有興趣了解。

經過我這一陣子的觀察，「堅毅之心」相當耐看，預祝這代表繼仁精神藝術傑作成為清華地標，與不遠處的羅丹雕塑「沉思者」傳世名作相互輝映。

▲ ①在清華處處可見陳繼仁校友遺澤
　②「堅毅之心」與「沉思者」相互輝映
　③心地質樸,並是經過精雕細琢的美玉
　④從材料科學觀點,鋼鐵當然代表堅毅

「清華材料系雙百會」勒石揭牌致詞

2019年4月28日　星期日

　　今天是清華材料系，甚至是全清華的大日子。清華大學材料系師長與校友為推動材料系邁向世界頂尖目標，以「材料系雙百會」方式成立永續基金。發起會員每人捐贈壹佰萬元，孳息作為系務推動經費，並用以遴聘傑出師資、培育優秀學子。今天揭牌的勒石，除說明「材料系雙百會」成立原由，也包括發起會員芳名錄。

　　「雙百會」是於「清華百人會」基礎上建立。「百人會」是在清華慶祝百年校慶之時成立，是清華校史上光輝燦爛的一頁。成功的為清華籌募「多功能體育館」興建全部經費，因而命名的「校友體育館」並已於2012年10月完工啟用，同時在「體育館」正前方大門牆面勒石上，材料系「百人會」會員群名列第一，這並不是因為當時我擔任校長的特權，而純粹是因為材料系系友響應最熱烈，共有三十一位會員各捐贈一百萬元以上，總額達三千五百萬元，不僅名列全校各系第一，而且超過全部經費的五分之一。「雙百會」的成立，是清華各系中首創之舉，同樣得到系友熱烈支持，目前總金額已超過三千萬元，「永續基金」辦法是由學校校務基金專家代為操作投資；目前每年投資報酬率達到5-8%，所獲收益將對系務推動有相當實質的幫助。

　　「雙百會」的會員當然是對清華，特別是清華材料系的發展最關心的人士，主要是向心力最強的系友，目前「最大尾」是76級，也是本系大學部第一屆畢業班，別具意義，這裡面，葉均蔚系友在本系任教，施義成系友曾任系友會會長，在國內外企業工作多年，鄭祝良系友在國內創業成功，是知名企業的負責人，陳錦超校友在台積電工作，但外派美國矽谷多年，雖然各有不同發展，但愛護母系精神則一；同時84級的陳繼仁系友雖然已經逝世，但其夫人黃裱予女士仍代表參加；這裡要特別一提，今天稍早在學習資源大樓前，曾舉行

了一個紀念陳繼仁系友所立的「堅毅之心」雕塑的剪綵儀式；繼仁生前對學校各種活動最為支持，包括個人獨捐五千萬元，促成了「清華實驗室」的興建，讓人感念不已；裖予今天無法前來，但他幾天前曾寫信給我，說道：「在此先恭賀材料系永續基金的成功圓滿，更加展現材料系學長姐的凝聚力及團結，在眾多系所中亦顯無與倫比。身為材料系的家眷，更是與有榮焉」，也是同樣讓人感動。

在其他會員中，包括現在本系任教的彭宗平教授、游翠蓉系友，曾在本系任教的張一熙系友，另外有84B、88B團體會員，也有葉宗壽、柳璐明夫妻會員，范傳銘、范中定父子會員，還有系友家長，相當多元，顯示材料系受到廣泛支持。

這裡要說明的是，「雙百會」的雙百的意思，是除了百人會會員再捐一百萬元，湊成雙百外，另外是希望有兩百位系友，各捐十萬元，這點還需要推廣，請大家告訴大家。

▲「雙百會」是於「清華百人會」基礎上建立

▲①材料系「清華百人會」會員群名列全校第一
　②材料系以「雙百會」方式勸募永續基金，拔得清華頭籌
　③顯示材料系受到廣泛支持
　④「雙百會」成功達陣，系友會會長當居首功

2019年「材子材女回娘家」活動致詞

　　很歡迎材子材女，尤其是逢十值年系友，回娘家。今天是材料系的大日子，早上在學習資源中心圖書館南側出口廣場，有一個本系陳繼仁傑出校友紀念雕塑「堅毅之心」剪綵儀式，等一下在此大廳則會有一個「材料系雙百會」勒石揭牌儀式；陳繼仁系友是愛校典範，「材料系雙百會」則是清華第一個為籌募協助系所發展永續基金的聯誼會，目前已募得超過三千萬元，孳息作為系務推動經費。「雙百會」是在為籌募「多功能體育館」興建的經費「百人會」的基礎上成立，「百人會」材料系共有三十一位會員各捐贈一百萬元以上，總額達三千五百萬元，不僅名列全校各系第一，而且超過全部經費的五分之一，因而命名的「校友體育館」已於2012年10月完工啟用，是清華校史與材料系史同光的一頁。在在都顯示材料系在清華的不同凡響。

　　今天逢十值年系友回娘家，我最熟悉的還是79級；去年值年的78級，是我77年來到清華教到的第一個畢業班；記憶猶新的是我教的固態物理，上學期有26人修，可能由於不慎當了幾個，下學期班上僅剩8人，可謂我的震撼教育。幸好79級情況相當不同；一來我教的是三年級必修課「X光與結晶繞射」，二來同學似乎比較用功，好學深思的不少。當年材料系師資比較缺乏，所以第二年，也就是79級四年級那年，我教了不少新課，記憶中選修情況尚稱熱烈。同時，也有相當多的同學畢業後繼續在研究所就讀；其中陳澤澎與聶家威在我指導下拿到博士學位，龔志榮與顏秀崗則拿到碩士學位。多年來喜見很多同學在學業、事業上發展順利；記得大家在畢業二十年後回母校在此大廳歡聚的時候，我曾嘉獎79級是我印象中表現最好的一屆，在二十年後似乎還沒有其他屆的系友超前，我想我們應給79級的系友熱烈的掌聲。當然我也要給其他屆的系友說些公道話，這種比較不無我個人的偏見，主要是後來我較少教大學部的課

程，與大學部同學接觸較少，比較不熟悉的話，大家的優良表現印象不會那麼深刻。

對畢業四十年的同學，照以前的講法，都屬花甲老翁，應該含飴弄孫，頤養天年。這是現代人的一大迷思，早已與現況脫節；我個人目前還在快樂工作，或可給大家一些鼓舞。另外，有人提倡求學、就業之外的「第三人生」之說，以既有的基礎，快樂出航，享受自己的真愛，天地無限大，是很值得大家參考的。

今天在場的也不乏畢業三十年、二十年系友，與大家分享如何規劃退休生活自然還嫌太早；如果要老少咸宜，就要回到清華校訓「自強不息，厚德載物」，自強不息就是盡其在我，「厚德載物」最直接的解讀就是善待一切事物，從自己的身體、家庭、親密社群，當然包括母校清華，這是我對大家的期許也是祝福。

▲ 多年來喜見很多同學在學業、事業上發展順利

▲ 以既有的基礎，快樂出航，享受自己的真愛，天地無限大

清華大學材料系書報討論——「人工智慧對未來的挑戰與影響」（節錄）

2019年5月2日　星期四

　　人工智慧（AI）近年來蓬勃發展，已漸影響世人生活各層面。在坊間，有本頗為暢銷的書書名就叫《人工智慧來了》，內容相當豐富，是相當真實的寫照，而其出版至今已有兩年，如果說我們現時已被籠罩在「人工智慧」中，可能不算誇張。

　　我個人在3C產品中，computer的中度使用者，communication手機低度使用者，完全不碰consumer product中的遊戲機。去年八月到英國與愛爾蘭旅行，從機場的自動通關、自助式托運行李、利用手機個人助理叫早、查詢資料、購物、觀看Youtube影片、用Google Map找路、攝影後照片整理、花木辨識，旅伴利用無人機空拍，都已很能感受到AI的威力。

　　前幾年不可避免地開始注意到「數位科技」對人類生活影響越來越大，而其影響層面之深廣在幾年之間，有飛速的成長，所以先是對種種現象做了一番整理，這兩年自然聚焦到AI。由於個人與財團法人「中技社」有相當的淵源，而「中技社」為國內數一數二聲譽卓著的民間智庫，以專注前瞻探索、聚焦智庫研討、深化工程教育為宗旨重點；因此我有機會在去年2月22日協助「中技社」舉辦了一個「人工智慧對科技、經濟、社會、政治、產業領域的挑戰與影響」研討會，請了許多名家主講，相當精彩，吸引超過四百位聽眾，頗受好評。今年3月13日再接再厲，又舉辦了一個「AI時代社科文教之變革與創新思維」研討會，涵蓋醫學、國防、傳播、金融、藝術、教育與行政管理面向，反應同樣熱烈；由於今年適逢「中技社」60周年慶，決定加辦一場AI研討會，作為社慶活動之一。目前預定於8月23日舉行，暫名「AI智能應用對日常生活之翻轉與創新」研討會，探討科技人文、語音辨識、通訊、文學、運

動、學習與工程；同時值得探討的其他議題還很多，包括農業、治安、交通、長照、家居、防疫等，都是很重要而值得探討的議題，相對於「百工百業」，AI已「百花齊放」。

近兩年台灣各機構或單位舉辦的各式AI研討會很多，但多偏重在技術層面；「中技社」舉辦的研討會則是別具特色，也就是邀請非資訊領域頂尖專家，就各自專業探討相關AI議題，多方位且深入探討AI可能影響，作深入的分析；希望能從專業觀點，思索AI的前景，不僅與社會大眾共享，也希望能引起AI從業人員的注目，在發展過程能有所規範，發揮正面功能，而抑止負面效應。

今天的演講題目或也可以改成「一個非AI專家看AI對未來的衝擊」。我今天的演講，打算就與每個人都息息相關的領域，也就是中技社第一次AI研討會的主題，科技、經濟、社會、政治、產業領域，來探討；方式則從當時專家學者探討的方向「借題發揮」，就其中個人感受最深的心得，來向大家報告。

一、經濟學領域

近三十年來，世界經濟歷經資本主義大勝，全球化把世界推平，但2008年，金融海嘯又使人類對經濟學的思維重新改變；美國施行量化寬鬆，以鄰為壑，使世界陷入「低信心、低成長、低通膨」三低「新平庸經濟」時代；另一問題，是科技進步是否停滯？幸好有AI的新發展，展開數位科技革命、平台經濟的時代。最重要的是AI的應用到萬物相聯，亦即什麼東西都可以相聯。

在AI影響經濟生活方面，最重要的，要掌握大數據，能夠精準的行銷、生產，經濟學的理論已經沒有長期成本曲線的概念，同時可能發展成壟斷性競爭。共享經濟的風起雲湧，每個人可以是生產者也是消費者，可以讓資源更有效應用，則讓共產主義以新型態重生。另一方面，很多問題不見得是AI本身有辦法解決的，但是AI可以幫助人們解決這些問題。

二、政治學領域

AI在政治領域已經產生的一些影響，包括民主政治運作以及國家職能、政府機器，它的運作的整個影響。2016年美國總統選舉，川普團隊即僱用業者根據大數據分析辨識個人心理、變數定位，進行量身訂做政治行銷與動員，操弄情緒與恐懼，可能因此贏得大選，讓人對西方浪漫式民主的未來擔憂。

對於民主政治運作，就技術上來講，運用AI的技術的運用對於選舉，已經展現出其優越性，另一方面，社交媒體的風行，造成嚴重問題。AI的技術跟大數據也可以把政治過程、政治人物的言行更透明化。一方面國家的管理能力可以跳躍式的升級，人力可以大幅精簡，同時假設沒有隱私權保障的邊界，國家將來可以對社會做無死角全覆蓋性的動態管理。尤其AI影像辨識，已超越人類，雖在犯罪防制上已展現極大功效，如何抑制極權國家的濫用，也是必須思考的問題。另外一方面，他帶來前所未有的挑戰，將來網路戰爭形勢會非常可怕，這些都是AI革命帶來國家職能裡面各種不同、可能的巨大影響。

AI技術跟潛能帶給我們人類社會非常大的政治難題。面對社會變遷，或社會制度變革的選擇難題，不僅是社會內部的貧富差距會變成極為可怕，富裕國家跟落後國家之間的差距也會成為比今天更大的鴻溝。反過來說，AI的積極面，如果能夠有新的社會契約跟新的國際規範，讓數位科技的生產力快速提升，以及我們講滴漏或普惠性的效益能夠全面釋放，有可能透過AI革命把人類社會帶向分享經濟跟社會主義的大餅。

三、社會學領域

從消費者的角度來看，現在家庭的智慧管理系統已相當進步，應多思考未來的問題，而對於缺少與人之間的互動的感覺跟默契的發展，相當存疑。

從人口角度，可以知道未來很精準，情況會很險峻；AI應用很明顯有世代差異，而且知道AI到2020年在各個世代裡面都會有極大的影響力。「少子化」與「人口老化」雙重衝擊下，企業雇用的人不斷縮減，工廠更是如此，實體商店數量變少，許多的服務業也都可以智能化，可預見貧富擴大、人力短

缺、未來勞動力需求變化,教育的方式跟品質、婚姻跟家庭,會有很大的衝擊。人要面臨價格跟價值的取捨,最終還是要追求人性跟靈性。夢想不在於有多偉大,而在於有沒有實踐的決心。

少子化對教育的衝擊,已導致各級學校陷入招生危機,這只不過是「量」的減少;未來「質」的挑戰,會是AI帶來教學方式的改變!未來某些領域的研究除非是具有震撼性的創新,否則都可以由人工智慧來完成。AI可跨越文字語言的障礙,瞬間進行文獻蒐集與整理,選擇方法與進行分析,彈指間即可完成西方科學典範中的「論文」!

網路上幾乎什麼都可以賣,日常生活許多事情透過互聯網在家中即可搞定。獨居老人只要有錢有服務機器人,還不至於遺世!出門是為了聚會與旅遊的機會大增,白天穿梭在街道上盡是銀髮族。老人若需要照顧,各式的遠距監測與服務輸送,以及居家安全設施是未來的主流。

四、產業領域

提出製造是台灣AI的機會之鑰,先進製程控制能夠智能化的提前去解決問題,如此就可以讓製造更精準。智慧工廠是讓機器也能夠智能化的互相協作,結合AI或是新的工具,隨時優化決策。動態整合製造數據調整、銷售配

▲《人工智慧來了》,是相當真實的寫照

置，是應該注意的趨勢。例如，半導體的測試，擁有大數據，AI可以讓幾個重要的參數儘量留在良率高的點，做出來的結果可以隨時繼續學習，因為資料在累積，就知道將來應該怎麼去改變。

德國所提出的工業4.0，不是純粹的只是用機器人去取代人的問題，也是一種國家間競爭的關係。傳統的製造商，是希望掌握很多資料的變成是一個平台，然後集成或是整合很多資源，獲得比較高的利潤。為製造要落地，製造要跟實體結合，它不是純粹的數位。台灣在機器自動化，也就是工業3.0，有相當的基礎，累積了一些專門知識，但整合技術較為落後，現階段較適合發展介於工業4.0跟3.0之間工業3.5。根本目標在彈性決策，與領域專家合作，利用AI就近解決管理或生產上決策的問題。

五、變革型技術

放眼過去數十年，數位科技大公司（IBM, Intel, Microsoft......）主要業務逐漸從計算轉移到服務（Google, Facebook, Amazon......），未來十年由於變革型技術發展將更轉移到自主系統（autonomous systems），也就是有足夠智能、誘因、安全性而自行操作的系統。

目前變革型技術有三個重點，第一個是元件，尤其是萬物互聯網元件功能變得很強大，第二個是AI對於帶給產業的復興（renaissance）的機會，尤其是對於製造業的影響很大，其中數據最為重要，幸虧台灣製造業有很多數據，所以有相當機會。第三個是系統會因為AI的原因，有很多系統會變成非常多元而有用，比如說一個系統可以自動，越來越強大，對於整個社會，經濟、包括產業模式會有很深遠的影響。

這種系統要怎麼設計，作得好，要做很多實驗，區塊鏈就幫你做這個實驗。區塊鏈是一種「去中心化」的技術，讓彼此不認識的人信任共享的文件紀錄，而使許多AI相關應用與企業模式，如加密貨幣、資產發行、域名註冊、產權註冊、物聯網、表決、眾籌等，可以在正式使用前得到低成本檢驗。即AI跟區塊鏈把一些元件的功能，變得更為與人類需求息息相關。目前進步非常快的AI，萬物互聯網元件與區塊鏈三種變革型技術，在一起互動的時候就會產生不可思議的力量。

六、科技領域

在科學與技術發展，主要涵蓋大數據與大科學面向，不限於實驗自動化，而包括機器學習元素。在科學研究上，以AI輔助，而有明顯效益之例，包括在基本粒子研究上，尋找到又名上帝粒子的希格斯玻色子；美國航太總署利用谷歌（Google）的AI發現了一顆遙遠的恆星周圍的第八顆行星；谷歌使用最新的AI技術，從測序數據中構建出一幅更準確的人類基因組圖像；生物學家和數據科學家利用整合知識工具系統來鑑定修飾p53的蛋白質。顯示能從文獻分析中，就已知的知識，推理、預測並導致新的發現。在材料科技方面，美國所推動的「材料基因組計畫」五年有成，發布了一系列成就和技術成功，在國內努力上，則有工研院材料化工所建立起國內領先團隊，已開始結合電腦模擬與AI機器學習加速產業創新研發。

在AI興起的時代，如何才能在競爭中立於不敗之地？李開復先生認為隨著科技進步，AI技術將在大量簡單、重複性、不需要複雜思考就能完成決策的工作中，取代人類。不斷提升自己，善用人類特長，善於藉助機器的能力，這將是在未來社會裡，各領域人才的必備特質。他並提出AI時代最核心、最有效的學習方法，包括：

・主動挑戰極限
・做中學
・關注啟發式教育，培養創造力和獨立解決問題的能力
・雖然面對面的課堂仍將存在，但互動式的線上學習，將會愈來愈重要
・主動向機器學習
・既學習「人—人」協作，也學習「人—機」協作
・學習要追隨興趣

是很值得參考的。

▲ 一個非AI專家看AI對未來的衝擊

▲ 從專家學者探討的方向「借題發揮」，談談個人感受最
　深的心得

材料系業界導師講座：台積電廖德堆
副總經理「我們與成功的距離」演講致詞

2019年5月30日　星期四

　　今天是我本學期第一次來參加本系業界導師講座；一個很明顯的理由是來聽台積電廖德堆副總經理「我們與成功的距離」演講。廖德堆副總是本系79B系友，美國德州大學阿靈頓分校材料科學博士，曾任台積電後段技術暨服務處資深處長、新加坡特許半導體公司副總經理、應用材料公司技術經理，現在台積電負責營運／產品發展／先進封裝技術暨服務部門，可見其豐富的經驗及多元廣泛的能力。同時能在世界級的卓越企業台積電擔任要職，顯示廖副總在半

▲ ①好好把握時機，努力不懈，才是正道
　②秀才人情一張紙

導體業界是傑出的技術主管與經理人；回到母系來分享寶貴的經驗與心得，大家必定受益良多。

　　今天我來到現場，另一目的是感謝廖副總率先參加本系師長與系友發起的「雙百會」成為發起會員。「材料系雙百會」的成立是本系的光輝的一頁，而「雙百會」是建立在「清華百人會」的基礎上；「清華百人會」在本人初任校長時發起成立，希望由一百位校友各捐贈一百萬元，配合學校經費興建「多功能體育館」，在材料系的系友熱烈支持下，帶動風潮，最後由141位會員，共捐贈一億七千兩百萬元，超標達成興建後來命名為「校友體育館」的計畫。同時材料系系友一馬當先，由三十一位系友，捐贈三千五百萬元，勇奪全校冠軍；「材料系雙百會」則以「清華百人會」材料系系友會員為基礎，每人再捐一百萬元，湊成「雙百」，已募得三千兩百萬元「永續基金」，將以孳息協助本系發展，充分顯示材料系的「不同凡響」，是大家津津樂道的。但我更要強調，廖副總是本系79B系友，而本系79B是材料系光榮事蹟的一部分，全班五十人中，除了有三十幾位博士外，有二十餘位在國內外擔任教授，更有多位創業成功，或擔任優質企業高階經理人，廖副總是其中佼佼者。

▶「我們與成功的距離」，
可以很近，也可以很遠

俗語說：「秀才人情一張紙」，我對「材料系雙百會」發起會員的感謝，則是贈書；今天我準備了一套三冊「一個校長的思考」（一）、（二）、（三），送給廖副總。這套書涵蓋了我在2010年擔任校長以迄去年底我在各個場合的致詞稿，共四百三十餘篇，一千三百頁，並有七百餘張照片；當初出書，最主要是為個人行述留個紀念，並與友朋分享；後來發現紀錄的意義，更大於紀念；譬如說今天的業界導師活動啟動於2013年2月25日，在「一個校長的思考」（二）中，第78頁即有「『材料系業界導師』列車啟動典禮致詞」，其中詳細闡述建立「業界導師」制度的意義；從文中所附的兩張照片，勾起當時場景的回憶，可以「歷歷如繪」形容。

這套書第一冊於去年九月底出版，第二、三冊約於本月初幾乎同時出版；通常我送書是一次送一冊，讓讀者能有時間消化；但今天機會難得，廖副總雖不見得一定「一目十行」，但可確定吸收速度很快，還望不吝指教。另外我可稍作透漏的是，科管院院長等同仁，將於六月初拜訪台積電張忠謀前董事長，他們所準備的伴手禮正是從網路商店購買到的這套書，顯示清華同仁的看重，讓我深感榮幸。

如果要想「我們與成功的距離」，可以很近，也可以很遠，最可惜的是「功虧一簣」，好好把握時機，努力不懈，才是正道，讓我們洗耳恭聽廖副總的演講。

「人工智慧智能應用對日常生活之翻轉與創新」研討會開幕致詞

2019年8月29日　星期四

　　首先歡迎與感謝各位主講人、主持人以及嘉賓共襄盛舉，「中技社」在去年2月22日舉辦第一次「AI研討會」，獲得熱烈的參與與迴響，於是在今年3月13日舉辦第二次「AI研討會」，同樣盛況空前，今年適逢「中技社」歡慶成立六十周年，所以決定加場舉辦第三次「AI研討會」，以報名情況來看，應是越演越盛，顯示社會大眾對AI的關注持續密切關注，同時「中技社」所主辦「AI研討會」系列請名家主講AI-X的模式，受到相當的肯定，在此我要再次感謝今天的主講人，能與大家分享對AI與相對主題的見解。

　　今天也很感謝陳副總統再次蒞臨致詞；三月份陳副總統致詞時曾提到他在利用AI防疫方面有些心得，所以在規劃本次研討會時，曾有人提議請陳副總統主講「AI與防疫」，最後覺得應在未來更方便的時間提出邀請才比較適當。很榮幸「中研院」廖院長也是第二次蒞臨本系列研討會，只是前次是以貴賓身分致詞，今天則是擔任早上三場演講主持人。

　　AI的發展在目前，是處於「方興未艾」的狀態，持續受到新聞媒體的關注。就以最近一週來，中外媒體報導與AI相關的新聞而言，有兩則特別值得大家注意；

　　一是「紐約時報」於8月16日以「AI從人類學習，而且是從很多人學習」（AI Is Learning From Humans. Many Humans）為題的新聞。主要報導一個與AI有關的新興行業，就是數據「註釋」（data labelling）。也就是由人類協助AI判讀數據；現在很多人相信AI是技術產業的未來，但在AI系統可以自行學習之前，有人必須「註釋」提供給它的數據。這項工作對於創造人工智能至關重要，如自動駕駛汽車，監控系統和自動化醫療保健。需要許多人先以人工從

影像中判斷腸道中凸起物是息肉還是腫瘤？路旁是行人還是路標？倉庫中是員工還是宵小？從衛星照片精確定位工廠和油輪。在聲音辨識方面，為遠距醫療，從咳嗽聲來判斷是否與疾病有關等。研究表明，這種工作佔構建人工智能技術所用時間的80%，而酬勞相對低。未來人工智能可能掏空就業市場。但在目前，它正在創造低薪的工作。有如雇廉價勞工「自掘墳墓」。所以以目前來說，AI正在向很多很多人學習，但最終目標則是取代人力，因此在發展AI之際，人文關懷就至為重要。最近角逐美國民主黨提名總統候選人中，有一位華裔的楊安澤（Andrew Yang），主要政見就是對受到AI影響而失業的人以「全民基本收入」（universal basic income）救濟，受到相當注目，可見這已是一個大家應嚴肅思考的問題。

另一則是8月21日科技媒體專欄作家李學文在「中時專欄」上發表的「AI是創意幫手，還是殺手？」談到隨著網路傳輸技術快速更迭，人們對於資訊的依賴也從文字進展到圖文，乃至於現今的視頻影音。據估計，到2020年，視頻影音將占網路流量80%。不少新創公司看到上述的龐大商機，思考將製作到輸出的過程都以AI取代，快速從文本素材自動生成影音內容。事實上，各大媒體巨擘確也都在投資AI自動化系統，作多方的努力，而已有相當的成果。

以近日大賣的電影《復仇者聯盟：終局之戰》（Avengers: Endgame）為例，該片全球票房收入超過27億美元，並於2019年7月20日超越《阿凡達》，成為全球最高票房電影。其背後根基，是好萊塢利用大數據及AI所得出的劇本公式。一方面加入投觀眾所好元素，套入好萊塢電影最常使用的故事架構，鋪陳、衝突到解決三部曲，再加上絢麗的特效，無法讓人說它不好看，但其中的創意、人文關懷就缺乏深度了，如果這就是電影的未來，是很讓人擔憂的。

前幾天「科技部」60周年慶祝茶會，陳副總統與我都應邀參加，看到「科技部」列出的里程碑中，特別有自107年1月1日起，推動「AI創新研究中心專案」，以跨領域、跨單位、跨國際的合作方式，建立AI前瞻技術開發之創新生態體系與平台，應是一個好的開始，也可看出「科技部」的企圖心。但具體方向以及成效須密切檢討評估，以免錯置資源，無以因應日新月異的變化。尤其四大中心重點均偏重技術，對人文的關懷，未來的衝擊，著墨不多，而這應是科技主管單位未雨綢繆的。

今天全天的研討會，名家雲集開講，將是一場豐富的饗宴，精彩可期，謹祝大家收穫滿滿。

▲名家雲集開講

▲「全民基本收入」是一個大家應嚴肅思考的問題

「人工智慧智能應用對日常生活之翻轉與創新」研討會閉幕致詞

2019年8月30日　星期五

　　首先我要代表主辦單位「中技社」再次感謝各位主講人、主持人與所有嘉賓參與今天的盛會，讓這次為慶祝「中技社」六十週年而加場的「AI研討會」順利舉行並圓滿閉幕。

▲ ①「廖俊智」院長主持上午場
　 ②「徐爵民」部長主持下午場
　 ③閉幕致詞

剛才主持人徐部長說：「演講最好不要排在劉炯朗校長後面」，是許多人的心聲。今天剛好我要在劉校長後面講話。這當然不是有意安排。研討會最先規劃是請劉校長以AI「概觀」（overview）的演講開場。劉校長主持「IC之音」廣播節目，去年以來，以AI為主題就有二十八講，目前以「數位社會」為主題已進行到二十講，所以當初希望「劉炯朗」校長給一個AI「概觀」的演講是再適合不過，但劉校長認為他講「科技與人文的平衡—AI靠那邊站？」帶有問號的主題，應該放在最後，讓大家好好咀嚼這「大哉問」，他的附帶效應是讓很多嘉賓都留到最後，也顯示了劉校長「壓軸」的功力。

　　現在一般人了解「壓軸」是指整個研討會最後一個演講，事實上在傳統戲劇中，最後一場戲叫「大軸」，倒數第二個劇目才叫「壓軸」，代表「迫近」「大軸」，所以今天劉校長的演講是道道地地的「壓軸」。

　　俗語說；「人算不如天算」，這次邀請主講人，原來是「全壘打」，也就是很高興所有原來鎖定的第一人選主講人都接受了邀請；只是沒有想到，當年「世界少棒冠軍隊」的國手「吳誠文」副校長由於「紐約」機場流量管制，而無法搭上回台班機，改以視訊方式演講，我想大家應都同意，效果應屬「三壘安打」以上等級，同時「紐約」機場無預警的實施流量管制也顯示AI現時無能為力，有待改進。

▲「劉炯朗」校長「壓軸」

▲「吳誠文」副校長視訊演講，效果應屬「三壘安打」以上等級

另外一場與原規劃有出入的是「張系國」教授的演講,「張教授」除了是頂尖的資訊專家外,同時也是知名的小說家,而且是「台灣科幻小說之父」,當初最自然的是邀請他主講「AI與文學」,而張教授表示,對不再年輕的人,最關心的是「老年生活」,而他在近年在這方面有相當投入,希望在研討會中談談「AI與老年生活」,這當然也是一個很受歡迎的主題,尤其是由張教授這樣擁有豐富及不凡資歷的人來主講,「必有新猷」,特別是拉高到哲學層次,闡揚「人機共同進步」的觀念,相信大家必定與我同樣感到「收穫良多」。

　　從「李琳山」教授的演講中,可以清楚看出他被稱為「中文語音辨識之父」是實至名歸,談「機器會聽人類語言以後」,不僅趣味盎然,而且發人深省,尤其未來語音Google的發展,值得期待。他對人工智慧的展望,「想不到一個領域用不到它」,「在可預見的未來都會很有用」,總言之「可大可久」,簡明而直指核心。

▲「張系國」教授談「AI與老年生活」

▲「李琳山」院士主講「機器會聽人類語言以後」

今天很感謝「葉啟信」創研長與大家分享；「AI與工程：工程與建造的未來」，是很難得的機會。葉創研長讓我們了解由「中技社」投資成立「中鼎工程公司」多年來在研發創新方面不遺餘力，不僅清楚說明現今的投入與成果，而且充分展現AI在「營建工程」應用的多元化與潛力，企盼「轉型成功」，讓人「大開眼界」。

　　「杜經寧」院士長期從事積體電路製程研究，近年則專注於5G通訊的關鍵技術，「三維積體電路」（3D-IC），在「5G科技與AI應用」演講中，除闡述主題5G通訊及其技術、AI與其應用，並深入淺出的介紹3D-IC及其與AI發展相互為用，總結「AI是否成功應用，取決於基礎訓練」，確是金玉良言。

　　「張國恩」校長專長電腦模擬式學習、數位學習、網路化企業訓練、行動學習，主講「人工智慧與學習」，以一位資深的教育家來看問題，在「終生學習」時代，學理與實務兼顧，帶來許多可能性，中肯而實用。他特別提到對「108課綱」的高度疑慮，相信是與許多教育界人士「心有戚戚焉」！

▲「葉啓信」創研長分享「AI與工程：工程與　▲「杜經寧」院士談「5G科技與AI應用」
　建造的未來」

▲「張國恩」主講「人工智慧與學習」

　　最後要向大家報告，「中技社」身為國內首屈一指的公益法人，不斷發揮創意，今年更首度辦理「中技社AI創意競賽」，分為3個競賽主題，評選具AI創意實體作品。包括：AI與藝術、AI與創新服務、AI與教育，目前正在評選當中，將於10月4日在「中技社六十週年慶」典禮中展示優勝作品，請大家「拭目以待」。

　　辦一個大型活動，千頭萬緒，除要面面顧到外，有時「計畫趕不上變化」，譬如明天可能來襲的「白鹿」颱風動向，就曾讓人擔心，但「中技社」團隊在大小事務上都能妥善處理，讓我們一起給「王釿鎔」主任與「許湘琴」組長領導的工作團隊，熱烈的掌聲，以表由衷的感謝。最後祝大家身體健康，萬事如意。

諾貝爾物理獎得主「中村修二」教授演講致詞

2019年9月12日　星期四

　　很歡迎大家來參加今天的演講會。由於不同因緣，清華大學不時都會舉辦諾貝爾演講，最頻繁的時期，有五位得主在約一個月期間蒞臨清華，因而促成「清華諾貝爾大師月」盛況，是一場場難得的饗宴，今天「中村修二」（Shuji Nakamura）教授演講也一定讓大家收穫良多。

　　「諾貝爾獎」可以說是當今世界上，最受世人矚目的獎項，普遍被認為是所頒獎的領域內最重要的獎項。它的成立卻是由一篇錯誤的報導而起；原來在設立「諾貝爾獎」的阿佛烈・諾貝爾（Alfred Nobel）的哥哥去世時，有報社誤認是他去世，發了一篇「死亡商人」去世的消息，讓因發明與製造炸藥而致富的他深切反省，決定設立「諾貝爾獎」，除物理、化學、生醫與文學獎外，特別包括「和平獎」，頒給「有助於縮減軍備與推動和平的個人團體」。

　　基於「諾貝爾」的人道精神，在「諾貝爾」物理與化學獎章上，除了有代表「科學天才」的女神揭開象徵自然奧秘而懷抱著聚寶盆的神祕女神面紗外，並刻有（大意是）「由科學突破增進人類福祉」（to those who, during the preceding year, shall have conferred the greatest benefit on mankind）。「中村修二」教授得獎由於與其他兩位日本籍的教授（赤崎勇Isamu Akasaki，天野浩 Hiroshi Amano）共同「發明高效藍色發光二極體，促成明亮、節能的白色光源的實現」。[1]自1901年以來，「諾貝爾物理獎」迄今頒發了112屆給209位得主，無疑地在物理學上都有卓越的貢獻，但得獎原因在得獎時即能看出能直接影響人類生活，造福民生的相對少，而「中村」教授的發明即是其中之一。另外值得注意的是，諾貝爾物理學獎是頒給「在物理學領域中有最重要的『發現』或『發明』的人」。但在歷史上「諾貝爾物理獎委員會」將約3/4得獎項

頒給了「發現」，而只有少於1/4頒給了「發明」。

世界照明的歷史，從年代久遠較不可考的油燈（一萬年以上）、燭光，約1880年白熾燈泡商業化，到了1950年，開始流行效率比較高的日光燈，早在1950及1960年代，由於紅色與綠色LED的發明，讓人燃起利用LED照明的希望，但後人經許多努力，都無法在發明藍色LED上有所突破；從1962年有紅色與綠色LED商業產品，直到1990年代，才由「中村」教授等人發明了藍色LED，有了紅、綠、藍三原色LED，使得利用白光LED成為可能。

由於LED發光效率是白熾燈的約十倍，壽命約二十倍長，又不像日光燈含有毒性的汞，據估計以LED壽命25,000小時計，以現在的價格，60 W的LED燈，連電費約$26.25，日光燈約$40，而白熾燈泡達$171。[2]同時目前在工業化國家中照明所耗能源，占所有電能20-30%，在節省能源與環保的大環境下，LED會是未來照明的首選，而「中村」教授是發明照明LED的大功臣，事實上現今「中村」教授到各地，包括台灣，甚至今天所在的「旺宏館」，必定很欣慰到處都大量使用LED照明，

「中村」教授的貢獻，最主要是材料科學的突破，打破了許多教科書上的迷思，尤其無法在晶格不匹配達16%的基材上成長高品質的磊晶薄膜，高差排密度晶體可以有相當高的發光效率。要有高效的LED，一方面需要成長高品質的GaN單晶薄膜，同時要能穩定的摻入正載子，生成正型（p-type）半導

▲ 是一場場難得的饗宴

▲ 促成了可發藍光的異質接面元件製作實用化

體。「中村」教授不僅以MOCVD雙流（two-flow）方法成長生成高品質GaN單晶薄膜，並澄清正型載子被鈍化的原因，而利用習知的退火方法，可以讓摻雜Mg原子GaN成為穩定的正型（p-type）半導體，隨後更生成了正型AlGaN及InGaN三元半導體，以及其雙異質結構，促成了可發藍光的異質接面元件製作實用化，而使白光LED得以問世。他所服務的「日亞化」（Nichia）公司得以量產實用級高亮度藍色發光二極體，並取得LED照明市場的全球獨霸地位。

今天「中村」教授的講題正是「藍光二極體之發明與未來固態照明」（Invention of blue LED and future solid state lighting），由發明人現身說法發明藍光二極體的經過並與大家分享他對未來固態照明的展望，必定精彩異常，讓我們以熱烈掌聲一起歡迎「中村」教授。

[1] 「中村」教授到美國進修一年期間，因沒有博士學位的身分而「感覺很不好」，回到日本後，決定要攻讀博士學位，因採「論文博士」途徑，需要發表五篇論文。他認為在當時熱門的領域發表論文不易，因此選了相當冷門的GaN藍光元件研究，完全沒有想到有一天會因此得到「諾貝爾物理獎」。

[2] https://learn.eartheasy.com/guides/led-light-bulbs-comparison-charts/

▲ 最主要貢獻是材料科學的突破　▲ 發明直接影響人類生活，造福民生

台積電余振華副總經理演講致詞與後記

2019年9月24日　星期二

　　很歡迎「台積電」余振華副總經理來【半導體製程】課程中演講，今天我來聽講有如置身材料系「群英會」中，不僅因為余振華副總是材料系培養出來的傑出校友，而且共同開課的蔡能賢與游萃蓉教授曾分別是「台積電」與「聯電」的副總，三人在半導體界都是響噹噹的人物，星光閃閃，所以我今天也可謂來沾光，等一下自然要把握難得的機會合影留念。

　　同時為表感謝余振華副總在本系師長與系友會倡議為支援材料系發展籌募「永續基金」而成立的「雙百會」時，率先加入成為「發起會員」，讓初期籌募兩千萬元目標順利達標，今天我帶來了拙作「一個校長的思考」演講集第三冊，以秀才人情的方式，送給余副總，尚請笑納。「一個校長的思考」全三冊，去年第一冊出版時，我已經送給振華。今年第二、三冊約同時出版，今

▲ 材料系「群英會」　　　　　　　▲ 秀才人情一張紙

天先送上第三冊,待振華抽空閱讀後,再奉上其餘一本。這裡順便向大家報告,材料系「永續基金」現已超過兩千四百萬元,再加上部分系友以分期方式捐款,總額已超過三千萬元,「永續基金」孳息從今年起已開始獎助材料系師生。

　　當然今天主要還是來聽「半導體技術漫談──過去、現在與展望未來」（Semiconductor Technologies-Past, Present, and Prospect）演講。振華在台灣明星企業「台積電」擔任副總要職絕非偶然。他在「台積電」長年躍昇中,有相當重要的貢獻,並因此經「台積電」提名,於2017年榮獲兩年一度的「總統科學獎」。當年十一月,我也有機會參加頒獎典禮,躬逢盛會,是清華人的榮耀,振華也因而獲選次年的「清華傑出校友」。今天他以半導體界第一線指揮官的身分,現身說法,必定精彩無比。

　　[後記] 演講果然十分精彩,其中有關台灣半導體業的發展部分,特別發人深省:
　　一、2000年左右,在0.13微米與轉換銅製程世代,同時正逢網路泡沫衝擊,「台積電」決定自主研發,奠定後來在台灣獨霸,在世界上與「英特爾」（Intel）、「三星」（Samsung）鼎足而三的基礎,

▲ 榮獲「總統科學獎」（攝於總統府）

▲ 以半導體界第一線指揮官的身分,現身說法

二、2010年左右，移動式裝置世代更新加速，必須迅速因應，但時程緊迫、投資大、風險高，「台積電」成功的面對挑戰，在市佔率上大幅領先，

三、代工產業，由卜幾家各爭勝場，到如今在0.2微米以下世代，僅剩「台積電」、「英特爾」、「三星」三家，

四、比特幣（bitcoin）挖礦晶片需求，恰與其他隨經濟境況起伏改變需求的晶片互補，對代工產業利用產能是一大福音，

五、積體電路製作奉為圭臬的摩爾定律（More Moore）已接近極限，未來發展將集中於超越摩爾定律（More than Moore），而封裝是主要挑戰。

六、未來趨勢是從系統單晶片（System on a Chip, SoC），即將電子系統整合到單一晶片，是較為簡單的形式，更進一步為系統級封裝（System in Package, SiP），將一個系統或子系統的全部或大部分電子功能配置在整合型基板內，而晶片以二維（2D）、三維（3D）的方式接合到整合型基板的封裝方式，更為複雜。

郭毅可院士「人工智能與未來社會」講座與談

2019年9月26日　星期四

　　今天很榮幸與郭毅可教授對談，郭教授1980年至1987年在「北京清華大學」電腦系電腦專業讀書。「台灣大學」雖然是我的母校，但我在「新竹清華大學」工作了四十二年，而「新竹清華大學」與「北京清華大學」同根同源，是由原「北京清華大學」梅貽琦校長於1956年在新竹建立的，兩校有同樣的校訓、校歌，以及幾乎完全相同的校徽，今年六月，我到北京開會，順道拜訪曾與我一起擔任校長的「北京清華大學」顧秉林校長，顧校長特別準備了2010年我們初次見面的照片相贈，倍感溫馨，而細數歷年來，我們交流有十五次之多，確確實實是「兩岸清華一家親」。

▲「專家與非專家」與談　　▲「兩岸清華一家親」

「郭毅可」院士專業是資訊工程，資訊工程是AI的家鄉，而郭院士是斐聲國際的大數據專家，而我基本上是外行人，今天所以應邀與郭院士對談，想是朱雲漢院士特別安排的「專家與非專家」對談，也許能從更廣視角看問題。另一方面，在AI時代，未來社會是許多人關心的問題。本人近年來密切注意AI的發展與思索AI的未來，同時有幸協助公益法人「中技社」在過去一年半間舉辦了三次與AI有關的研討會。不同於國內一般AI研討會，「中技社」系列主題是請各領域的頂尖專家談談它們對AI的看法，這種由名家主講AI-X的模式，受到相當的肯定，每次都吸引超過場地容量所限之四百人報名參加。其中很感謝朱院士在去年第一次研討會中給了一個以「AI與政治」為題的精采演講，作系統性的論述，整理這方面的文獻以及過去的一些思考。而這三次研討會演講主題包括經濟、社會、政治、產業、科技、醫學、國防科技、傳媒、金融、藝術、教育、公共行政、語音辨識、老年生活、工程與營造、5G通訊、運動、學習等，誠如「李琳山」院士在8月23日，第三次研討會中所言，「想不到一個領域用不到它」，「在可預見的未來都會很有用」，總言之「可大可久」，簡明而直指核心。

同時「中技社」身為國內首屈一指的公益法人，不斷發揮創意，今年更首度辦理「中技社AI創意競賽」，分為3個競賽主題，評選具AI創意實體作品。包括：AI與藝術、AI與創新服務、AI與教育，共收到32件競賽作品，已評選完畢，優勝作品相當多元與令人驚豔，將於10月4日在「中技社六十週年慶」典禮中展示特優作品，請大家「拭目以待」。

今天郭院士在「從技術發展來探討未來社會」大架構下，談到幾大趨勢：
一、無中心化：新的社會組織結構，
二、資料的資本化：新生產資料下的資料經濟，
三、人工智慧的普適化：新生產工具下的產業賦能，
四、人機二元社會：新的生產關係下的機器行為。
在去中心化服務方面，可看到：
一、微醫療：郎中階段－醫院階段－私人醫生階段（更方便地結合海外醫療：「第二診斷報告」），
二、微教育：私塾階段－學校階段－互聯網＋私塾，

三、微媒體：口耳相傳－大眾媒體－自媒體，

四、個性化經濟與大資料，從個性化的微服務／商品到高度定製化的服務／商品，展現改進的動力。

這些趨勢在台灣社會各領域已漸浮現，但離真正廣泛施行，還有一段距離。

數位經濟對應的生產要素是數據，通過大數據的數位化分析讓數據轉換為資訊，未來的共用經濟也就是大數據經濟，共用經濟導致了數據資源的社會化。過去以數為據，數據曾僅是記錄度量物理世界的資料，逐漸轉化為數據產品：大數據是這個社會的自然資源，數據主宰著我們今天的生活，數據用來組成服務時，它成為資源，到如今對數據的所有權的界定使數據成為資產，未來對數據資產流通和交易實現其價值，使數據成為資本。而數據因而從資料轉化成資源、資產到資本。引發了大數據經濟市場的產權制度及激勵機制、市場的信用關係、及市場組織結構和遊戲規則等方面都發生根本性的變化。但是在這些方面一般的基礎設施及法律制度準備不足。

歐盟在資料保護方面，最為先進，於2016年制訂，而於2018年5月25日生效《一般資料保護規範》（General Data Protection Regulation, GDPR），包含了相應的法規和保護措施。目前，台灣「個資法」第七條對個資收集的同意，仍是採取「推定同意」（當事人如未表示拒絕，相關單位若已提供其個人資料

▲ 優勝作品相當多元與精采　▲「全民基本收入」概念值得深入探究

者，則推定當事人表示同意。），而非GDPR的「自願、具體聲明同意」的型態，許多國內專家認為應該要盡速修改為如同GDPR的同意要件。

另一方面，資訊隱私法在實行上有困難，讓企業千方百計鑽漏洞，也不利於促成有效而具競爭性的數據市場，政府應限制資料使用的方式。而用法規架構來提升效率，必須由政府機關負責執行。執法機關必需要有組織能力、人力、必要的調查與執法權力、具備專業知識，但人才難尋。

從資料資產到資料資本的瓶頸，在於實體資產和資料資產的不對稱、資料資產的可交易性與資料的使用特徵的矛盾（使用非排他／無限可再生）、以及個人資料接近無限：我們無法靠腦力來處理我們的資料，以實現資料價值。解決方案一為區塊鏈，另一為人工智能。未來將受區塊鏈和人工智慧的共生驅動。

人工智慧需要資料，但是資料往往被中心化平臺壟斷，因而阻礙創新。區塊鏈創造了一個對於資料提供者有正確激勵機制的資料市場。人工智慧能夠依賴這個資料市場起飛。許多人不理解人工智慧的瓶頸不在於演算法，而在於資料。

郭院士在人機二元社會，介紹了新的生產關係下的機器行為。目前機器學習的局限在於沒有全域的抽象能力，就無法揭示規律，做出準確的判斷（會發生什麼？），沒有應用知識的能力，就無法理解資料，理解感知的內容，實現真正的認知（發生了什麼？），學習的結果無法解釋，就無法和人類的知識融合，驗證決策，獲得信任（為什麼是這樣？）而機器學習孕育著新的革命，現在是：盡量減少人的干預（資料驅動的學習），未來是：盡量利用人的知識（知識支援下的資料驅動）。而未來可能成為一門新興學科的「機器行為學」，是很需要注目的。諾貝爾經濟學獎得主Herbert Simon曾在發表論文中問到：「是否也存在所謂『人工』科學，專門研究人造物與所引起的現象呢？」部分學者主張從動物行為研究來看，經歷出生，成長、傳宗接代、演化過程的相似性，應研究機器的行為以及與環境的互動。

機器經由腦編碼與解碼，已經到了解碼大腦的時刻，可以理解人，而知道人想什麼。那麼人懂機器嗎？一連串的問題，包括：機器有沒有行為？機器的行為是如何決定的？又是如何發展的？機器的行為的功能是什麼？人如何影響機器的行為？機器如何影響機器的行為？機器如何影響人的行為？毫無疑問，

機器是有行為的，而機器的行為是由人通過演算法決定的，通過瞭解演算法，我們就能確定機器的行為。但如何瞭解演算法？演算法是黑箱怎麼辦？可以有生成演算法的演算法嗎？

智慧演算法的特點是演算法是可以學習的，學習演算法的結果可以是新的演算法，演算法決定機器行為的辦法往往是通過優化「效用函數」來實現的，同時演算法可以是非確定的，非確定常常是人類和演算法交流的管道，演算法可以「暫時」是黑箱，實驗是黑箱透明化的方法，最後演算法是可以遺傳進化的。

機器的行為的功能是什麼？可從機器行為為環境帶來何種影響，使得它們能持續有優勢。例如，某些表現優異的交易演算法，可能會成為業界的標竿，在不同公司之間交流，也可能受對手仿效、學習。又如自駕車系統，越是顧及乘客安全的越會受到歡迎，反之則會銷售不善，被淘汰出局。

機器如何影響機器的行為？與動物、昆蟲類似，機器也有群體互動的一面。如果彼此互動優良，可能更順利也更出色地完成指定任務。相較於單一AI的行為研究多聚焦於機器在不同環境、背景下的各種反應是否合乎預期。多個AI間的合作關係，可以提升效率。目前高唱入雲的工業4.0即為一例。

人如何影響機器的行為？人類社會中固有的歧視與刻板印象自然地顯現在提供給機器的訓練資料中影響演算法。機器如何影響人的行為？包含選舉、休閒、工作等等，隨著機器引入各種人類活動，影響人類社會將益形重大，如選民投票行為、觀眾偏好以及工作形式，都已可見到相當的變化，未來必定更加劇烈。而交互作用之下，人機共存的世界必然呈現不同的樣貌，只是改善或加劇既有的不公不義？應是「機器行為學」此一新興學科迫切關注的問題之一。

郭教授在總結時提出「知本主義社會」，類似於古籍中提到的「大同社會」。未來社會改變的趨勢是，工作與生活邊界消失，個性化匹配代替集中市場，所有權模糊，層次化消失扁平社會，人類可轉而追求更高層次需求。應是大勢所趨。

最後有兩個問題想請教郭教授的看法：

一、正如郭教授提到的，許多研究顯示，AI取代大量人力將是勢不可擋，傳統以「分配」以及「參與」的救濟失業方式，很明顯將無法支應。比較激進的做法，就是「全民基本收入」（Universal Basic

Income, UBI）。其核心思想是讓每人每月得到一定金額，足以支應基本的食。衣、住、行、教育以及某種形式的健康保險。雖然UBI問題多多，但據大數據領域公認的權威麥爾荀伯格（Viktor Mayer-Schönberger）等人分析部分UBI，或許只要靠著合理程度的增稅，就足以支應，主要目標在個人賦權，讓人把「薪資」與「工作」的概念拆分開來，在思考「工作」時，能有更多自我實現的考量。[1]

二、二十世紀九十年代，由蘇聯為首的共黨集團崩解，主要原因之一，是經濟不振，物質稀缺，AI若能促成的「大同社會」，不啻共產社會班師回朝。

[後記] 郭教授對問題一的回應是UBI值得深入探究，問題二則是大致同意。

[1]　麥爾荀伯格（Viktor Mayer-Schönberger），蘭姆格（Thomas Ramge），《大數據資本主義：金融資本主義退位》（Reinventing Capitalism in the Age of Big Data），林俊宏譯，天下文化（2018）。

▲「知本主義社會」類似「大同社會」

▲ 從人工智慧普適化走向人機二元社會

國家圖書館出版品預行編目

清華行思與隨筆 / 陳力俊著. -- 臺北市 : 致出版,
　2019.11
　　冊；　公分
　　ISBN 978-986-97897-7-6(上冊 : 平裝). --
　ISBN 978-986-97897-8-3(下冊 : 平裝)

　1. 教育　2. 文集

520.7　　　　　　　　　　　　108015798

清華行思與隨筆（下）

作　　者／陳力俊
編　　輯／黃鈴棋
出版策劃／致出版
製作銷售／秀威資訊科技股份有限公司

　　　　　114 台北市內湖區瑞光路76巷69號2樓

　　　　　電話：+886-2-2796-3638

　　　　　傳真：+886-2-2796-1377

網路訂購／秀威書店：https://store.showwe.tw

　　　　　博客來網路書店：http://www.books.com.tw

　　　　　三民網路書店：http://www.m.sanmin.com.tw

　　　　　金石堂網路書店：http://www.kingstone.com.tw

　　　　　讀冊生活：http://www.taaze.tw

出版日期／2019年11月　　定價／500元

致　出　版　　　　　　　　　　向出版者致敬